Robin Nunkesser
App Engineering

Prof. Dr. Robin Nunkesser ist seit 2014 Professor für Mobile Computing an der Hochschule Hamm-Lippstadt. Zuvor arbeitete er zunächst in Zürich als Software Engineer und Consultant bei der ELCA Informatik AG, einem großen Individualsoftwarehersteller der Schweiz. Im Anschluss ging es zum IT-Dienstleister adesso mobile solutions GmbH nach Dortmund. Hier sammelte er umfangreiche Erfahrungen zunächst als Projektleiter, später als Leiter der Applikationsentwicklung und zuletzt als Leiter der IT. Er hat an zahlreichen großen Appprojekten mitgewirkt.

Robin Nunkesser

App Engineering

SwiftUI, Jetpack Compose, .NET MAUI und Flutter

Herstellung und Verlag:
BoD – Books on Demand, Norderstedt

Bibliografische Information der Deutschen Nationalbibliothek
Die Deutsche Nationalbibliothek verzeichnet diese Publikation in der
Deutschen Nationalbibliografie; detaillierte bibliografische Daten sind im
Internet über http://dnb.dnb.de abrufbar.

Inhaltsverzeichnis

Einleitung   **xi**

I. Einführung

1. Apps   **3**
1.1. Historie mobiler Endgeräte 4
1.2. Betriebssysteme 13
1.3. Bauarten von Apps 14
1.4. Besonderheiten bei mobilen Endgeräten 25
1.5. Besonderheiten von Apps 27
1.6. App Engineering und Software Design 30
1.7. Werkzeuge 32

2. Entwicklungsprozess   **35**
2.1. Der Essence Kernel 36
2.2. Lebenszyklus von Projekten 37
2.3. Essential Unified Process 39

3. Qualitätsmanagement   **45**
3.1. Statische und Dynamische Tests 46
3.2. Besonderheiten Mobile 47
3.3. Werkzeuge 48

II. Konzeption

4. Ideenentwicklung   **51**
4.1. Ausgewählte Techniken 53
4.2. Visionen und Ziele 54
4.3. Personas 55

5. Anforderungsmanagement   **69**
5.1. Einführung 70

5.2.	Anforderungen ermitteln	72
5.3.	Anforderungen dokumentieren	72
5.4.	Randbedingungen	73
5.5.	Kontext	74
5.6.	Domäne	74
5.7.	Dynamik	74
5.8.	Verifikation	77
5.9.	Verwaltung	79

6. Architektur   **81**

6.1.	Was ist überhaupt Softwarearchitektur?	82
6.2.	Model View Controller	88
6.3.	Architekturziele	90
6.4.	Hexagonal Architecture	91
6.5.	Umsetzungsbeispiele	92
6.6.	Iterative Entwicklung	100
6.7.	Explicit Architecture	101

7. Umsetzungskonzeption   **107**

7.1.	Systembeschreibung	108
7.2.	Entwurfsentscheidungen	108
7.3.	Interne und externe Schnittstellen	109
7.4.	Bausteinsicht	109
7.5.	Ablaufdynamik	109
7.6.	Interaktions- und Benutzerschnittstellendesign	110
7.7.	Visuelles Design	127

8. Inbetriebnahme   **129**

III. Beispielkonzept

9. Projektvision   **133**

10. Anforderungen   **135**

10.1.	Randbedingungen	135
10.2.	Kontext	135
10.3.	Domäne	137
10.4.	Dynamik	138

11. Umsetzungskonzeption   **149**
11.1. Entwurfsentscheidungen 149
11.2. Systembeschreibung 151
11.3. Interne und externe Schnittstellen 152
11.4. Bausteinsicht 153
11.5. Detaillierte Abläufe 156
11.6. Interaktionsdesign 156
11.7. Benutzerschnittstellendesign 157
11.8. Visuelles Design 165

IV. Technologische Grundlagen und erstes Inkrement

12. Einführung   **169**
12.1. Zielplattformen 169
12.2. Automatisierung 174
12.3. Versionskontrollsysteme 176

13. Swift und SwiftUI   **181**
13.1. Grundlagen 181
13.2. Hello World 183
13.3. Entwicklung von Apps 187
13.4. Nutzung von Bibliotheken 192
13.5. Grundlagen der Qualitätssicherung 195
13.6. Asynchrone Aufrufe 202

14. Kotlin und Jetpack Compose   **205**
14.1. Grundlagen 205
14.2. Hello World 206
14.3. Entwicklung von Apps 211
14.4. Nutzung von Bibliotheken 222
14.5. Grundlagen der Qualitätssicherung 224
14.6. Asynchrone Aufrufe 231

15. C# und .NET MAUI   **237**
15.1. Grundlagen 237
15.2. Hello World 239
15.3. Grundlagen der Appentwicklung 243
15.4. Nutzung von Bibliotheken 251
15.5. Grundlagen der Qualitätssicherung 253

15.6. Asynchrone Aufrufe 258

16. Dart und Flutter **261**
16.1. Grundlagen 261
16.2. Funktionsweise von Flutter 263
16.3. Hello World 263
16.4. Grundlagen der Appentwicklung 266
16.5. Nutzung von Bibliotheken 273
16.6. Grundlagen der Qualitätssicherung 275
16.7. Asynchrone Aufrufe 279

17. Übung – Erstes Inkrement **283**

V.   UI-Vertiefung und zweites Inkrement

18. Einführung **289**

19. Swift und SwiftUI **291**
19.1. Statische Listen 291
19.2. Dynamische Listen 292
19.3. Persistente Benutzereinstellungen 296

20. Kotlin und Jetpack Compose **301**
20.1. Statische Listen 301
20.2. Dynamische Listen 301
20.3. Persistente Benutzereinstellungen 305

21. C# und .NET MAUI **307**
21.1. Statische Listen 307
21.2. Dynamische Listen 308
21.3. Persistente Benutzereinstellungen 314

22. Dart und Flutter **317**
22.1. Statische Listen 317
22.2. Dynamische Listen 318
22.3. Persistente Benutzereinstellungen 323

23. Übung – Zweites Inkrement **325**

VI. Architektur-Vertiefung und drittes Inkrement

24. Einführung   **329**

25. Swift und SwiftUI   **331**
25.1. Aufteilung des Projekts 331
25.2. Bibliothek Common Ports 332
25.3. Minimales Beispiel 332
25.4. Kommunikation über HTTP insbesondere für REST 335

26. Kotlin und Jetpack Compose   **345**
26.1. Aufteilung des Projekts 345
26.2. Bibliothek Common Ports 346
26.3. Minimales Beispiel 346
26.4. Kommunikation über HTTP insbesondere für REST 350

27. C# und .NET MAUI   **363**
27.1. Aufteilung des Projekts 363
27.2. Bibliothek Common Ports 364
27.3. Minimales Beispiel 364
27.4. Kommunikation über HTTP insbesondere für REST 368

28. Dart und Flutter   **379**
28.1. Aufteilung des Projekts 379
28.2. Bibliothek Common Ports 380
28.3. Minimales Beispiel 380
28.4. Kommunikation über HTTP insbesondere für REST 383

29. Übung – Drittes Inkrement   **393**

VII. Weitere vertikale Inkremente

30. Swift und SwiftUI   **397**
30.1. Inter-App Kommunikation 397
30.2. Darstellung von Webinhalten 398

31. Kotlin und Jetpack Compose   **401**
31.1. Inter-App Kommunikation 401
31.2. Darstellung von Webinhalten 401

32. C# und .NET MAUI   **405**
32.1. Öffnen von URIs 405
32.2. Darstellung von Webinhalten 405

33. Dart und Flutter   **407**
33.1. Öffnen von URLs 407
33.2. Darstellung von Webinhalten 408

VIII. Weitere horizontale Inkremente

34. Einführung   **413**
34.1. CouchDB Backend 413
34.2. Backend as a Service 413

35. Swift   **415**

36. Kotlin   **417**

37. C#   **419**

38. Dart   **421**

Literaturverzeichnis   **423**

Einleitung

Viele Jahre wurde der Begriff *App* für Anwendungssoftware außerhalb der Firma Apple eher selten genutzt. Dies änderte sich schlagartig mit der Einführung des iPhones 2007. Apps für mobile Endgeräte haben seitdem eine märchenhafte Erfolgsgeschichte hinter sich. So hat es beispielsweise nur ein Jahr gedauert, bis eine Milliarde Apps nach Start des iOS App Stores 2008 heruntergeladen waren. Der Begriff App wurde mittels dieses Erfolgs und einer symbolisierten Einfachheit ein Gegenbegriff zu anderen Bezeichnungen für Software, der inzwischen weit über mobile Technologien hinaus Bedeutung hat.

Unter den wertvollsten Konzernen der Welt befinden sich mit Apple, Amazon, Microsoft, Alphabet und Meta fünf Technologiekonzerne, die auch entscheidend in Softwaretechnologien mitmischen. Wenn wir dort auf moderne Technologiekombinationen wie Swift / SwiftUI, Kotlin / Jetpack Compose, C# / .NET MAUI, Dart / Flutter und JavaScript / React Native schauen, stellen wir fest, dass bei all diesen Beispielen mobile Technologien im Vordergrund stehen oder zumindest prominent enthalten sind, aktuell aber auch eine Erweiterung auf weitere Plattformen stattfindet oder schon stattgefunden hat. Technologien, die ursprünglich primär für mobile Endgeräte erdacht wurden, erlangen immer mehr Bedeutung für weitere Anwendungsbereiche. Sowohl der Begriff App als auch damit verbundene Technologien wachsen über die Welt der mobilen Endgeräte hinaus.

Aus diesem Grund führe ich ab der sechsten Auflage das Buch „Konzeption und Umsetzung mobiler Applikationen" als „App Engineering" fort. Der Schwerpunkt bleibt zunächst die Konzeption und Umsetzung von Software für mobile Applikationen. Mit den kommenden Jahren und den folgenden Auflagen werden aber auch zunehmend weitere Zielplattformen hinzukommen.

Trotz der hohen Änderungsgeschwindigkeit des Marktes und der Technologien bin ich weiterhin optimistisch, dass es möglich und sinnvoll ist, stabile Inhalte zu bieten, sofern ein Großteil dieser Inhalte unter den Kriterien

Ganzheitlichkeit und Nachhaltigkeit ausgewählt werden. So ist der hier anfangs präsentierte Inhalt auch unabhängig von den jeweiligen Betriebssystemen und Programmiersprachen und erst am Ende stehen betriebssystemspezifische Teile. Ein guter Teil bildet dazu Wissen ab, das für den Entwurf und die Umsetzung von Software jedweder Art nützlich ist und in meinen Vorlesungen genauso an Studierende ohne Fokus auf mobile Applikationen vermittelt wird.

In der aktuellen Form gibt es einen großen Teil der Inhalte sowohl als Lehrbuch[1] als auch als Wiki[2]. Dies ist trotz der Verfügbarkeit von Tools wie Pandoc[3] manchmal mit Reibungsverlusten verbunden. Ich bin aber dennoch davon überzeugt, damit eine Lösung gefunden zu haben, die verschiedenen Ansprüchen gut gerecht werden kann. Die ersten beiden Auflagen richteten sich noch ausschließlich an Besucher meiner Vorlesungen und Schulungen. Die Teilnehmer dort sind typischerweise Studierende eines Bachelorstudiengangs ab dem vierten Semester bzw. Softwareingenieure auf Junior- oder Senior-Niveau. Beim aktuellen Stand sollte das Material auch ohne Besuch von Vorlesung oder Schulung vollständig nutzbar sein. Das Einstiegsniveau bleibt jedoch unverändert: vorausgesetzt werden Programmierkenntnisse (nicht unbedingt in einer der hier verwendeten Sprachen) und Kenntnisse in Datenstrukturen, Algorithmik, Analyse und Design, die etwa drei Semestern Studium in einem IT-Studiengang entsprechen. Darüber hinaus wird an einigen Stellen auf externe Quellen und Lerninhalte verwiesen, da die thematische Breite nicht durchgängig auch in der erforderlichen Tiefe abgebildet werden kann. Für Verbesserungsvorschläge jeder Art ist der Autor jederzeit offen.

Konkret geht es im ersten Teil zunächst vor allem um Geschichte und Besonderheiten der Entwicklung von Apps. Daneben werden vorbereitende und querschnittliche Themen für die weiteren Inhalte behandelt. Der Teil „Konzeption" beinhaltet ein ganzheitliches strukturiert iteratives Vorgehen um Apps zu konzeptionieren. Dessen Anwendung an einem Beispiel ist Inhalt des Teils „Beispielkonzept".

Es wurden vier Technologiekombinationen ausgewählt: einerseits Swift / SwiftUI und Kotlin / Jetpack Compose als plattformeigene Tools für iOS und Android, andererseits .NET MAUI und Flutter als Vertreter plattformübergreifender Entwicklung. In den folgenden Teilen des Buchs werden jeweils für all

---

[1]https://www.bod.de/buchshop/catalogsearch/result/index/?q=Robin+Nunkesser
[2]https://github.com/RobinNunkesser/mobile-book/wiki
[3]https://pandoc.org

diese Technologien die nötigen Konzepte eingeführt, um erste Inkremente des Beispielkonzepts umzusetzen.

Einen großen Teil der Rezepte und Beispielapps gibt es in frei verfügbaren git-Repositories[4]. Die konkreten Repositories sind jeweils im Text angegeben.

---

[4]https://github.com/RobinNunkesser und https://github.com/Italbytz

Teil I.

Einführung

1. Apps

Bevor wir tiefer in das App Engineering einsteigen, beschäftigen wir uns zunächst intensiver mit dem Begriff App. Wie einleitend erwähnt wird der Begriff als Kurzform von Application schon recht lange benutzt. Schon in den 1980er Jahren wurde in Jobanzeigen beispielsweise nach App-Entwicklern gesucht (vermutlich um durch das kürzere Wort Kosten bei der Anzeige zu sparen). Eine Anzeige aus der Computerworld vom 08.06.1981 lautete beispielsweise:

> „Consumer prod co seeks sr mfg prog/analyst to lead project in online devel. Strong COBOL & fin'l or mfg apps knowl req. Lge IBM mainframe."

Aber auch in Bereichen, in denen mehr Buchstaben nicht direkt höhere Kosten verursachen, war App schon länger ein Begriff. Vor allem bei Apple wurde der Begriff gerne genutzt, beispielsweise ab 1985 im Programmiertool MacApp, mit dem „Apps" wie Adobe Photoshop bis zur Version 2.5 programmiert wurden.

Spätestens seit Einführung des iOS App Stores 2008 wurde der Begriff auch außerhalb der Firma Apple wieder bekannt. Viele Eigenschaften, die mit dem Begriff assoziiert werden, hängen mit der Softwareentwicklung für mobile Endgeräte zusammen. Was aber macht mobile Endgeräte besonders? Um diese Frage zu vertiefen lohnt es sich einen Blick auf die bisherige Geschichte mobiler Endgeräte zu werfen. Aus dieser Geschichte ergeben sich Besonderheiten, die sich auch in unterschiedlichen Betriebssystemen sowie eigenen Bau- und Distributionsformen von Software ausdrücken.

1.1. Historie mobiler Endgeräte

Werfen wir zunächst einen Blick zurück, um die Kernmerkmale mobiler Endgeräte und deren Entstehungsgeschichte zu beleuchten. Historisch gesehen unterschied man zunächst mobil und stationär im eigentlichen Wortsinn, das heißt mobile Endgeräte sind tragbar, stationäre nicht. Mit diesem einfachen Unterschied gehen direkt einige differierende Ansprüche z.b. an Gewicht, Größe, Energieversorgung und Energieverbrauch einher. Diese gehören auch heute noch zu den Kernunterscheidungsmerkmalen von mobilen Endgeräten.

Mobile Energieversorgung

Tragbar kann ein mobiles Endgerät nur sein, wenn die Stromversorgung ohne Kabel erfolgt. Der Schritt hin zur Batterieversorgung startete mit dem Schritt von Rechenmaschinen zu Taschenrechnern. Der erste Rechner mit Batterieversorgung - streng genommen bei Abmessungen von 245 x 132 x 70 mm allerdings noch kein „Taschenrechner" - war dabei 1970 der Sharp QT-8B micro Compet. Dieser enthielt erstmalig statt des integrierten Netzteils einen Akkusatz mit sechs NiCd-Zellen.

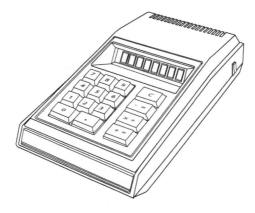

Die mobile Energieversorgung hat auch für die heutigen mobilen Endgeräte weitreichende Auswirkungen.

Bessere Energieeffizienz

Der effiziente Umgang mit Energie ist bei mobilen Endgeräten enorm wichtig. So unterscheiden sich unter anderem aus diesem Grund mobile Geräte wie Smartphones oder Tablets von stationären Computern beispielsweise durch die Prozessorarchitektur. Mobile Endgeräte arbeiten hierbei typischerweise mit energiesparenden ARM-Prozessoren und Ein-Chip-Systemen (System on a Chip; SoC). Zumindest bei Apple wird diese Unterscheidung in der Prozessorarchitektur allerdings ab Ende 2020 schrittweise wieder verringert. So werden nach und nach auch mehr stationäre Computer mit ARM-Prozessoren ausgestattet. Diese Entwicklung ist eine von vielen Beispielen, wo Technologie für mobile Endgeräte letztlich auch bei den stationären Endgeräten Einzug erhält.

SoCs wurden bereits 1971 mit dem Busicom Handy-LE der Nippon Calculating Machine Company etabliert. Dieser war ein früher Taschenrechner kleiner Bauart.

Bemerkenswert war vor allem der darin verbaute Chip Mostek MK6010. Dieser Chip war der erste kommerzielle Vertreter eines SoC und lieferte damit einen entscheidenden Beitrag zur kleinen Bauweise und zur Energieeffizienz.

Boone (1971):

> „For the battery-operated, pocket-sized calculators, Mostek will use an ion-implantation technique to lower the chip's threshold voltage and reduce dissipation from 0.5 W to less than 50 mW."

Mostek (1979):

> „By developing a calculator circuit which fit on a single, tiny chip, Mostek forged the trail which led to the pocket calculator, the computerized game toys and the other handy uses which generally had been out of the reach of the consumer for many years."

Steigender Funktionsumfang

Etwa zehn Jahre später kam 1981 mit dem Osborne 1 der Osborne Computer Company ein „tragbarer" Computer (Gewicht dennoch über 11 kg) mit 5-Zoll-Bildschirm auf den Markt.

Der Osborne 1 war kommerziell vergleichsweise erfolgreich und begründete damit breiteren Bedarf für tragbare Computer. In den ersten acht Monaten wurden 11.000 Geräte verkauft und 50.000 weitere Vorbestellungen verbucht. Der Erfolg war durch verschiedene Faktoren jedoch nur sehr kurzlebig. Eine Fehlentscheidung ist sogar heute noch als „Osborne Effekt" bekannt. Firmengründer Adam Osborne kündigte frühzeitig den technisch deutlich überlegenen Nachfolger an und löste damit selbst eine rapide sinkende Nachfrage für den Osborne 1 aus. Die Zeit bis zum Erscheinen des Nachfolgers war jedoch noch so lang, dass sich die Firma vom finanziellen Schaden nicht mehr erholte und bereits 1983 in Insolvenz gehen musste. Andererseits begann zu dieser Zeit aber auch der Siegeszug der IBM PCs und die sinkende Nachfrage betraf auch viele andere Hersteller wie z.B. Apple.

Apple war entgegen Osborne lange Zeit für seine strikte Geheimhaltung von Neuentwicklungen bekannt, die intern z.B. im Intellectual Property Agreement und der Confidential Information Policy geregelt war. Trotz nach wie vor intensiver Bemühungen ist die Geheimhaltung bedingt durch die Größe und den Erfolg des Unternehmens inzwischen aber längst nicht mehr so gut aufrechtzuerhalten. Eine absolute Geheimhaltung scheint in der heutigen Konkurrenzsituation letztlich auch nur noch bei komplett neuen Produkten sinnvoll.

Vernetzung und Kontext

Das Xerox Palo Alto Research Center (PARC) war an vielen revolutionären Entwicklungen beteiligt ohne große Bekanntheit zu erlangen. Diese Entwicklungen umfassen beispielsweise den Laserdrucker, die objektorientierte Programmierung, die Maus, die grafische Benutzeroberfläche, das Ethernet, das Glasfaserkabel und den Unicode-Standard.

Bei Xerox PARC wurde auch zu den Themen Mobilität und Ubiquität entscheidend geforscht. Weiser (1991) beschreibt drei Formfaktoren von damals entwickelten Prototypen: Tabs, Pads (hier abgebildet) und Boards. Diese bilden zusammen die digitale Metapher einer Arbeitsumgebung, in der mit Papier, Post-its und Tafeln gearbeitet wird. Sowohl die Tabs, als auch die Pads waren dabei mobile Endgeräte, die zur Ubiquität beitragen sollten.

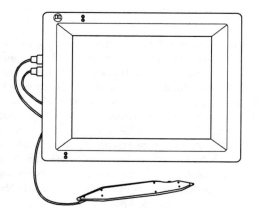

Weisers Vision ubiquitärer Systeme beinhaltet eingebettete Systeme, die selbstständig auf Umwelt reagieren (u.a. durch Ortung, Sensorik und drahtlose Vernetzung) und sich nahezu unsichtbar in den Alltag integrieren („the most profound technologies are those that disappear"). Viele mobile Endgeräte setzen Teile dieser Vision um. Gerade die gute Nutzbarkeit ist ein entscheidender Faktor für die Integration in den Alltag. Ideal wäre nach Weiser (1991):

> „They weave themselves into the fabric of everyday life until they are indistinguishable from it."

Etwa zur selben Zeit begann auch das Zeitalter von Mobiltelefonen für digitale Mobilfunknetze. In der Anfangszeit wurde neben Telefonie noch wenig weitere Funktionalität integriert.

Kommunikation und erste Apps

Mobiltelefone mit dem Betriebsystem Nokias Series 40 gehörten ab 1999 zu den ersten Geräten mit installierbaren Anwendungen (Java ME). Mit etwa 1,5 Milliarden verkauften Telefonen mit Nokia Series 40 war das 2014 eingestellte Betriebssystem auch enorm erfolgreich.

Smartphones

Je nach Sichtweise entstanden die Grundlagen von Smartphones bereits 1996 mit dem Nokia 9000 Communicator und dem mobilen Internetzugang oder mit der erst deutlich später erfolgenden kommerziell erfolgreichen Kombination von Telefonie und Personal Digital Assistant (PDA). Die Firma RIM brachte 2002 mit dem BlackBerry 5810 eines der ersten Geräte mit dieser Funktionskombination auf den Markt.

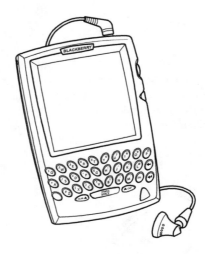

Im Vergleich zu heutigen Smartphones ließ die Kombination von Telefonie und PDA allerdings in vielen Bereichen noch zu Wünschen übrig. So konnten Telefonate beispielsweise nur mithilfe des Kopfhörers geführt werden.

Einfachheit und vollwertiger Webbrowser

Sowohl Nokia als auch BlackBerry, als ehemalige Platzhirsche, wurden durch die 2007 mit dem iPhone gestartete Ära von Smartphones mit großflächigem Touch-Display und vollwertigem Browser vom Markt gedrängt.

Interessanterweise plante Steve Jobs zunächst nicht ein SDK für iOS Apps zu veröffentlichen. Noch bei der Vorstellung sagte er:

> „The full Safari engine is inside of iPhone. And so, you can write amazing Web 2.0 and Ajax apps that look exactly and behave exactly like apps on the iPhone. And these apps can integrate perfectly with iPhone services. They can make a call, they can send an email, they can look up a location on Google Maps. And guess what? There's no SDK that you need! You've got everything you need if you know how to write apps using the most modern web standards to write amazing apps for the iPhone today."

2008 wurde iOS dann doch für Entwickler geöffnet und durch Apple der App Store eröffnet, eine zentrale Distributionsplattform für Apps. Dieser für den Endnutzer sehr einfache Distributionskanal für mobile Software war ein entscheidender Faktor für den Erfolg von mobiler Software. Bereits ein Jahr nach der Eröffnung des App Stores wurden etwa 50.000 verschiedene Applikationen insgesamt mehr als eine Milliarde Mal heruntergeladen. Ein wichtiger Erfolgsfaktor war allerdings auch, dass Apple mit dem iTunes Store und dem Verkauf digitaler Musikdownloads bereits die entsprechende Infrastruktur hatte.

Grundlage des heutigen Duopols

Beinahe alle damaligen Anbieter von mobilen Betriebssystemen und Endgeräten waren sowohl vom Konzept, als auch vom kommerziellen Erfolg des iPhones überrumpelt. Die Open Handset Alliance unter Entwicklungsleitung von Google konnte am schnellsten reagieren und bereits 2008 mit Android ein Betriebssystem mit ähnlicher Ausrichtung auf den Markt bringen. Als Betriebssystemkern dient dabei ein angepasster Linux Kernel. Das erste Gerät auf dem Markt war 2008 das HTC Dream.

11

Nach anfangs noch mäßigem Erfolg stellte sich in den kommenden Jahren ein enormer Erfolg ein.

Neue Formfaktoren und Bedienkonzepte

Im Jahr 2010 gelang Apple noch einmal die Etablierung eines neuartigen Geräts. Durch das iPad wurde der Erfolg der Tablets begründet. Die Betriebssysteme von Apple und Google zielen inzwischen auch auf weitere mobile Geräte: Wearables, Car-Infotainment und intelligente persönliche Assistenten. Die intelligenten persönlichen Assistenten nutzen dabei die Sprachsteuerung als neues Bedienkonzept. Dessen Erfolg begann hauptsächlich mit der Einführung von Siri bei Apple 2011. Gerade im Bereich neuer Bedienkonzepte befindet sich noch Potential für neue „Revolutionen".

Bedeutungserweiterung des Begriffs App

Aus der ursprünglichen Abgrenzung mobil und stationär bzw. der Abgrenzung tragbar vs. fest installiert ist inzwischen deutlich mehr geworden. Heutzutage verbinden wir mit mobilen Engeräten fast untrennbar auch Weiteres. Mobile bedeutet heute für die meisten Geräte neben tragbar auch vernetzt, kontextuell und einfach. Ein Teil dieser Eigenschaften hat sich auch auf den Begriff App übertragen. Im Vergleich zu klassischer Software werden Apps vor allem als moderner und einfacher wahrgenommen.

1.2. Betriebssysteme

Moderne mobile Endgeräte haben die Situation im Markt der Betriebssysteme erheblich aufgemischt. In Abbildung 1.1 ist zu sehen, dass das am weitesten verbereitete Betriebssystem überhaupt inzwischen Android ist.

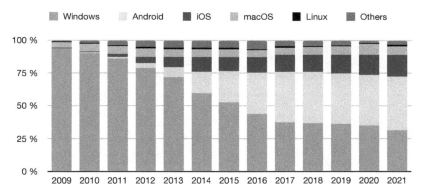

Abbildung 1.1.: Quelle: StatCounter Global Stats - OS Market Share

Zum niedrigen Anteil von Linux ist anzumerken, dass die Datenerfassung bei StatCounter auf dem Besuch von Internetseiten beruht und daher der überwiegende Teil der mit Linux betriebenen Serversysteme nicht mitgezählt wird. Wenn wir uns auf Betriebssysteme für mobile Endgeräte mit kleinem Bildschirm beschränken, sehen wir ein Duopol von Android und iOS. Wenn wir weitere Endgeräte mit einbeziehen, sind zusätzlich vor allem Windows und macOS für die Entwicklung von Desktop-Apps interessant. Linux als Zielsystem wird vor allem im Serverbereich interessant.

In Abbildung 1.2 sind die Betriebssysteme in einem Stammbaum zu sehen. Hierbei fällt auf, dass iOS und Android beide der Familie der unixoiden Systeme angehören. Während Android aber auf einen angepassten Linux Kernel setzt, ist der Haupteinfluss bei iOS BSD.

Es existieren verschiedene „Trennlinien", die hier zunächst nur angedeutet werden sollen. Zum Einen hat Windows keine Verbindung zu den übrigen populären Betriebssystemen. Dies wird inzwischen aber vor allem mit dem Windows Subsystem for Linux überbrückt. Zum Anderen sind Apples Betriebssysteme legal nur auf Hardware der Firma Apple lauffähig. Dies führt unter Anderem dazu, dass mit den Tools von Apple nur eingeschränkt eine

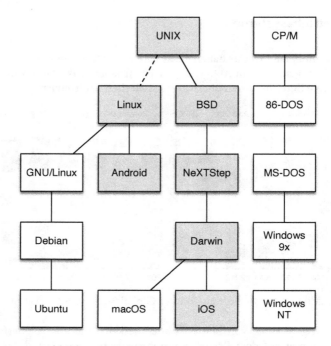

Abbildung 1.2.: Stammbaum der führenden OS

Entwicklung auf und für andere Betriebssysteme möglich ist. Dies betrifft vor allem Apples IDE Xcode und das UI-Framework SwiftUI.

1.3. Bauarten von Apps

Im Normalfall haben wir es heutzutage mit einer Situation zu tun, in der wir eine App für mehr als nur Eines der relevanten Betriebssysteme entwickeln. Die wichtigsten Betriebssystementwickler Apple, Microsoft und die für Android zuständige Open Handset Alliance stellen alle umfangreiche Tools für ihre Betriebssysteme zur Verfügung. Daneben existieren auch weitere Tools bekannter Hersteller, die alternative Umsetzungsmöglichkeiten für Apps bieten.

Wie bereits im historischen Rückblick erwähnt, wurde Drittentwicklern 2007 bei Markteinführung des iPhones nur die Möglichkeit gewährt sogenannte *Web Apps* zu entwickeln. Erst 2008 präsentierten Steve Jobs und Scott Forstall auf der WWDC die Möglichkeit nun auch *Native Apps* zu entwickeln:

> "With the SDK in iPhone 2.0 we're opening the same native APIs and tools we use internally."

Noch im selben Jahr begannen erste Entwickler diese Ansätze unter dem Namen *Hybride Apps* zu mischen. Die Begriffe *Web Apps*, *Native Apps* und *Hybride Apps* werden heutzutage als Standardbegriffe für die Beschreibung der jeweiligen Entwicklungsansätze für mobile Endgeräte genutzt. Allerdings ist die Nutzung dieser Begriffe für Android und Cross- bzw. Multi-Platform-Ansätze zwar - wie gesagt - üblich, aber schlichtweg falsch (für eine detaillierte Begründung siehe Nunkesser, 2018). Im Folgenden werden wir daher die Begriffe aus Nunkesser (2018) einführen und nutzen.

Abbildung 1.3.: Hauptunterteilung: Endemic, Pandemic, Ecdemic

Die Hauptunterscheidung ist in der Abbildung 1.3 zu sehen und bezieht sich

darauf, ob die hauptsächlich zur Entwicklung vorgesehenen Programmiersprachen der Betriebssystemhersteller genutzt werden (*endemic*), Programmiersprachen, die auf jeder Plattform zur Verfügung stehen (*pandemic*) oder
externe Programmiersprachen (*ecdemic*).

Auf Basis dieser Hauptunterteilung wird in Nunkesser (2018) letztlich eine
Empfehlung für sechs unterschiedliche Kategorien gegeben (siehe Abbildung
1.4).

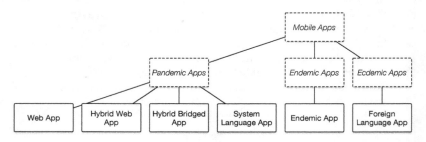

Abbildung 1.4.: Zur Nutzung vorgeschlagene Unterteilung

In einem Beitrag von Wm Leler (Senior Software Engineer im Flutter-Team)[1]
gibt es eine gute - wenn auch naturgemäß nicht ganz neutrale - Serie von Abbildungen um grundsätzliche Unterschiede der Entwicklungsmöglichkeiten
zu illustrieren. Wir verwenden hier leicht angepasste Versionen der Abbildungen.

Die Betriebssystemhersteller stellen zusätzlich zum Betriebssystem APIs und
Tools zur Verfügung. Je nach verwendeter Entwicklungstechnologie können
diese bereitgestellten APIs und Tools direkt, indirekt oder gar nicht genutzt
werden. Geordnet nach Abstraktionsgrad bieten alle Hersteller mindestens:

- Low level APIs (typischerweise in einer systemnahen Programmierspra-
  che geschrieben)
- High level APIs (typischerweise in der zur Appentwicklung empfohle-
  nen Programmiersprache geschrieben)
- Eine Grafik-Engine (CoreGraphics, DirectX oder Skia) und eine Browser-
  Engine (WebKit oder Blink)
- Ein UI Framework (bei Wm Leler noch in Widgets, Canvas und Events
  unterteilt)

---

[1] https://hackernoon.com/whats-revolutionary-about-flutter-946915b09514

1.3.1. (Progressive) Web Apps

Mit *Web App* werden Apps bezeichnet, die mit Webtechnologien erstellt werden. HTML/CSS/JS können auf allen Plattformen genutzt werden. Bis 2013 nutzten Apple und Google mit WebKit[2] die gleiche Engine. Seit 2013 wird bei Google jedoch mit Blink[3] eine Abspaltung von WebKit weiterentwickelt, die Teil des Chromium Projekts ist. Dieses wiederum wird inzwischen auch von Microsoft genutzt, daher ist - zumindest im Vergleich zu den Browser Wars - recht gute Kompatibilität gegeben.

Im eigentlichen Sinne sind Web Apps optimierte Webseiten. Im Zuge von HTML5 und dem Trend der Progressive Web Apps können Web Apps aber mehr und mehr Funktionen nutzen, die früher nur den mit plattformspezifischen Tools geschriebenen Apps vorbehalten waren. Apples App Store erlaubt allerdings keine Distribution von „reinen" Web Apps.

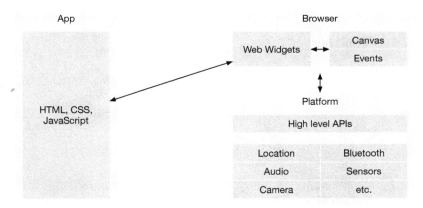

Abbildung 1.5.: Aufbau von Web Apps

Die Abbildung 1.5 zeigt den Aufbau von Web Apps. Sowohl UI als auch Geschäftslogik werden mit Webtechnologie umgesetzt. Das UI besteht überwiegend aus HTML-Elementen (hier *Widgets* genannt). Sowohl die Darstellung (hier *Canvas* genannt) als auch die Dynamik (hier durch *Events* beschrieben) werden durch den Browser umgesetzt. Der Zugriff auf Bibliotheken des Systems für z.B. Ortung und Sensorik geschieht durch die durch die Plattform

---

[2]https://webkit.org
[3]http://www.chromium.org/blink

bereitgestellten JavaScript-Befehle. Der Umfang des möglichen Zugriffs wird durch die verwendeten Browser festgelegt. Damit hängt auch das Potential von Progressive Web Apps von den durch die Hersteller bereitgestellten Zugriffsmethoden ab. Grundsätzlich ist Apple hier etwas zögerlicher im Bereitstellen von Funktionen für Web Apps. Seit iOS 11.3 sind unter Anderem folgende Funktionen möglich:

- Ortung
- Zugriff auf Beschleunigungssensor, Gyroskop, Magnetfeldsensor
- Kamerazugriff
- Audioausgabe
- Apple Pay
- Technologien wie WebAssembly, WebRTC, WebGL

Web Apps stehen hier nicht im Fokus, den Hauptteil dieses Buches nehmen stattdessen endemische Apps ein.

1.3.2. Endemic Apps

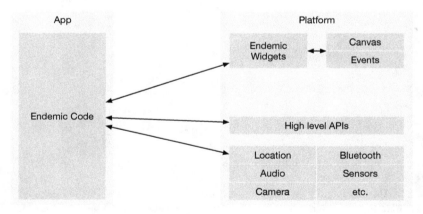

Abbildung 1.6.: Aufbau endemischer Apps

Apple, Google und Microsoft vetreiben offizielle IDEs und SDKs zur Appentwicklung. Apples Xcode wird mit SDKs ausgeliefert, die Appprogrammierung in Objective-C und Swift unterstützen. Android Studio von Google und JetBrains erlaubt es mit dem Android SDK in Java und Kotlin zu programmieren.

Visual Studio von Microsoft schließlich setzt vor allem auf C#, F# und Visual Basic. Auf diese Art programmierte Apps nennen wir *Endemic Apps*.

Die Abbildung 1.6 zeigt den Aufbau endemischer Apps. UI und Geschäftslogik werden mit den von den Betriebssystemherstellern bereitgestellten Sprachen und Tools umgesetzt. Das UI setzt sich überwiegend aus endemischen Komponenten zusammen. Sowohl die Darstellung, als auch die Dynamik werden durch die Plattform umgesetzt. Der Zugriff auf Bibliotheken des Systems für z.B. Ortung und Sensorik geschieht direkt.

Endemische Apps erfordern eine eigene Entwicklung für die Zielplattformen. Ggfs. kann ein Teil des Codes beispielsweise durch Codegeneratoren erzeugt werden, überwiegend wird jedoch getrennter Code entwickelt.

1.3.3. Hybrid Web Apps

Hybrid Web Apps ermöglichen über JavaScript Zugriff auf plattformspezifische Funktionen. Standardmäßig wird dies heutzutage größtenteils entweder mit Apache Cordova oder mit Capacitor[4] realisiert. Für Desktopapplikationen gibt es zusätzlich noch Electron[5]. Die Oberflächen werden mit Webtechnologien umgesetzt. Die Abbildung 1.7 zeigt eine architekturelle Übersicht.

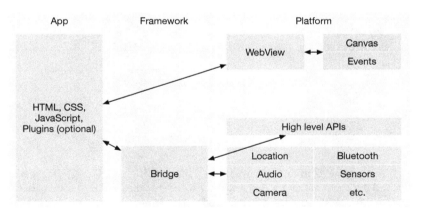

Abbildung 1.7.: Aufbau von Hybrid Web Apps

---

[4]http://cordova.apache.org bzw. https://capacitorjs.com
[5]https://www.electronjs.org

Werden Funktionen benötigt, die nicht standardmäßig durch das Framework bereitgestellt werden, gibt es üblicherweise eine Pluginarchitektur, die es ermöglicht eigene endemische Funktionen hinzuzufügen und anzusprechen. Für die Oberflächengestaltung und die angenehmere Gestaltung der Geschäftslogik werden oft ergänzend Tools wie Ionic[6] oder AngularJS[7] eingesetzt.

Trotz teils ansprechender UIs (wie z.B. bei Ionic) und umfangreicher Plugins leiden Hybrid Web Apps in der Nutzung unter merkbar eingeschränkter Performance. Auch komplexe Geschäftslogik und Enterprisefunktionalität lässt sich oftmals nicht so gut umsetzen, wie mit anderen Entwicklungsansätzen. Positiv ist aber die hohe Umsetzungsgeschwindigkeit für einfache Apps hervorzuheben.

1.3.4. Hybrid Bridged Apps

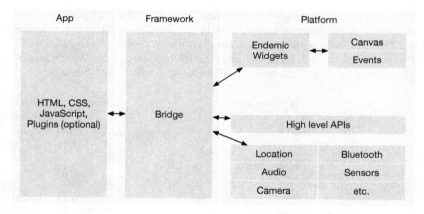

Abbildung 1.8.: Aufbau von Hybrid Bridged Web Apps

Hybrid Bridged Apps nutzen JavaScript auch um Zugriff auf plattformspezifische UI zu ermöglichen. Bekanntester Vertreter dieses Ansatzes ist React Native[8]. Im Desktopbereich nutzt NodeGUI[9] einen ähnlichen Ansatz, hier

---

[6]http://ionicframework.com/
[7]http://angular.io
[8]https://facebook.github.io/react-native/
[9]https://docs.nodegui.org

werden die nativen UI-Elemente letztlich auf Basis von Qt nachgebildet. Die Abbildung 1.8 zeigt eine architekturelle Übersicht.

React Native ist dabei durchaus erfolgreich und war auch ein Kandidat statt .NET MAUI oder statt Flutter in diesem Buch behandelt zu werden. So ist beispielsweise die Skype App und ein Teil der Facebook App mit React Native umgesetzt worden. Auch wenn dieser Ansatz viele Vorteile bietet, ist letztlich die Performance dennoch nicht so gut wie bei den in diesem Buch gewählten Ansätzen.

1.3.5. System Language Apps

Letztlich gibt es doch auch gemeinsame Sprachen in nahezu allen Plattformen: C/C++. *System Language Apps* nutzen dies vor allem im Bereich der Spieleengines (die ggfs. aber auch wieder eine fremde Sprache unterstützen können). Ansonsten ist es auch möglich beispielsweise mit Qt[10] Applikationen in C/C++ zu entwickeln. Die Abbildung 1.9 zeigt eine Übersicht über die Architektur.

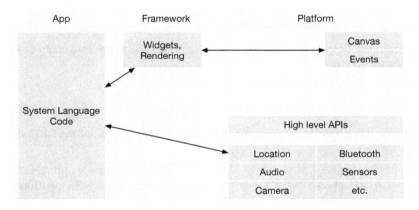

Abbildung 1.9.: Aufbau von System Language Apps

Die UI wird komplett unabhängig von der endemischen UI entwickelt. Auf APIs höherer Abstraktionsebenen gibt es keinen Zugriff. Für die klassische Appentwicklung spielt dieser Ansatz so gut wie keine Rolle. Anders sieht dies

---

[10]https://www.qt.io/mobile-app-development/

beispielsweise bei Spieleengines aus, wo dieser Ansatz sehr erfolgreich ist. So setzt beispielsweise die Unreal Engine[11] auf C++. Im 2D-Bereich gibt es beispielsweise Cocos2d-x[12] mit dem sich ebenfalls Spiele mittels C++ umsetzen lassen. Darüber hinaus wird häufig hochperformanter in C/C++ geschriebener plattformübergreifender Code in Apps eingebunden, die mit einer anderen Herangehensweise erstellt wurden.

1.3.6. Foreign Language Apps

Es gibt verschiedene technische Ansätze um eigentlich plattformfremde Sprachen zur Programmierung von Apps zu nutzen. Eine genauere Betrachtung lässt sich in Nunkesser (2018) finden. Als Begriff für diese Apps nutzen wir *Foreign Language Apps*. In diesem Bereich gibt es viele Ansätze, die technisch teilweise recht unterschiedlich funktionieren. Die hier betrachteten Frameworks .NET MAUI und Flutter[13] fallen auch in diese Kategorie. Neben diesen gibt es gerade im Desktopbereich auch noch sehr erfolgreiche Ansätze, die inzwischen auch für die Entwicklung auf mobilen Endgeräten nutzbar sind. Der Vorteil von .NET MAUI und Flutter ist aber gerade der, dass sie ihre Wurzeln in Technologien für mobile Endgeräte haben. Sie wurden sozusagen mit einem anderen Mindset entwickelt.

Zumindest für .NET MAUI und Flutter schauen wir daher nochmal etwas genauer auf das Konzept.

.NET MAUI

Die grundlegende Architektur von .NET MAUI ist in der Abbildung 1.10 dargestellt.

Kernidee von .NET MAUI ist es, alle endemischen UI-Elemente und APIs in einer Fremdsprache (hier C#) zur Verfügung zu stellen. Je nach Zielplattform sind dafür unterschiedliche Dinge nötig:

- Bei Android wird ein Just-in-time-Compiler mit der App ausgeliefert, der zur Laufzeit .NET Intermediate Language verarbeitet. Dies ist nötig, um auf die sogenannte Android Runtime zugreifen zu können und kostet auf Android etwas Performance.

---

[11] https://docs.unrealengine.com/en-us/Platforms/Mobile
[12] http://cocos2d-x.org/products
[13] https://flutter.io

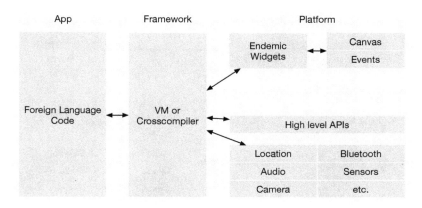

Abbildung 1.10.: Aufbau von Foreign Language Apps (.NET MAUI)

- Für iOS wird ein Ahead-of-time-Compiler genutzt, womit es letztlich theoretisch keine Unterschiede zu endemischen Apps gibt.
- Für macOS wird Mac Catalyst von Apple genutzt.
- Bei Windows kann .NET MAUI direkt die Windows UI Library nutzen.

Zusätzlich wird versucht eine möglichst große Schnittmenge zwischen den Plattformen zu definieren, um sowohl UI als auch Geschäftslogik möglichst aus einer Codebasis programmieren zu können. Elemente und APIs, die auf den Plattformen vorhanden sind, können so angesprochen werden. Zusätzlich dazu werden interessante Elemente und APIs, die es nicht auf allen Plattformen gibt, für andere Plattformen über das .NET MAUI-Framework mitgeliefert und ebenfalls gemeinsam ansprechbar gemacht.

Flutter

Flutter verfolgt einen Ansatz, den in dieser Mischung bisher noch kein Framework nutzt. Die grundlegende Architektur von Flutter ist in der Abbildung 1.11 dargestellt.

Flutter greift nicht auf endemische UI-Elemente zurück, setzt dies jedoch anders als die auf Webtechnologien beruhenden Frameworks sehr effizient um (eigenes Rendering, Darstellung beruht auf der Skia Graphics Library[14]). Zu-

---

[14]https://skia.org

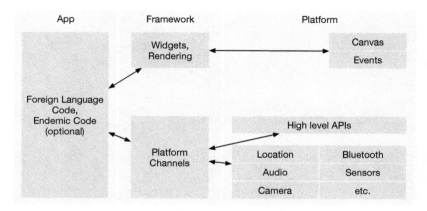

Abbildung 1.11.: Aufbau von Foreign Language Apps (Flutter)

sätzlich wurde ein Großteil der endemischen UI-Elemente so nachgebaut, dass ein Unterschied kaum erkennbar ist. Konzeptbedingt ist aber auch die Freiheit der Gestaltung eigener UI-Elemente größer als in den anderen Ansätzen. Die endemischen Plattformbibliotheken können zu einem großen Teil über Bibliotheken in Fremdsprache (hier Dart) angesprochen werden. Wo dies nicht der Fall ist, kann dies durch endemischen Code flexibel ergänzt werden. Während der Entwicklung wird statt des AOT-Compilers die Dart VM mit in die App integriert. Diese ermöglicht *hot reload*.

Kotlin Multiplatform Mobile

Kotlin Multiplatform Mobile[15] nutzt das Kotlin/Native Projekt für einen sehr interessanten Ansatz. Hierbei wird es ermöglicht, die Geschäftslogik mit Kotlin zu schreiben und diese als Bibliotheken in ansonsten endemische Projekte einzubinden. Bei einer guten Softwarearchitektur ist dies ein sehr vielversprechender Ansatz.

---

[15]https://kotlinlang.org/lp/mobile/

1.4. Besonderheiten bei mobilen Endgeräten

Die Eigenschaften tragbar, vernetzt, kontextuell und einfach mobiler Endgeräte ergeben automatisch Besonderheiten für die App-Entwicklung. Unterschiede gibt es dabei beispielsweise in den Nutzungsgewohnheiten und der Hard- und Software und dementsprechend natürlich auch in der Konzeption und Umsetzung von Apps.

1.4.1. Nutzungsgewohnheiten

Ein Hauptfaktor bei der Entwicklung mobiler Apps ist die starke Oberflächengetriebenheit des Entwicklungsprozesses (vgl. Vollmer, 2017). Usability und User Experience, also das möglichst nahtlose und passgenaue Einfügen in die Erlebniswelt des Benutzers, ist von enormer Wichtigkeit. Auch die Nutzungsgewohnheiten unterscheiden sich teilweise deutlich. 2007 stellte Leland Rechis (User Experience Designer bei Google) drei Gruppen von mobilen Nutzern vor[16]:

Repetitive now ist jemand, der immer wieder nach derselben Information sucht. Diese Information kann beispielsweise das aktuelle Wetter sein, E-Mails, Social-Media-Updates, Aktienkurse o.Ä. Es geht dabei also um wiederholte Aufgaben.

Bored now ist jemand, der gerade etwas Zeit zur Verfügung hat und diese ausnutzen möchte, beispielsweise beim Warten an der Haltestelle oder im Café.

Urgent now bedeutet, dass es darum geht, schnell etwas zu finden. Das hängt oft mit dem Ort zusammen, an dem man sich gerade befindet. Sitzt jemand in der Straßenbahn, möchte er schnell herausfinden, an welcher Haltestelle er aussteigen muss, um zu einer bestimmten Lokalität zu kommen. Hier geht es also um Aufgaben, die eine gewisse Dringlichkeit haben.

Zusammengefasst stehen bei mobilen Endgeräten folgende Nutzungsgewohnheiten im Vordergrund:

- Nutzung überall
- Dringende Aufgaben

---

[16]https://web.archive.org/web/20070823202202/http://www.informationweek.com:
80/blog/main/archives/2007/04/google_lays_out.html

- Wiederholte Aufgaben
- Echtzeitaufgaben
- Kurze und wiederholte Nutzung

Die Abbildung 1.12 zeigt die Nutzungshäufigkeit von Smartphones für typische Alltagsaufgaben.

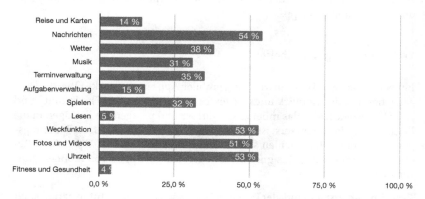

Abbildung 1.12.: Nutzung des Smartphones für Alltagsaufgaben 2015 in Deutschland (Angaben in Prozent); Quelle: Consumer Barometer

1.4.2. Hardware

Nicht zuletzt unterscheidet sich auch die Hardware deutlich (vgl. Vollmer, 2017). Telefonie als ursprüngliche Hauptfunktion ist natürlich weiterhin integraler Bestandteil von Smartphones. Die hier im Fokus stehenden mobilen Endgeräte zeichnen sich darüber hinaus durch Multi-Touch-Displays aus. Diese sind im Vergleich zu Notebooks und stationären Computern kleiner, bieten dafür aber andere Interaktionsmöglichkeiten (Touch) und Gesten.

Die hier betrachteten mobilen Geräte verfügen alle über Zugangsmöglichkeiten zum Internet. Je nach Zugangsmöglichkeit und Standort variiert die Geschwindigkeit. Im Zweifelsfall ist die Datenübertragung schlechter als beim Zugriff über einen Desktop-Rechner.

Leider sind sowohl Hardware als auch Software aktuell stark fragmentiert. Gerade bei Geräten mit dem für Hersteller offenen System Android zeigen sich variierende Hardware-Komponenten, unterschiedliche Konfigurationen und Displaygrößen und verschiedene Betriebssystemversionen.

Im Bereich der Ressourcen sind folgende Punkte wichtig:

- Je nach Markt eingeschränkte Hardwareressourcen
- Schwankende Netzverfügbarkeit
- Plötzliche Verbindungsabbrüche
- Unterbrechungsmöglichkeiten (z.b. eingehender Anruf)

Mobile Endgeräte verfügen typischerweise über eine Vielzahl von Sensoren und Aktoren. Typischerweise verbaut sind:

- Beschleunigungssensor
- Gyroskop
- GPS-Sensor
- Magnetfeldsensor
- Kamera
- Mikrofon
- Helligkeitssensor
- Annäherungssensor
- Voltmeter
- Vibrationsaktor

Oftmals finden sich auch noch Sensoren aus folgender Liste:

- Barometer
- Hygrometer
- Pulsmesser
- Thermometer
- Eye-Tracker
- Fingerabdrucksensor

1.5. Besonderheiten von Apps

Letztlich ist der Begriff App an sich erstmal nur eine Kurzform von Applikation und damit für Software, die eine bestimmte Aufgabe erfüllt. In diesem Buch wird aber bewusst der Begriff App genutzt, da einige Konzepte mit diesem Begriff verbunden werden. Schauen wir hier also auf ein paar Eigenschaften, die bei den meisten Apps anders als bei klassischer Software sind.

1.5.1. Moderne Programmiersprachen

Die Appentwicklung ist oftmals etwas dynamischer was Konzepte und Rahmenbedingungen angeht. Jede der Plattformen bietet zumindest eine moderne Programmiersprache an, die mehr als ein Programmierparadigma bedient (mindestens objektorientiert und funktional). Das ist gut so, da dies die Qualität der Lösungen erhöhen kann.

McConnell (2004) begrüßt mit folgendem Zitat flexiblere Sprachkonzepte:

> „Programmers who program *in* a language limit their thoughts to constructs that the language directly supports. If the language tools are primitive, the programmer's thoughts will also be primitive. Programmers who program *into* a language first decide what thoughts they want to express, and then they determine how to express those thoughts using the tools provided by their specific language."

Die unterstützten Programmierparadigmen von Swift, Kotlin, C# und Dart umfassen Objektorientierung und funktionale Programmierung.

Objektorientierung

- Abstraktion von Daten und darauf arbeitenden Funktionen und Methoden in einer Struktur (Klassen und Objekte)
- Modellierung von Spezialisierungshierarchien (Vererbung)

Funktionale Programmierung

- Im Zentrum stehen Funktionen, die Eingaben in Ausgaben transformieren
- Funktionen können Variablen zugeordnet werden und sowohl Eingabeparameter als auch Rückgabewerte sein (es sind Funktionen höherer Ordnung möglich)

Vereinzelt werden zusätzlich noch Einflüsse von Skriptsprachen umgesetzt. Gerade Swift, Kotlin und seit Version 2.12 auch Dart verwenden außerdem viel Mühe darauf, die Probleme mit Null- bzw. nil-Referenzen zu vermeiden. Tony Hoare, der 1965 das Konzept von Null-Referenzen erfand, sagte 2009 auf der QCon dazu:

„I call it my billion-dollar mistake. It was the invention of the null reference in 1965. At that time, I was designing the first comprehensive type system for references in an object oriented language (ALGOL W). My goal was to ensure that all use of references should be absolutely safe, with checking performed automatically by the compiler. But I couldn't resist the temptation to put in a null reference, simply because it was so easy to implement. This has led to innumerable errors, vulnerabilities, and system crashes, which have probably caused a billion dollars of pain and damage in the last forty years."

Generell merkt man den verwendeten Programmiersprachen das jeweilige Geburtsjahr an. Die jüngeren Sprachen Swift und Kotlin haben viele Gemeinsamkeiten und auch Dart setzt teilweise Konzepte um, die es (noch) nicht in C# und Java gibt.

1.5.2. Ereignisgesteuerte Programmierung

Apps mit grafischer Benutzeroberfläche werden typischerweise gemäß ereignisgesteuerter Programmierung entwickelt. Das bedeutet, dass wir zum Einen feste Punkte im Lebenszyklus von Applikationen und Seiten haben, auf die wir mit Code reagieren. Zum Anderen reagieren wir auf Ereignisse im UI.

1.5.3. Internationalisierung und Lokalisierung

Endgeräte sind fest auf eine Region und eine Sprache eingestellt. Apps bieten die Möglichkeit abhängig von der eingestellten Sprache z.B. unterschiedliche Texte anzuzeigen. Daneben hat dies aber auch Auswirkungen auf z.B. Datumsformat, Zahlenformat und Währung.

Standardmäßig ist Englisch eingestellt. Letztlich gibt es drei Hauptkomponenten zur Unterstützung mehrerer Sprachen:

- Übersetzung im Code genutzter Texte
- Übersetzung von Texten in der UI
- Anpassungen von UI-Elementen z.B. aufgrund unterschiedlicher Textlängen

1.6. App Engineering und Software Design

Die Entwicklung von Apps - insbesondere für mobile Endgeräte - unterliegt wie angespochen einigen Besonderheiten. Letztlich entwickeln wir aber natürlich dennoch Software und das etablierte Wissen aus den Bereichen Software Engineering und Usability Engineering ist größtenteils anwendbar. Andersherum fließen Erkenntnisse aus den speziellen Anforderungen an Software für mobile Endgeräte auch zurück in das klassische Software Engineering und Usability Engineering.

Allerdings sind Software Engineering und Usability Engineering nach wie vor getrennte Domänen. Der Begriff „Software Engineering" und die damit verbundene konsolidierte Forschung wurde 1968 mit der NATO Software Engineering Conference in Garmisch-Partenkirchen begründet. Usability Engineering hingegen bildet sich erst Mitte bis Ende der 1980er Jahre als eigenständiges Feld heraus. Nielsen (1993) prägte mit seinem gleichnamigen Buch entscheidend den Begriff mit.

Der in diesem Buch genutzte Begriff „App Engineering" bietet eine Möglichkeit Software Engineering und Usability Engineering zusammenzubringen. Allerdings gibt es schon der verbreiteteren Begriff des „Software Designs". Letztlich werden Varianten dieses Begriffs schon seit den 70er Jahren beispielsweise in Freeman (1976) diskutiert:

> „Design is relevant to all software engineering activities and is the central integrating activity that ties the others together."

Freeman u. Hart (2004) liefern dazu noch einen weiteren interessanten Standpunkt:

> „Design encompasses all the activities involved in conceptualizing, framing, implementing, commissioning, and ultimately modifying complex systems. [...] Specifying an artifact means you are shaping the design to meet its requirements."

Eine gerne genutzte Analogie für Software Design als Verbindung von Software Engineering und Usability Engineering ist das Bauhaus[17]. Walter Gropius (Gründer des Bauhaus) schwebte nach dem ersten Weltkrieg eine ganzheitliche, nutzerzentrierte Weiterentwicklung der Tätigkeit von Architekten vor. So sagte er beispielsweise[18]:

> „We have to do something together. We have to pull the whole thing together. We have to destroy these separations between painting and sculpture and architecture and design and so on. It is all one."

Aus dem anfänglichen Zusammenbringen von Expertise aus unterschiedlichen Bereichen, entstand erfolgreich ein neuer Bereich:

> „I had to bring in two types of teachers into the Bauhaus. One for the technique and one for the form. And I married these two in each workshop. [...] When we later moved over to Dessau, the first generation of young people educated in the Bauhaus were now ready to be head of the workshops."

---

[17]Eigentlich Staatliches Bauhaus. 1919 in Weimar gegründete Schule für Kunst und Architektur.
[18]Dieses und die folgenden Zitate transkribiert aus den Audioaufnahmen „Bauhaus Reviewed 1919-1933".

Dies ist auch für uns die Motivation unter dem Begriff Software Design Methoden aus ursprünglich getrennten Disziplinen zusammenzubringen. Neben ganzheitlichen Ansätzen umfasst dies vor allem einen Funktionalismus im Sinne des Nutzers. Auch hier kann Walter Gropius als Vorbild dienen:

> „We developed really quite an understanding that anything we do, where it a painting or a building or a chair or anything, we have to study the human being using it. That is the starting point. Not this or that aesthetic idea. That is the true functionalism."

Vor allem dem iPhone ist es zu verdanken, dass diese Prinzipien in der gesamten Industrie wieder stark an Bedeutung gewonnen haben. Sir Jonathan Ive (verantwortlicher Designer des iPhone) nennt den in der Tradition von Bauhaus und der Hochschule für Gestaltung Ulm stehenden Designer Dieter Rams denn auch als starken Einfluss.

1.7. Werkzeuge

Für viele Schritte von der Idee bis zur Umsetzung einer App werden Werkzeuge benötigt. Werkzeuge dienen dem Bearbeiten von Aufgaben und können dabei auch Methoden unterstützen, die uns wiederum beim Lösen von Aufgaben helfen. Das Zusammenspiel von Menschen mit Methoden und Wekzeugen beim Lösen von Aufgaben ist anschaulich in Balzert (2010) illustriert:

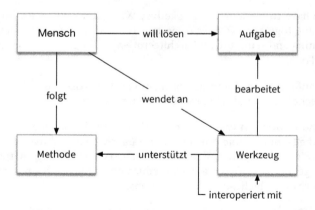

Bei der Entwicklung von Software sind folgende Werkzeuge essentiell:

- **Editor:** Schreiben von Code für Software
- **Übersetzer/Binder/Interpreter:** Erstellung ausführbaren Codes

Diese Werkzeuge sind heute typischerweise verbunden in einer IDE (integrated development environment).

Code ist allerdings nur eins der verschiedenen *Artefakte* (Oberbegriff für Dokumente und Code), die beim Konzeptionieren und Umsetzen von Apps erstellt werden. Für die Dokumentation benötigt man entweder ein Textverarbeitungsprogramm oder ein Kollaborations- bzw. Wissensmanagementtools wie beispielsweise ein Wiki. Alle weiteren Werkzeuge sind theoretisch optional. Artefakte sollten aber mindestens noch versionsverwaltet werden (typischerweise mit git). Versionsverwaltung ist ein Teil des Softwarekonfigurationsmanagements mit folgenden Fähigkeiten:

- Protokollierung von Änderungen
- Wiederherstellung alter Versionen
- Archivierung von Projektständen
- Koordinierung gemeinsamer Entwicklung
- Verwaltung von Entwicklungszweigen

Werfen wir noch einen kurzen Blick auf weitere Bereiche für die es optional Werkzeuge gibt:

- Aufgabenmanagement
- Test-, Build- und Distributionsmanagement
- Projektplanung und -management
- CASE (Computer Aided Software Engineering)
- Benutzerschnittstellendesign

Für viele dieser Bereiche existieren sowohl leichtgewichtige, als auch mächtige und teilweise teure oder komplexe Werkzeuge. Interessanterweise bekommen wir aber über eines der beliebtesten Tools zur Versionsverwaltung direkt viele der optionalen Werkzeuge mitgeliefert. So bietet GitHub[19] aktuell unter anderem folgende Bereiche:

- **Code:** git-Repository für Code
- **Issues:** Issue Tracker für Aufgabenmanagement
- **Actions:** Automatisierungsmöglichkeiten für Builds, Tests und Distribution
- **Projects:** Funktionen zu Projektplanung und -management

---

[19] https://github.com

• **Wiki:** Wiki für Dokumentation (in eigenem git-Repository)

Damit können wir grundsätzlich mit GitHub und der für die gewählte Umsetzungstechnologie empfohlenen IDE als Werkzeuge auskommen. Weitere empfohlene Werkzeuge werden aber noch in den entsprechenden Kapiteln behandelt. In den folgenden Abschnitten geht es vor allem um Dokumentation, dafür ist die Wiki-Funktion von GitHub nützlich[20].

---

[20]https://docs.github.com/en/communities/documenting-your-project-with-wikis/

2. Entwicklungsprozess

Letztlich ist ein Softwareprojekt immer auch der Weg von einer Idee zu einem Produkt. Bei diesem Weg spielen oft mehrere Vorgehensmodelle eine Rolle, diese können sich ergänzen oder verschiedene Sichten bedienen. Dave Landis[1] gibt hierfür ein schönes Beispiel, in dem einige „moderne" Vorgehensmodelle gleichzeitig Anwendung finden: Ideenfindung über Design Thinking, Ausarbeitung und Umsetzung über agile Methoden, Vermarktung über Lean Startup.

---

[1] https://lithespeed.com/speaker/dave-landis

Gerade bei den Vorgehensmodellen die sich auf Ausarbeitung und Umsetzung konzentrieren gibt es immer wieder Veränderungen und Trends. Auf der anderen Seite gibt es seit 2009 die Software Engineering Method and Theory (SEMAT) Initiative, die kritisiert, dass dabei zu häufig „das Rad neu erfunden wird"[2]:

> „With every major paradigm shift [...] industry throws out all they know about software development and start all over with new terminology with little relation to the old one."

SEMAT verfolgt einen sehr interessanten Ansatz, in der aus Vorgehensmodellen wieder Gemeinsamkeiten herausgearbeitet werden und sich letztlich manche Modelle ähnlicher zeigen als vormals vermutet.

Daher werden wir auch - obwohl es Arbeiten zu Modellen für den mobilen Bereich, wie z.B. Hess u. a. (2012), gibt - eher auf die etablierten Modelle schauen, bzw. deren Versionen der SEMAT-Initiative.

2.1. Der Essence Kernel

Eine Ergebnis der erwähnten SEMAT-Initiative ist ein OMG-Standard namens *Essence*. Der Essence Kernel beinhaltet hierbei Elemente, die allen Softwareprojekten gemeinsam sind. So können alle Softwareprojekte in die Bereiche customer (Kunde), solution (Lösung) und endeavor (Unterfangen) unterteilt werden.

Für jeden dieser Bereiche können wir sogenannte *Alphas* definieren. Alphas bezeichnen Elemente oder Aspekte eines Projekts, die weiterentwickelt werden können und eine Indikation dafür geben, wie weit das Projekt fortgeschritten ist.

Der Essence Kernel definiert sieben Alphas für die drei Bereiche:

Opportunity: Motivation zur Durchführung des Projekts.

Software System: Das zu erstellende System.

Requirements: Die Anforderungen an das zu erstellende System.

---

[2]http://semat.org/web/book/

Stakeholder: Personen oder Organisationen, die im übertragenen Sinn „Anteile" am Projekt halten. Damit haben Stakeholder (direkt oder indirekt) Einfluss auf die Anforderungen des betrachteten Systems.

Work: Arbeit am System.

Team: Team für die Umsetzung.

Way of Working: Arbeitsweise des umsetzenden Teams.

2.2. Lebenszyklus von Projekten

Eine wichtige Komponente von Vorgehensmodellen ist die Beschreibung des Lebenszyklus eines Projektes. Dabei geht es vor allem um die Phasen, die ein Projekt durchläuft und die Art und Weise wie Phasenübergänge möglich sind.

Ganz unabhängig von Softwareprojekten ist schon in der Antike beispielsweise der durch Aristoteles beschriebene Erkenntnisgewinn von ähnlichen Phasen gekennzeichnet: Erkenntnistrieb, Analyse, Deduktion / Induktion, Erkenntnis.

Daher nutzen wir in den folgenden Kapiteln auch einen von jedem Vorgehensmodell unabhängigen allgemeingültigen Aufbau von der Idee zum Produkt. Vor diesen Kapiteln zu Projektphasen steht noch Kapitel 3 zur querschnittlichen Tätigkeit des Qualitätsmanagements.

Am Anfang eines Projektes steht der Wunsch (oder zugegebenermaßen manchmal auch Zwang) ein Produkt zu erzeugen. Oftmals muss zunächst eine Idee oder Vision des Produkts erreicht werden:

Ideenentwicklung: Wie komme ich zu einer Idee oder Vision für ein Produkt? (Behandelt in Kapitel 4)

Ist die Idee oder Vision geschafft, geht es zunächst um das genauere *Was?* und dann um das *Wie?*:

Anforderungsmanagement: Was ist gewünscht, was zeichnet das Produkt aus? (Behandelt in Kapitel 5)

Umsetzungskonzeption: Wie kann das gewünschte Produkt implementiert werden? (Behandelt in Kapitel 7)

Danach wird das Geplante umgesetzt. Die einzelnen Vorgehensmodelle behandeln letztlich auf die ein oder andere Weise ebenfalls diese Phasen. Natürlich gibt es Ergänzungen, die durch die Art des Produkts bedingt sind. So ist teilweise z.b. die Inbetriebnahme oder das Interaktionsdesign separat berücksichtigt.

Für Essence gibt es einen beispielhaften Lebenszyklus, der mit leichten Abwandlungen für viele Vorgehensmodelle passt. Dieser ist in der Abbildung 2.1 zu sehen.

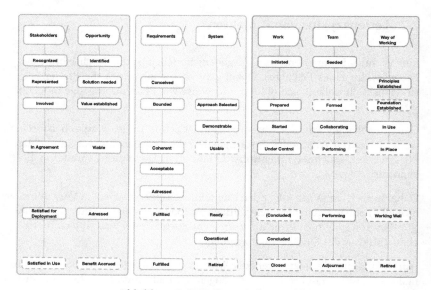

Abbildung 2.1.: Essence Lebenszyklus

Neben den Phasen selbst (die - wie inzwischen deutlich geworden sein dürfte - sich inhaltlich oft gar nicht so sehr unterscheiden) ist eins der Hauptunterscheidungsmerkmale im Lebenszyklus *sequentiell* gegenüber *inkrementell*. Sequentielle Modelle sind darauf ausgerichtet die Phasen eines Projekts möglichst abgeschlossen nacheinander durchzuführen.

In App-Projekten ist inkrementelle Entwicklung üblich. Diese kann sowohl *plangetrieben* (also mit möglichst ausführlicher Vorabplanung) als auch *agil* (also mit weniger Vorabplanung und mehr Möglichkeiten auf Änderungen zu reagieren) erfolgen. Für inkrementelle Entwicklung wird das Produkt entweder horizontal oder vertikal oder teils horizontal, teils vertikal in Teilprodukte (Inkremente) aufgeteilt.

Horizontale Aufteilung: Eine Schicht wird komplett entwickelt (z.B. UI oder Modelschicht)

Vertikale Aufteilung: Funktionsteile werden komplett entwickelt (Durchstich durch Schichten)

Mit inkrementeller Entwicklung sind Änderungen leichter umsetzbar und der Kunde kann durch Teillieferungen früher eingebunden werden. Als Nachteil kann die Gesamtübersicht verloren gehen oder sogar die Systemstruktur degradieren. Es sind sowohl plangetriebene als auch agile inkrementelle Vorgehensweisen in der Industrie verbreitet.

2.3. Essential Unified Process

Wie bereits erwähnt konzentrieren wir uns auf inkrementelle Vorgehensmodelle. Bekannte Vertreter sind hier beispielsweise der Rational Unified Process und Scrum. Essence bietet die Möglichkeit diese Modelle mit einheitlicher Notation zu betrachten. Darüber hinaus bietet Essence drei Praktikensammlungen an, die letzlich Varianten dieser Modelle darstellen. Diese sind *Agile Essentials* (Variante von Scrum), *Essential Unified Process* (Variante des Rational Unified Process) und *Agile at Scale* (Variante von Scrum für Großprojekte). Wir legen den Fokus hier auf den Essential Unified Process, allerdings erlaubt der Ansatz von Essence es jederzeit Praktiken anzupassen, wegzulassen oder zu mischen.

Essential Unified Process ist eine schlanke aber dennoch skalierbare Variante des Rational Unified Process. Im Gegensatz zum Rational Unified Process kann der Essential Unified Process ohne Anpassungen auch für kleinere Projekte direkt genutzt werden (3-6 Personen in Projekten über 3-6 Monate). Alle Abstraktionsschichten eines Projekts sind inkrementell bzw. iterativ zu sehen.

Für den Essential Unified Process werden einige Praktiken empfohlen. Diese sind in acht Gruppen unterteilt, wofür die folgende Abbildung eine Übersicht gibt:

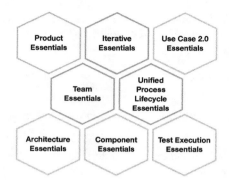

In diesem Kapitel schauen wir nur auf die Gruppen, die sich auf das Unterfangen selbst beziehen.

2.3.1. Team Essentials

Bei den Team Essentials geht es um Teammanagement und die Arbeitsatmosphäre. Teammitglieder sollen bestmöglich nach den Fähigkeiten eingesetzt werden und kollaborativ am Softwaresystem mitarbeiten.

Rollen

Grundsätzlich existieren im Essential Unified Process die im folgenden beschriebenen Rollen. Rollen müssen nicht immer eindeutig Teammitgliedern zugeordnet sein und es muss auch nicht alle Rollen in jedem Projekt gben.

Analyst: Analysten erheben die Anforderungen der Kunden und Endnutzer mit oder über die Stakeholder.

Architekt: Architekten erstellen die Softwarearchitektur.

Entwickler: Entwickler setzen das geplante System gemäß der Softwarearchitektur um. Sie sind ebenso für Unit Tests und Integration zuständig.

Projektmanager: Projektmanager planen und koordinieren das Projekt.

Tester: Tester führen Tests im Rahmen der Qualitätssicherung aus.

Designer: Designer sind für die das Design des Systems zuständig.

Prozessingenieur: Prozessingenieure unterstützen bei der Änderung bestehender und Modellierung neuer Prozesse.

Common Ownership

Neben den Rollen ist noch das Prinzip des Common Ownership wichtig. Dabei geht es darum, dass alle Teammitglieder gemeinsam Verantwortung für das Projekt tragen. Damit soll unter anderem verhindert werden, dass sich Teammitglieder bei Misserfolgen mit „Das war nicht meine Aufgabe" herausreden.

2.3.2. Unified Process Lifecycle Essentials

Die Unified Process Lifecycle Essentials haben den Lebenszyklus des Entwicklungsprozesses im Fokus. Hier geht es unter anderem um Kontrolle und Fortschrittsmessung.

Phasen des Lebenszyklus

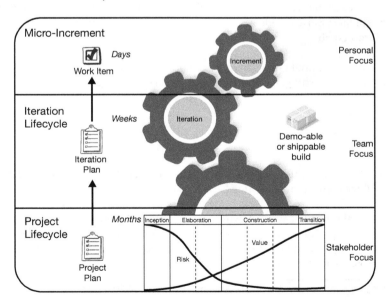

Die vier Phasen Inception, Elaboration, Construction und Transition werden jeweils in Iterationen durchlaufen. In den Iterationen eines Teams organisieren einzelne Teammitglieder ihre Arbeit in Mikroinkremente. Diese Phasen finden sich auch im Essence Lebenszyklus (Abbildung 2.1) wieder. Es gibt dort vier Stellen, wo alle Alphas parallel einen Zustand haben. Dies sind jeweils die Phasenübergänge.

Die *Inception*-Phase dient dazu ein Verständnis des zu schaffenden Produkts zu gewinnen. Welche Visionen und Ziele motivieren das Produkt? Was sind die Stakeholder und Erfolgskriterien? Wie sind Zuschnitt und Grenzen des Produkts? Am Ende der Phase sollte die Machbarkeit und die gewünschten Schlüsselfunktionalitäten feststehen. Ein grober Blick auf Kosten, Zeitbedarf und Risiko steht bereits fest.

Während der *Elaboration* werden die Anforderungen detailliert. Ein Konzept für die Umsetzung entsteht. Kosten und Zeitbedarf stehen genauer fest und erste Risiken werden behandelt. Am Ende der Phase steht ein umsetzungsfähiges Konzept.

Die *Construction*-Phase steht im Zeichen der iterativen Umsetzung. Dennoch können auch hier Anforderungen und Architekturentscheidungen noch weiter detailliert werden. Jede Iteration schließt mit einem lauffähigen, getesteten Teilprodukt ab.

Transition beschreibt den Übergang in Betrieb inklusive der Überprüfung, ob die Nutzererwartungen erfüllt sind und Fehlerbehebungen.

Inkremente

Jede Phase kann eine oder mehrere Iterationen benötigen. Der Aufbau einer Einzeliteration ist in Abbildung 2.2 dargestellt[3].

Mikro-Inkremente bezeichnen den Arbeitsfortschritt einer Person oder eines Teams (einige Stunden oder Tage). Mikro-Inkremente sind wohldefiniert und nachverfolgbar und helfen die Arbeit zu partitionieren. Sie ermöglichen eine kurze Feedbackschleife.

---

[3]Original zu finden unter http://epf.eclipse.org/wikis/openup/; Eclipse Public License - v 1.0

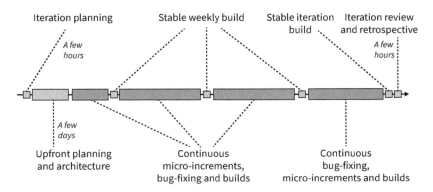

Abbildung 2.2.: Modell einer Iteration

2.3.3. Iterative Essentials

Die Iterative Essentials beinhalten noch genauere Informationen zur Entwicklung mit Inkrementen. Ziel ist dabei eine Reduktion von Risiko und Kosten, ein adäquater Umgang mit wechselnden Anforderungen und Bedingungen und eine hohe Produktivität und Effektivität. Kernpunkte sind frühe auslieferungsfähige Softwarestände und deren inkrementelle Weiterentwicklung und somit auch frühe und enge Einbindung der Stakeholder.

2.3.4. Product Essentials

Bei den Product Essentials geht es darum, beim richtigen Zuschnitt und der Auslieferung von Softwareprodukten und -weiterentwicklungen zu helfen. Der Fokus liegt dabei auf Wertschöpfung. Entscheidend ist ein solider Business-Case und eine Releaseplanung, die mit jedem Release Geschäftsnutzen bringt. Darüber hinaus steht die angemessene Einbindung von Stakeholdern im Fokus.

3. Qualitätsmanagement

Beim Konzeptionieren und Umsetzen von Softwareprojekten entstehen verschiedenste *Artefakte* (Oberbegriff für „Handgemachtes", also vor allem Dokumente und Code). Die Qualität des Gesamtprojekts hängt entscheidend von der Qualität der essentiellen Artefakte ab und muss kontinuierlich und begleitend gemanagt werden. Zu vielen Artefakten gibt es dabei eigene Methoden, die jeweils später mit den Artefakten zusammen vorgestellt werden. Auch die Test Execution Essentials des Essential Unified Process bieten weitere Informationen.

3.1. Statische und Dynamische Tests

Grundsätzlich unterscheidet man Qualitätssicherungsmaßnahmen, die statisch (ohne Ausführung der Software) vorgenommen werden können und dynamische Tests.

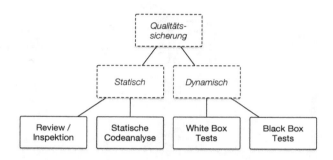

Querschnittlich bieten sich in einem Projekt an vielen Stellen „Inspektionen" an, d.h. dass Projektartefakte durch Menschen geprüft werden. Vorteilhaft daran ist, dass dies bereits sehr früh im Projekt geschehen kann und seiteneffektfrei ist. Speziell für den Programmcode gibt es Tools für statische Analysen, diese sind aber programmiersprachenspezifisch und werden daher erst später kurz angeschnitten.

Tests zur Laufzeit der Software können und sollten durch qualifizierte Tester durchgeführt werden. Bei White Box Tests ist der Programmcode bekannt und interne Prozesse der Software ggfs. zugreifbar, Black Box Tests hingegen funktionieren über die Nutzerschnittstelle der Software. Im Sinne der Effizienz ist die Nutzung von automatischen Tests und Analysen sinnvoll und nötig. Oft herangezogen wird dafür die in Cohn (2010) präsentierte Test Automation Pyramid, die Tests in UI, Service und Unit aufteilt. Diese werden als Pyramide dargestellt, bei der UI Tests die geringste Menge und Unit Tests die höchste Menge als Ziel haben. Gleichzeitig kann man Ausführungsgeschwindigkeit und Kosten ebenso betrachten, nach der UI Tests vergleichsweise teuer und langsam und Unit Tests vergleichsweise günstig und schnell ausführbar sind.

3.2. Besonderheiten Mobile

Mobile Endgeräte haben einige Besonderheiten, die Auswirkungen auf das Qualitätsmanagement haben. Zu den wichtigsten derartigen Besonderheiten zählen die verbaute Sensorik, die Oberflächengetriebenheit, die Hardware-vielfalt insbesondere bei Android und die Tatsache, dass die Entwicklungs-hardware nicht die Ausführungshardware ist.

3.2.1. Sensorik

Anders als bei Server- oder Desktopapplikationen kann es bei mobilen Applikationen Einflüsse geben, die sich in automatisierten Tests nicht oder nur schlecht simulieren lassen. So können Apps beispielsweise auf Aktionen wie Ortswechsel, Lageveränderungen, Beschleunigung etc. reagieren. Es kann dabei schnell zu Situationen kommen, die automatisierte Tests unmöglich machen. Knott (2015) geht sogar so weit eine umgedrehte Testpyramide vorzu-schlagen, um der Wichtigkeit von manuellen und UI Tests Ausdruck zu verlei-hen. Dies sehe ich allerdings nur für ganz wenige Spezialapplikationen so.

3.2.2. Oberflächengetriebenheit

Mobile Applikationen sind stark durch ihr UI geprägt, dieses lässt sich in au-tomatisierten Tests aber schwieriger testen als Geschäftslogik. Dies bedingt zum Einen, dass wir spezielle Tools für UI Tests benötigen, zum Anderen, dass eine gute Architektur mit codeseitig schlankem und entkoppeltem UI nötig ist. Auf Beides gehen wir später noch ein.

3.2.3. Hardwarevielfalt

Die Vielfalt an gerade für Android verfügbaren mobilen Endgeräten in Be-zug auf Bildschirmgrößen, Sensorik, Leistunsgfähigkeit etc. macht umfassen-de Tests schwierig. Gerade hier hilft Testautomatisierung allerdings sehr.

3.2.4. Lokale und entfernte Tests

Da bei Apps für mobile Endgeräte typischerweise die Entwicklungshardware nicht gleich der Ausführungshardware ist, hat sich insgesamt mindestens eine Dreiteilung der automatisierten Tests ergeben: Unit Tests auf der Entwicklungshardware (höhere Geschwindigkeit ergibt schnelleres Feedback), Unit Tests auf der Ausführungshardware (höhere Realitätsnähe) und UI Tests. Details zu all diesen Tests folgen später noch.

3.3. Werkzeuge

Professionelles Testmanagement wird beispielsweise mit inflectra SpiraTest, HP Quality Center oder QMetry betrieben.

Teil II.

Konzeption

4. Ideenentwicklung

Noch vor dem Projekt steht die Idee. Welche Motivation gibt es überhaupt dieses Projekt anzugehen? Aus kommerzieller Sicht gibt es bei Software zwei mögliche Gründe: Entwicklung als Dienstleistung oder Entwicklung für den Markt. Hinter beiden Gründen stehen Ideen von einem selbst oder von anderen.

Mit dem *Design Thinking* (siehe z.B. Brown u. Katz, 2009) gibt es eine aktuell sehr beliebte Methode um die kreative Ideenfindung sehr strukturiert zu unterstützen. Design Thinking und Ideenfindung stehen hier nicht im Fokus, aber es sollte deutlich werden, dass es auch noch einige Prozesse vor dem Start eines Vorgehensmodells wie z.B. des Essential Unified Processes gibt. Insbesondere auch schon im *Usability Engineering Lifecycle* von Nielsen (1993) werden auch einige für uns nützliche vorgelagerte Tätigkeiten beschrieben.

Der Fokus dieses Buchs liegt - wie erwähnt - eher auf den techniknäheren Phasen der Entwicklung, im Sinne eines ganzheitlichen Designs sollten Personen mit Designfokus aber auch Entwicklungskenntnisse und Personen mit Entwicklungsfokus auch Designkenntnisse haben. Daher starten wir hier als Aufhänger mit den von Dieter Rams formulierten zehn Prinzipien guten Designs[1]:

1. Gutes Design ist innovativ.
2. Gutes Design resultiert in nützlichen Produkten.
3. Gutes Design ist ästhetisch.
4. Gutes Design macht ein Produkt verständlich.
5. Gutes Design ist unaufdringlich.
6. Gutes Design ist ehrlich.
7. Gutes Design ist zeitlos.
8. Gutes Design ist gründlich bis ins Detail.
9. Gutes Design ist umweltfreundlich.
10. Gutes Design ist minimales Design.

Wichtigste Inspiration guten Designs ist die Nützlichkeit für den Menschen. Für eine gute Idee müssen wir also möglichst Informationen durch Menschen oder menschliches Verhalten bekommen. Blicken wir zunächst kurz auf typische Techniken, die hierbei zum Einsatz kommen.

---

[1] https://www.vitsoe.com/gb/about/good-design

4.1. Ausgewählte Techniken

Zum Ermitteln von Ideen und Anforderungen können verschiedene Techniken eingesetzt werden. Nähere Informationen zu vielen Techniken lassen sich z.B. in Lippold (2013) finden.

Befragungstechniken   Ermittlung expliziten Wissens durch Interviews oder Fragebögen.

Kreativitätstechniken   Erarbeitung von Innovationen durch Techniken wie z.B.

- Brainstorming
- Brainwriting
- Methode 365
- Perspektivenwechsel
- Analogietechnik / Synektik

Dokumentenzentrierte Techniken   Wiederverwendung existierender Ideen und Anforderungen. Techniken, die dabei zum Einsatz kommen können sind:

- Systemarchäologie
- Perspektivenbasiertes Lesen
- Wiederverwendung

Beobachtungstechniken   Beobachtungen hinterfragen und Prozesse optimieren durch beispielsweise Feldbeobachtung oder Apprenticing.

Aus der Idee heraus lassen sich Visionen und Ziele formulieren. Diese sollten am Anfang jeder Dokumentation stehen.

4.2. Visionen und Ziele

Visionen und Ziele dienen später dem einfachen Abgleich von Anforderungen („Ist diese Anforderung zielführend?"). Außerdem zeigen sie die Motivation und die Gründe der Systementwicklung. Gerade kritische Projektbeteiligte können an dieser Stelle auch positiver gestimmt werden.

Visionen und Ziele beschreiben dabei eine realitätsnahe Vorstellung der gewünschten Zukunft. An dieser Stelle werden keine Aussagen über das WIE getroffen. Ziele verfeinern und operationalisieren Visionen. Zur Formulierung von Zielen gelten folgende Grundregeln:

- Kurz und prägnant
- Aktiv formuliert
- Überprüfbar und begründet
- Beschriebener Mehrwert
- Ohne Lösungsansatz
- Mit Rahmenbedingungen
- Realisitisch

Beispiele (teilweise aus Balzert, 2010)

„Wir liefern Bestellungen bis 10:30 am Folgetag aus."

„Die Erstellungszeit von Rechnungen soll von 5 auf 2 Arbeitstage verkürzt werden."

„Wenn der Kollisionssensor anschlägt, muss das System in weniger als 20 Millisekunden den Airbag auslösen."

Die Ideenentwicklung wird in vielen Prozessen durch *Personas* und *Szenarien* unterstützt. Gleichzeitig werden Personas und Szenarien genutzt, um die klassische technische Sicht auf Softwareentwicklung zu durchbrechen. Nutzer eines Systems werden in der klassischen Anforderungsanalyse nur anhand von Rollen unterschieden, individuelle Merkmale fallen komplett weg. Während dies schon in klassischen Systemen dazu führen kann beispielsweise unterschiedliche Nutzerbedürfnisse zu übersehen, kann dies bei einem Produkt für den Markt fatal sein. Unterschiede in Status, Beruf, Alter, Geschlecht,... können teils erheblich unterschiedliche Anforderungen ergeben.

Schauen wir nun zunächst auf die schon bei der Ideenentwicklung hilfreichen Personas. Szenarien für die entsprechenden Personas werden spätestens bei konkreten Anforderungen interessant. Dort werden wir sie in diesem Buch auch behandeln.

4.3. Personas

Personas dienen als Repräsentanten einer typischen Benutzergruppe. In ihrer Beschreibung kommen Ziele, Verhaltensweisen und Eigenschaften vor, die für unser Produkt relevant sein könnten. Produkte werden entweder im Auftrag oder für den freien Markt erstellt. Bei einer Auftragsarbeit sind gegebenenfalls auch schon zukünftige Nutzer des Produkts bekannt. Dann können sich Personas an diesen orientieren (wobei eine Persona typischerweise mehrere existierende Nutzer gemeinsam beschreibt). Ansonsten gewinnt man Personas am besten durch eine Marktanalyse.

4.3.1. Wichtige Aspekte von Personas

Was müssen wir über unsere Personas wissen?

Was möchte der Nutzer mit dem System tun?

• Ziele
• Erwartungen

Was muss der Nutzer mit dem System tun?

• Berufs- oder Aufgabenbeschreibung
• Rolle
• Pflichten und Verantwortlichkeiten

Was befähigt den Nutzer seine Arbeit zu erledigen?

• Ausbildung
• Wissen
• Fähigkeiten
• Erfahrung
• Erfahrung mit Computern

Wie werden Probleme aktuell gelöst?

• Verhaltensmuster

- Modus operandi

Was übt Einfluss auf den Nutzer aus?

- Werte
- Ängste und Wünsche
- Vorlieben

Was weiß der Nutzer über alternative Produkte?

- Vorversionen des Produkts
- Produkte von Marktbegleitern

Neben diesen Fragen ist es auch wichtig, Personas lebendig erscheinen zu lassen. Gutes Produktdesign lebt davon, sich in „echte" Nutzer hineinversetzen zu können. Daher brauchen Personas auf jeden Fall Namen, Altersangaben und ein Bild. Die wichtigsten Charakterzüge sollten ebenso beschrieben werden, wie z.B. mögliche Zitate oder eine kurze Geschichte der Art „Ein Tag im Leben von ...".

Personas werden nach folgendem Schema klassifiziert:

Primäre Persona: Das Produkt und die Nutzerschnittstelle werden für diese Personas optimiert.

Sekundäre Persona: Hat ähnliche Anforderungen wie Primärpersonas. Es gibt aber einige Spezialanforderungen, die ergänzend in das Produkt einfließen.

Ergänzende Persona: Hat die gleichen Anforderungen wie Primärpersonas kann aber ergänzende Sichtweisen liefern.

Non-persona: Hat Anforderungen, die bewusst nicht berücksichtigt werden.

4.3.2. Beispiele

Zwei größere Sammlungen an durch Marktforschung ermittelten und unter Creative Commons Lizenz nutzbaren Personas gibt es von Mozilla[2]. Im Folgenden findet sich eine leicht angepasste, übersetzte Persona von Coralproject.net, leicht angepasste, übersetzte Personas von Firefox und eigene Personas aus dem Hochschulkontext.

---

[2]https://community.coralproject.net/t/our-user-personas/ und https://blog.mozilla.org/ux/2013/08/firefox-user-types-in-north-america/

Spannende Beispiele sind außerdem beispielsweise noch in Roman Pichlers Blog[3] und im Blog von MailChimp[4] zu finden.

---

[3] http://www.romanpichler.com/samplepersonapeter/
[4] https://web.archive.org/web/20130617101606/http://blog.mailchimp.com/
new-mailchimp-user-persona-research/

PER01 Margaret (32 Jahre)

Biographie Margaret ist Reporterin in einer mittelgroßen Nachrichtenagentur. Sie ist verheiratet und hat zwei Kinder. Sie besucht gerne gelegentlich Konzerte und regelmäßig Fitnesskurse.

Einstellung zu Technologie Margaret berichtet beruflich über Business und Technologie, probiert also auch begierig Webseiten und Apps aus.

Einstellung zu sozialen Medien Sie wird regelmäßig in Kommentaren zu ihren Geschichten und in ihren Twitter-Mentions angegriffen, deshalb ist sie nicht bereit an Kommentaren teilzunehmen. Der Grundton der Kommentare müsste sich ernsthaft ändern, damit sie überhaupt über die Teilnahme nachdenken würde. Sie nutzt soziale Medien ausschließlich um Geschichten zu verbreiten und sich mit Freunden auszutauschen.

PER02 Marko (25 Jahre) - Der Enthusiast

„Ich liebe es, neue Technologien kennenzulernen und zu nutzen. Ich genieße es, technische Probleme selbst zu lösen."

- Enthusiastisch gegenüber neuen Technologien
- Löst technische Probleme selbst
- Möchte Kontrolle über Systeme behalten
- Passt Software gerne an
- Selbstbewusster Umgang mit neuen Technologien
- Oft online
- Gehobener Bildungsabschluss

PER03 Sabrina (52 Jahre) - Die fleißige Biene

„Ich habe viel um die Ohren und möchte, dass Technologie einfach funktioniert. Technische Details interessieren mich dabei nicht."

- Nutzt Technologien als Werkzeug
- Hat viel um die Ohren und nutzt das Internet nur zielgerichtet
- Kein Interesse an technischen Hintergründen
- Ungeduldig bei technischen Schwierigkeiten

PER04 Katrin (29 Jahre) - Die Führungskraft

„Ich bin sicher im Umgang mit Technologie und finde auch Lösungen bei Problemen. Technologie spielt eine wichtige Rolle in meinem Alltag, neue Technologien nutze ich aber erst, wenn sie ausgereift sind."

- Komfortabler und selbstbewusster Umgang mit Technologie, aber nicht technologieverliebt.
- Technologie ist in Arbeit und Freizeit integriert
- Geduldig beim Lösen von technischen Schwierigkeiten
- Technisch auf aktuellem Stand, aber nicht bleeding edge
- Nutzt mehrere integrierte Geräte
- Oft online

PER05 Peter (55 Jahre) - Der Traditionelle

„Ich ziehe es vor, technische Geräte zu behalten, die meiner Meinung nach für mich funktionieren, selbst wenn sie veraltet sein könnten. Ich zögere, technische Geräte die ich verwende zu aktualisieren, weil ich glaube was nicht kaputt ist, sollte man auch nicht reparieren."

- Veränderungen gegenüber abgeneigt
- Führt keine Aktualisierungen ohne gute Gründe durch
- Bevorzugt das Bekannte gegenüber dem Unbekannten
- Online verbrachte Zeit wird zielgerichtet eingesetzt
- Nutzt ältere Technologie
- Wenig Nutzung von mobilem Internet

PER06 Frauke (33 Jahre) - Die Naturverbundene

„Ich könnte wahrscheinlich einen Großteil meines Lebens ohne Technologie leben und habe auch eine gewisse Abneigung gegen Technologie. Ich fürchte dabei, ich könnte Fehler machen, die ich nicht korrigieren kann."

- Unbehagen gegenüber neuen Werkzeugen
- Könnte auch gut ohne das Internet leben
- Neue Technologie zu erlernen erfordert Anstrengung
- Neue und alte Technologien werden gemeinsam genutzt
- Internet ist nicht der Brennpunkt ihres Lebens
- Verlässt sich auf andere für Techniktipps

PER07 Agis (35 Jahre) - Der Magier

„Ich liebe es, für mich selbst und andere Software zu schreiben. Technologie ist mein Leben."

- Softwareingenieur
- Sehr akkurates Verständnis des Internets
- Selbstbewusster Umgang mit der Inbetriebnahme und Nutzung von Technologie
- Löst technische Probleme selbst
- Genießt es, Technologie zu erzeugen
- Hohes Maß an Expertise
- Gehobener Bildungsabschluss

PER08 Christian (20 Jahre)

Details   Studiert an einer mittelgroßen Hochschule. Er ist recht bequem und benutzt gerne sein Smartphone um schnell an wichtige Informationen zu gelangen. Er kommt des Öfteren zu spät und ist unorganisiert. Wenn er nicht pünktlich zu seinen Vorlesungen erscheint, wird er schnell hektisch und seine Unkonzentriertheit wächst.

Ziele   Braucht Unterstützung in der Organisation seines Studiums. Pünktlich und regelmäßig zu den Vorlesungen zu erscheinen, wäre sein erstes Ziel. Am Praktischsten für ihn in Form einer mobilen Anwendung, da er häufig unterwegs ist.

PER09 Nadine (25 Jahre)

Details   Studiert an einer großen Universität in Deutschland. Sie ist fleißig und legt viel Wert auf Ordnung. Beschäftigt sich wenig mit technischen Hintergründen, benutzt jedoch mehrmals täglich ihr Smartphone.

Ziele   Verwalten und Sichern der Vorlesungsmaterialien auf einem weiterem Medium. Möchte einen einfachen und schnellen Überblick über ihr Studium haben.

PER10 Ralph (42 Jahre)

Details   Neu eingestellter Professor an der Hochschule im Bereich Informationstechnologie mit dem Schwerpunkt Computersicherheit. Er pendelt mit der Bahn zur Arbeit, ist verheiratet und hat zwei Kinder.

Ziele   Ralph möchte an der Hochschule seine Vorlesungen über das Thema Computersicherheit abhalten. Ein guter und professioneller Eindruck auf sowohl Studierende, als auch Kollegen und Kolleginnen ist ihm dabei besonders wichtig.

5. Anforderungsmanagement

Am Anfang eines jeden Projekts stehen die Anforderungen und damit die Frage: Was ist überhaupt gewünscht? Mit dem *Requirements Engineering* beschäftigt sich ein eigenes Fachgebiet mit den dahinterstehenden Konzepten und Techniken. Das International Requirements Engineering Board (IREB) ist eine Non-Profit-Organisation, deren Mitglieder sich mit der Vision zusammengeschlossen haben, Requirements Engineering auf ein professionelles Fundament zu stellen. Wir behandeln hier vornehmlich die vom IREB vorgeschlagenen Begriffe, Konzepte und Methoden.

5.1. Einführung

Eine sorgfältige Arbeit in der Phase der Anforderungserhebung ist sehr wichtig, da eine hohe Zahl von Softwarefehlern bereits bei den Anforderungen entsteht. Je höher der Abstand zwischen Fehler machen und Fehler finden und beheben, desto teurer wird die Behebung. Basili u. Perricone (1984) schreiben dazu:

> „Errors contained in modified modules were found to require more effort to correct than those in new modules, although the two classes contained approximately the same number of errors."

Hauptgründe für Fehler bei den Anforderungen sind:

- Fehlende Anforderungen
- Unklare Formulierung
- Unterschiedliches Domänenwissen (z.B. unausgesprochenes implizites Vorwissen oder das Auslassen von vermeintlich „Selbstverständlichem")
- Unterschiedliche Wahrnehmung

Aber was ist überhaupt eine Anforderung?

Gemäß IEEE 610.12-1990 ist eine Anforderung eine

> „Bedingung oder Fähigkeit, die von Benutzer (Person oder System) zur Problemlösung oder Zielerreichung benötigt wird."

bzw. eine

> „Bedingung oder Fähigkeit, die [das] System erfüllen oder besitzen muss, um Vertrag, Norm, Spezifikation oder andere Formalia zu erfüllen."

Anforderungen kommen typischerweise von Personen, Dokumenten oder Systemen. Für Anforderungsgeber hat sich der Begriff des Stakeholders durchgesetzt.

Stakeholder

Ein Stakeholder eines Systems ist eine Person oder Organisation, die (direkt oder indirekt) Einfluss auf die Anforderungen des betrachteten Systems hat. Auch Stakeholder müssen gemanagt werden. Dazu gehört es, die Wünsche und Bedürfnisse der Stakeholder zu verstehen und zu dokumentieren. Letztlich geht es darum, das Risiko zu minimieren, dass das System nicht den Bedürfnissen und Wünschen entspricht. Neben dem Hauptziel die relevanten Anforderungen zu kennen ist es auch wichtig, Konsens unter Stakeholdern über Anforderungen herzustellen.

Teilaufgaben und Hilfsmittel

Teilaufgaben des Anforderungsmanagements sind Ermitteln, Dokumentieren, Prüfen, Abstimmen und Verwalten. Gerade das Dokumentieren aller Anforderungen in geeigneter Art und Weise ist dabei zentral. Dies wird u.A. durch folgende formale Hilfsmittel unterstützt:

- Technische, schriftliche Kommunikation
- Glossar
- Beschreibungssprachen wie UML
- Referenzierbarkeit (REQ-1, REQ-2, SH-1, SH-2, ...)

Anforderungsarten

Das IREB unterscheidet drei Arten von Anforderungen:

Funktionale Anforderung: Eine funktionale Anforderung ist eine Anforderung bezüglich des Ergebnisses eines Verhaltens, das von einer Funktion des Systems bereitgestellt werden soll.

Qualitätsanforderung: Eine Qualitätsanforderung ist eine Anforderung, die sich auf ein Qualitätsmerkmal bezieht, das nicht durch funktionale Anforderungen abgedeckt wird. Beispielsweise:

- Zuverlässigkeit
- Benutzbarkeit
- Effizienz
- Änderbarkeit
- Übertragbarkeit

Randbedingung: Eine Randbedingung ist eine Anforderung, die den Lösungsraum jenseits dessen einschränkt, was notwendig ist, um die funktionalen Anforderungen und die Qualitätsanforderungen zu erfüllen.

5.2. Anforderungen ermitteln

Der erste Schritt beim Ermitteln von Anforderungen ist die Identifikation von Anforderungsquellen. Stakeholder des Projekts müssen identifiziert und gemanagt werden. Neben den Stakeholdern kommen Dokumente und Systeme als Anforderungsquellen in Frage. Gegebenenfalls sind Normen, Standards oder Gesetze zu beachten. Falls ein Altsystem oder Alternativsystem existiert sind Dokumente dieser Systeme wichtige Anforderungsquellen. Sind diese Systeme in Betrieb, gibt es die Möglichkeit auszuprobieren. Ist der Code zugänglich, können auch dort möglicherweise Informationen gewonnen werden.

5.3. Anforderungen dokumentieren

Zum Dokumentieren von Anforderungen gehört das Verfassen einer Anforderungsspezifikation. Diese bildet die Basis für die Systementwicklung. Komplexe Systeme lassen sich nur durch strukturierte Spezifikation beherrschen. Außerdem schafft die Anforderungsspezifikation rechtliche Verbindlichkeit.

Anforderungen können textuell oder über Modelle und Abbildungen erfasst werden. Wo möglich sind Modelle zu bevorzugen. Die UML bietet für die typischen Mobile-Projekte die passenden Modelle. Cziharz u. a. (2014) zeigen das folgende Beispiel für die einfachere Lesbarkeit bei gleichzeitiger ebenbürtiger Ausdrucksmöglichkeit von Modellen gegenüber Texten:

Req-1 Das System muss die Eingabemasken anzeigen.

Req-2 Nachdem die Aktion „Eingabemaske anzeigen" beendet wurde, oder nachdem die Aktion „Fehler anzeigen" beendet wurde, muss das System dem Benutzer die Möglichkeit bieten, Daten einzugeben.

Req-3 Nachdem die Aktion „Daten eingeben" beendet wurde und falls die Daten ok sind, muss das System die Daten speichern.

Req-4 Nachdem die Aktion „Daten eingeben" beendet wurde und falls die Daten nicht ok sind, muss das System die Fehler ausgeben.

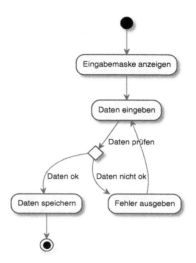

Typischerweise werden verschiedene Sichten auf Anforderungen unterschieden:

Strukturperspektive: Beziehungen im Systemkontext und Struktur von Daten.

Funktionsperspektive: Datenfluss und –verarbeitung und Systematik.

Verhaltensperspektive: Systemzustände und Verhalten.

5.4. Randbedingungen

Gegebenenfalls gibt es schon vor der weiteren Planung des Systems Informationen über Randbedingungen, die Freiheiten bezüglich Entwurf, Implementierung oder Entwicklungsprozesses einschränken. Eigentlich soll die Anforderungserhebung noch möglichst lösungsneutral geschehen, es ist aber auch illusorisch anzunehmen, dass Randbedingungen komplett ignoriert werden können. Die Randbedingungen - wie auch die meisten empfohlenen „Abschnitte" für weitere Inhalte - müssen in einem Projekt kontinuierlich ergänzt und gepflegt werden.

5.5. Kontext

Wenn die Anforderungsquellen hinreichend bekannt sind, sollte der Kontext des geplanten Systems ermittelt werden. Zum Kontext des geplanten Systems gehören:

- Andere Systeme mit operationellem Zusammenhang
- Rollen bzw. Personen die im Betrieb mit dem System interagieren
- Notwendige Schnittstellen

Die Modellierung erfolgt mit UML-Komponentendiagrammen oder bei Beteiligung eingebetteter Systemen alternativ mit SysML-Blockdiagrammen. Die Darstellung sollte folgendes beinhalten:

- Systemgrenze des betrachteten Systems
- Interagierende Nachbarsysteme und Akteure
- Schnittstellen zwischen System und Nachbarsystem

5.6. Domäne

Informationen über die Fachdomäne bieten einen ersten Blick auf die Informationsstruktur. Dafür werden fachliche Begriffe und fachliche Daten (sogenannte Domänendaten) spezifiziert. Dies geschieht normalerweise durch ein ER-Diagramm oder ein UML-Klassendiagramm.

Dies ist auch ein guter Zeitpunkt für erste Arbeiten am Glossar, das auch mit der Informationsstruktur zusammen gepflegt werden kann.

5.7. Dynamik

Ein zentraler Teil der Dynamik eines Systems wird üblicherweise durch Use Cases (Anwendungsfälle) modelliert. Use Cases selbst werden klassisch tabellarisch erfasst. Eine Übersicht über Use Cases kann durch ein UML Use Case Diagramm gegeben werden. Use Cases gibt es inzwischen in einer modernisierten Version (Use Case 2.0; siehe z.B. Jacobson u. a., 2011).

Dort werden neben den Use Cases auch Use Case Slices und Szenarien genutzt.

5.7.1. Use Cases

Ein Use Case besteht klassisch aus folgenden Unterpunkten:

* Kurzbeschreibung
* Vorbedingungen
* Standardablauf
* Alternative Abläufe
* Nachbedingungen
* Verbundene Qualitätsanforderungen

Es hat sich als sinnvoll erwiesen noch folgendes zu ergänzen:

* Anforderungsquelle
* Involvierte Akteure

Mit Use Case 2.0 werden auch noch Stories / Szenarien zum Use Case ergänzt. Diese werden auch noch in Kapitel 5.7.3 genauer beschrieben. Use Case 2.0 gehört als Teil der Use Case 2.0 Essentials zu den beim Essential Unified Process empfohlenen Praktiken. Use Case 2.0 erlaubt dabei einen feineren Zuschnitt der Anforderungen als die klassischen Use Cases.

5.7.2. Use Case Slice

Mit dem Konzept Use Case 2.0 wurden Use Case Slices eingeführt. Diese bieten eine Möglichkeit, den Use Case aufzuteilen. Dadurch passt die Umsetzung oftmals besser in iterative Prozesse, die teilweise auch kurze Inkremente beinhalten.

5.7.3. Stories / Szenarien

Stories und Szenarien erfüllen Anforderungen mit Leben. Dennoch lassen sich Anforderungen leicht aus Szenarien lesen. Szenarien haben außerdem den Vorteil, dass sie leicht durch verschiedene Stakeholder verstanden werden können.

Ein gutes Szenario

* adressiert ausführlich eine Nutzergruppe
* beschreibt eine typische und realistische Produktnutzung

- konzentriert sich auf Aspekte die relevant für die Entwicklung sind
- beinhaltet auch außergewöhnliches Verhalten und Fehlerfälle

Szenarien können als Alternative zu Use Cases genutzt werden, meist bietet sich aber eher eine ergänzende Nutzung an. Gerade auch für UI und Testfälle können Szenarien sehr hilfreich sein.

5.7.4. Textuelle Anforderungen

Manche Anforderungen lassen sich nicht durch Modelle ausdrücken. U.U. kann es auch sinnvoll sein, Modelle durch textuelle Anforderungen zu ergänzen. Textuelle Anforderungen werden typischerweise nach festem Schema formuliert (siehe Abbildung 5.1; Quelle: Balzert, 2010).

Die meisten textuellen Anforderungen sind Qualitätsanforderungen. Wenn alle textuellen Anforderungen Qualitätsanforderungen sind, sollte man den entsprechenden Dokumentationsbereich auch so nennen.

Beispiele

Das System muss dem Kunden die Möglichkeit bieten, sich über Seminare und Veranstaltungen zu informieren.

Das System muss die Kundendaten permanent speichern.

Das System muss fähig sein, dem Buchhaltungssystem Rechnungsdaten mindestens einmal pro Tag zur Verfügung zu stellen.

5.7.5. Ablaufdynamik

Die Ablaufdynamik eines Systems kann durch verschiedene Diagramme modelliert werden. Meist geht es dabei um Kontrollfluss, Datenfluss oder Systemzustände. Genutzt werden können dafür vor allem Aktivitätsdiagramme, Sequenzdiagramme und Zustandsautomaten.

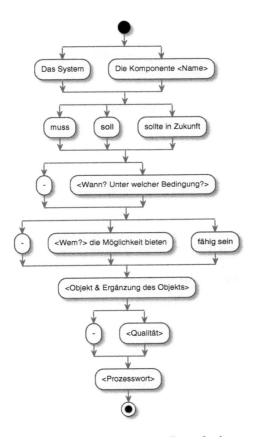

Abbildung 5.1.: Schema für textuelle Anforderungen

5.8. Verifikation

Nach dem Erheben der Anforderungen müssen diese geprüft und abgestimmt werden. Anforderungen werden mit verschiedenen Techniken nach Kriterien geprüft.

5.8.1. Prüfkriterien

Inhalt Wurden alle relevanten Anforderungen in erforderlicher Detaillierung erfasst?

Dokumentation Wurden Dokumentations- und Spezifikationsvorschriften eingehalten?

Abgestimmtheit Stimmen die Stakeholder überein und sind Konflikte aufgelöst?

5.8.2. Prüftechniken

Es gibt verschiedene Techniken um diese Kriterien zu überprüfen. Ein Teil dieser Techniken fällt in den Bereich der Reviews. Dort sind vor allem Stellungnahmen, Inspektionen und Walkthroughs zu nennen.

Stellungnahme: Bei der Stellungnahme liest ein Dritter die Anforderungen gegen und sucht nach Qualitätsmängeln. Diese werden markiert und erläutert.

Inspektion: Inspektionen werden üblicherweise in den Phasen Inspektionsplanung, Fehlersuche und Fehlersammlung aufgeteilt. In der Planung wird das Inspektionsziel festgelegt und die zu inspizierenden Artefakte ausgewählt. Die folgende Fehlersuche kann einzeln oder im Team erfolgen. Die Fehlersammlung besteht aus den Einzelaktivitäten Sammeln, Konsolidieren und Dokumentieren.

Walkthrough: Beim Walkthrough stellt der Autor den Reviewern die Anforderungen gemäß seiner Priorisierung und Sortierung vor. Qualitätsmängel werden in der Sitzung identifiziert und protokolliert.

Neben den Reviewtechniken existieren noch weitere Techniken.

Perspektivenbasiertes Lesen: Mehrmaliges Lesen mit wechselndem Fokus auf eine Perspektive wie z.B. Kunde/Nutzer, Softwarearchitekt oder Tester.

Prototypen: Prototypen ermöglichen erlebbare Anforderungen. Typischerweise unterscheidet man in Wegwerfprotoypen und evolutionäre Prototypen. Typischerweise deckt ein Prototyp nur einen Teil der Anforderungen ab.

Checklisten: Fragen und Aussagen oder formulierter Leitfaden.

5.9. Verwaltung

Anforderungen werden in einem Textdokument, einem Wiki oder einem Anforderungsmanagementtool verwaltet. Neben Name und Beschreibung können verschiedene Attribute aufgenommen werden.

Die wichtigsten Attribute sind:

- Identifikator
- Name
- Beschreibung
- Quelle
- Priorität (Mandatory, Nice-to-have, Optional)

Weitere Attribute, die genutzt werden können:

Attributtyp	Bedeutung
Version	Aktueller Versionsstand
Autor	Autor(in) der Anforderung
Begründung	Beschreibt, weshalb die Anforderung für das System von Bedeutung ist
Stabilität	Werden noch Änderungen erwartet? Z.B. fest, gefestigt oder volatil
Kritikalität	Risiken (Schadenhöhe / Eintrittswahrscheinlichkeit)

6. Architektur

Auf die Anforderungsanalyse folgt im Lebenszyklus eines Projekts die Umsetzungskonzeption, welche stark von Architekturentscheidungen geprägt ist. Zu einer guten Umsetzung gehört auch eine entsprechende Architektur. Dazu gehören sowohl einzelne Entscheidungen als auch Strukturvorgaben auf

verschiedenen Ebenen. Bevor wir also auf konkrete Schritte der Umsetzungskonzeption eingehen behandeln wir das Thema Architektur etwas genauer.

6.1. Was ist überhaupt Softwarearchitektur?

Ralph Johnson wird gerne mit folgender Aussage zitiert:

> [Software architecture is] the important stuff (whatever that is).
> The architect's job is to understand and balance all of those im-
> portant things (whatever they are).

Das trifft es eigentlich ziemlich gut, dennoch hier auch eine offizielle Defini-
tion nach IEEE 1471:

> Die grundsätzliche Organisation eines Systems, verkörpert durch
> dessen Komponenten, deren Beziehung zueinander und zur Um-
> gebung sowie die Prinzipien, die für seinen Entwurf und seine
> Evolution gelten.

Architektur beschreibt also *Organisation* und *Prinzipien*. Die Organisation
kann aus verschiedenen Sichten beschrieben werden. Typisch sind der bereits beschriebene Kontext (Vogelperspektive auf das System und damit interagierende Akteuere und Nachbarbarsysteme), Betrachtungen zur Laufzeitdy-
namik (Zusammenarbeit von Komponenten im Betrieb), zur Verteilung des
Systems (Laufzeitumgebungen) und zur Struktur (Bausteine und Beziehungen des Systems).

6.1.1. Struktur von Software

Die feinste Granularität der Softwarestruktur wird typischerweise durch UML-
Klassendiagramme ausgedrückt. In diesen finden sich Interna von Klassen
und Schnittstellen und Beziehungen zwischen diesen wieder. Für eine gute
Architektur müssen wir auch über Gruppen von Klassen und Schnittstellen
und die Beziehung zwischen diesen nachdenken. Solche Gruppen bezeichnet
man allgemein als *Pakete*, bei eher technischen Verantwortlichkeiten spricht
man auch von *Modulen*, bei eher domänenbezogenen Verantwortlichkeiten
von *Komponenten*.

Im Essential Unified Process werden die Component Essentials empfohlen. Die Component Essentials beschreiben Praktiken, die dabei helfen das Softwaresystem in Komponenten zu unterteilen. Dies ermögliche leichetere Beherrschung der Komplexität und unabhängige und teilweise parallele Entwicklung verschiedener Komponenten. Auch Wiederverwendbarkeit kann so besser erreicht werden.

Im Laufe der Zeit sind einige typische Namen für Pakete, Module und Komponenten entstanden, die teilweise aber auch später umdefiniert wurden. Die Verwendung von passenden Namen hilft sehr dabei, die Verantwortlichkeiten einzuhalten und ein gemeinsames Verständnis von Code zu haben. Hier einige wichtige Beispiele:

Aus der Originalbeschreibung von Model View Controller durch Reenskaug (1979):

Name	Bedeutung
Model	Modellieren die mit Software zu lösende Aufgabe. Sie beinhalten Daten und die zur Verarbeitung der Daten nötige Logik.
View	Eine gefilterte Ansicht des Models (typischerweise für die visuelle Präsentation). Kann das Modell durch Nachrichten aktualisieren.
Controller	Verbindung zwischen Nutzer und System. Liefert dem Nutzer Ansichten (Views) des modellierten Sachverhalts (Models) und erlaubt dem Nutzer Interaktionen über die Views anzustoßen. Alternative Bezeichnung: *Tool*.

Aus Entity-Interface-Control von Jacobson u. a. (1992):

Name	Bedeutung
Entity	Sie beinhalten Daten und die zur Verarbeitung der Daten nötige Logik. Beschränkt auf die Problemdomäne.
Control	Alle Logik, die weder der Entity noch der Nutzerschnittstelle zugeordnet werden kann.

Aus den Design Patterns der Gang of Four in Gamma u. a. (1995):

Name	Bedeutung
Adapter	Dient dazu die Schnittstelle einer Klasse in eine passende Schnittstelle umzuwandeln.
Command	Kapselung von Anfragen als Objekt zur Entkopplung.

Aus Model-View-Presenter von Potel (1996):

Name	Bedeutung
Command	Teil des Models, der die Operationen kapselt.
Interactor	Teil des Controllers, der für Nutzerinteraktionen verantwortlich ist.
Presenter	Teil des Controllers, der Interactors und Commands verbindet. Heutzutage verbindet man eher Supervisor mit dem Begriff Presenter.
Selection	Teil des Models, der für die Auswahl relevanter Daten zuständig ist.

Aus Domain-Driven Design von Evans (2003):

Name	Bedeutung
Repository	Spezielle Services, die Komplexität beim Zugriff auf Objekte eines Datenspeichers abstrahieren.
Service	Generell: Prozesse und Transformationen, die vom Model getrennt werden sollten. Application Service: Orchestrierung von Use Cases; Domain Service: Verarbeitungslogik und Verhalten von Domänendaten
Value Object	Unveränderliche Teile des Models, bei denen nur unveränderliche Attribute und Logik relevant sind.

Aus Enterprise Application Patterns von Fowler (2003), Fowler (2004) und Fowler (2006):

Name	Bedeutung
DTO	Data Transfer Object oder auch Transfer Object: Objekt, das Daten zwischen Prozessen transportieren soll.
Presentation Model	Schnittstelle zwischen Model und View, die für die View nötige Teile des Models abstrahiert.
Supervisor	Teil des Controllers, der Nutzerinteraktionen dem Model zuordnet. Ist für Datensynchronisation zuständig, die nicht durch Data Binding erfolgt.

Aus der Hexagonalen Architektur (Ports und Adapter) von Cockburn (2005):

Name	Bedeutung
Port	Verbindung / Interface zwischen technologieabhängigen Teilen wie UI und Datenbank und möglichst technologieunabhängigem Applikationskern.
Recipient	Empfänger von Daten.

Aus Model/View/ViewModel von Gossman (2005):

Name	Bedeutung
ViewModel	Schnittstelle zwischen Model und View, die für die View nötige Teile des Models abstrahiert. Für WPF entworfen und von Data Binding abhängig.

Pakete können über mehrere Abstraktionsebenen gebildet werden, typischerweise findet man auf der höchsten Abstraktionsebenen Pakete, die Schichten genannt werden (die Idee von Softwareschichten an sich ist sehr alt und lässt sich beispielsweise schon bei Dijkstra (1968) finden).

6.1.2. Schichten

Schichten sind also - wie erwähnt - Gruppen von Klassen und Schnittstellen auf der höchsten Abstraktionsebene, die sich durch gemeinsame Verantwortlichkeiten technischer oder domänenbezogener Art auszeichnen. Normalerweise schränkt man die Beziehungen zwischen den Schichten so ein, dass sich eine eindeutige Beziehungsrichtung ergibt (Also Klassen in Schicht A haben Beziehungen zu Klassen in Schicht B, aber nicht andersherum). Wenn man absolut sicher gehen möchte, dass dies eingehalten wird, kann man die Schichten in Einzelprojekte separieren.

Hier die Schichten des Domain-Driven Design von Evans (2003) als wichtiges Beispiel:

Name	Bedeutung
User Interface	Interaktionsschnittstelle für den Nutzer mit Darstellungs- und Interaktionsmöglichkeiten
Application Layer	Orchestrierende Schicht zur Umsetzung der Use Cases
Domain Layer	Geschäftslogik und Datenhaltung für die Domäne
Infrastructure	Technische Schicht beispielsweise für Persistenz oder Kommunikation

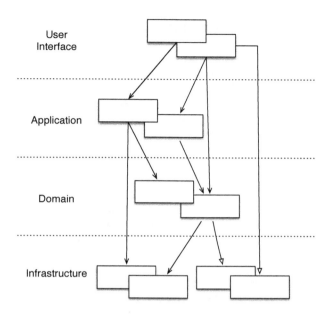

6.1.3. Architecture Essentials

Die Architecture Essentials aus dem Essential Unified Process beschreiben Praktiken, die die Systemarchitektur betreffen. Auch diese unterliegt dem iterativen Paradigma und startet mit einem soliden Fundament, das iterativ erweitert werden kann. Dabei wird auf Basis eines Fundaments nach dem Prinzip der Evolving Architecture verfahren. Architektur- und Designentscheidungen werden in das laufende Projekt integriert. Damit dies nicht zu Problemen führt, die erst spät erkannt werden, müssen technische Herausforderungen früh angegangen werden. Ansonsten sind bei Evolving Architecture entsprechende Entscheidungen nah an der Entwicklung erlaubt und erwünscht.

Schauen wir und nun etwas genauer mögliche Grundarchitekturen an.

6.1.4. Architektur für mobile Applikationen

Wenn man das Thema Architektur im Kontext der Entwicklung für iOS und Android betrachtet, stößt man unweigerlich auf die ein oder anderen Variante von Model View Controller. Leider wird Model View Controller teilweise im Sinne einer Gesamtarchitektur genutzt, was es für komplexe Applikationen nicht sein kann. Model View Controller und seine Varianten sollten immer nur Teil einer Gesamtarchitektur sein.

6.2. Model View Controller

Model View Controller (MVC) ist ein Entwicklungsmuster, der erstmals mit der bei Xerox PARC entwickelten Entwicklungsumgebung und Programmiersprache Smalltalk aufkam. Aus den ersten Ideen 1978 entstand in mehreren Schritten spätestens mit der Veröffentlichung in Smalltalk-80 ein festes Muster. Im Kern geht es um eine strikte Trennung von Datenhaltung und Geschäftslogik auf der einen Seite und Datenpräsentation und Anzeigelogik auf der anderen Seite. Die *View* ist dabei in der Originalversion zuständig für die Datenpräsentation, der *Controller* für das Aufnehmen und Verarbeiten von Nutzereingaben und das *Model* für Datenhaltung und Geschäftslogik. Jede moderne mobile Plattform unterstützt eine Form von MVC. Weiterentwicklungen von MVC wie Model View Presenter (MVP), Model View ViewModel (MVVM) und Model View Update (MVU) versuchen vor allem, den Controller-Code zu reduzieren und bieten weitere Abstraktionen für eine bessere Aufteilung der Verantwortlichkeiten. Zwei Möglichkeiten Controller-Code zu reduzieren sind *Data Binding* wie bei MVVM oder ein *State*-Konzept wie bei MVU.

6.2.1. Model View ViewModel

MVVM wurde 2005 von Microsoft MVP John Gossman vorgeschlagen und basiert auf Data Binding. Wenn ein SDK Data Binding unterstützt, dann lassen sich damit Verbindungen zwischen View und Model definieren, die Änderungen auf eine oder beide der folgenden Arten synchronisieren:

- Änderungen im Model werden direkt in einem Viewelement angezeigt
- Änderungen an editierbaren Viewelementen werden in das Model übernommen

Ein *ViewModel* abstrahiert die darzustellenden Daten der View und liefert eine Spezialisierung des Models. Diese Spezialisierung passt das Model auf die Bedürfnisse der Darstellung an. Hierbei beinhaltet es Datentransformationen für diese Anpassung. Des Weiteren kann Code zur Interaktion mit dem Model als Bindeglied enthalten sein.

6.2.2. Model View Update / Model View Intent

In allen hier besprochenen UI-Frameworks gibt es das Konzept des *States* (bei .NET MAUI allerdings aktuell nur mit dem externen UIToolkit Comet). Der State einer Applikation beinhaltet die Laufzeitdaten der Applikation. Der Einfachheit halber betrachten wir hier State als den Teil des Models, der bei Änderungen eine UI-Änderung (über Update-Funktionalität) hervorrufen sollte. Griffig lässt sich dies als

$$UI = f(state)$$

formulieren. Diese Idee ist vor allem in Model View Update (MVU), welches mit der Programmiersprache Elm von Evan Czaplicki aufgekommen ist und in Model View Intent (MVI), welches mit Cycle.js von André Staltz aufgekommen ist, vertieft. Wir konzentrieren uns hier auf MVU.

In diesem Beispiel loggt sich zunächst ein Nutzer ein und verfasst dann einen Post. Jeder der Zustände benötigt eine andere Anzeige im UI. Ein State-Konzept ermöglicht es, bei der Programmierung explizit Elemente zu definieren, die Einfluss auf den Anzeigezustand haben.

Die explizite Markierung von Daten, die zum State beitragen ermöglichen den Frameworks dann effiziente Updatemechanismen umzusetzen. Der Ablauf bei Elm ist folgendermaßen: starte mit einem initialen Model, präsentiere dieses im UI dem Nutzer, höre auf Nachrichten, aktualisiere das Model gemäß eingehender Nachrichten, präsentiere das aktualisierte Model.

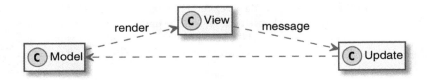

Für die Gesamtarchitektur einer komplexen Applikation reichen diese Ideen alleine allerdings nicht aus. Hier ist es besser, eine ganzheitliche und flexible Architektur zu haben, die all diesen Ideen Raum lässt und sie sinnvoll integriert.

6.3. Architekturziele

Bekannte und bedeutende Architekturvorschläge umfassen Hexagonal Architecture (aka Ports and Adapters) von Cockburn (2005), Domain-Driven Design von Evans (2003), BCE von Jacobson u. a. (1992), Onion Architecure von Palermo (2008), Clean Architecture von Martin (2017) und Explicit Architecture von Graça (2017). Verbindendes Ziel dieser Ansätze ist:

- Testbarkeit
- Trennung von applikationsunabhängiger und -spezifischer Logik
- Lose gekoppeltes UI
- Unabhängigkeit von externen Frameworks
- Unabhängigkeit von externen Datenquellen und -senken

Während diese Ziele generell für jedes Softwareprojekt erstrebenswert sind, kommt ihnen im Bereich der mobilen Applikationen noch eine besondere Bedeutung zu. Mobile Applikationen zeichnen sich unter anderem dadurch aus, dass die Entwicklungshardware typischerweise nicht gleich der Ausführungshardware ist. Dies bringt einige Schwierigkeiten in Bezug auf Testbarkeit und Frameworknutzung mit sich. Alle hier betrachteten Programmiersprachen lassen sich auch für Applikationen auf stationären Endgeräten nutzen. Je mehr Code eines mobilen Softwareprojekts auch auf der typischerweise stationären Entwicklungshardware lauffähig ist, desto besser können die Ziele erreicht werden. Alle genannten Ansätze setzen dabei auf geschichtete Architekturen. Bei entsprechender sauberer Umsetzung lässt sich die Applikation damit auch in sauber getrennte Komponenten unterteilen, die separat getestet und auch separat gebaut und verwaltet werden können. Es ist gemäß der vorherigen Argumentation erstrebenswert, dass möglichst viele Schichten auch unabhängig von der mobilen Ausführungshardware lauffähig sind.

Unterscheidungen zwischen den Ansätzen finden sich beispielsweise in der Ausgestaltung der Schichten, den Begrifflichkeiten und den vorgeschlagenen Technologien. Hexagonal Architecture, Onion Architecture, Clean Architecture und Explicit Architecture verfolgen dabei eine strenge Trennung von technologieabhängigem und technologieunabhängigem Code. Diese Architekturen sind damit für mobile Applikationen am besten geeignet.

6.4. Hexagonal Architecture

Wichtiger Ausgangspunkt dieser moderneren Schichtung ist Hexagonal Architecture. Wichtig hierbei ist, dass die äußere Schicht die Abhängigkeit von UI-Frameworks, sowie von externen Frameworks, Datenquellen und -senken kapselt. Damit unterscheidet sich die Schichtung von klassischen Schichtenmodellen, wo oft das UI als oberste Schicht und Infrastruktur als unterste Schicht vorkommt. Für mobile Applikationen ist diese Entscheidung besonders nützlich, da diese Bereiche auch die sind, die tendenziell am meisten von der Ausführungshardware abhängen.

Cockburn (2005) gibt folgendes Ziel für Hexagonal Architecture an:

„Allow an application to equally be driven by users, programs, automated test or batch scripts, and to be developed and tested in isolation from its eventual run-time devices and databases."

Hexagonal Architecture umfasst einen Applikationskern mit Ports (Protocols oder Interfaces), die festlegen wie die Applikation genutzt werden kann (durch sogenannte Driving Adapters, die im Kern implementiert werden) und Ports, die festlegen welche Daten die Applikation benötigt (bereitgestellt durch sogenannte Driven Adapters, die extern in Infrastrukturmodulen implementiert werden) (siehe Abbildung 6.1).

Der Applikationskern ist technologieagnostisch und beinhaltet die Geschäftslogik der Applikation. Typische Driving Adapter sind das UI, ein Testframework oder externe Applikationen. Typische Driven Adapter umfassen Repositories und Recipients. Die Abhängigkeit zu Adaptern sollte konfigurierbar sein (Configurable Dependencies).

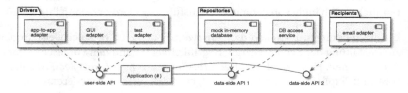

Abbildung 6.1.: Hexagonal Architecture

Hexagonal Architecture erreicht die gewünschten architekturellen Ziele mit recht unkomplizierten Konzepten. Ein sehr großer Vorteil von Hexagonal Architecture ist die Erweiterbarkeit.

Von den genannten Architekturvorschlägen gehört Clean Architecture aktuell sicherlich zu den bekanntesten und wurde in den ersten Auflagen dieses Buches auch immer genutzt. Aus mehreren Gründen habe ich mich seit der fünften Auflage dafür entschieden, stattdessen Hexagonal Architecture als gemeinsame Basis moderner Architekturen und Explicit Architecture als eine moderne Erweiterung von Hexagonal Architecture vorzustellen. Genauere Informationen zu den Problemen mit Clean Architecture und dem Verhältnis von Explicit Architecture zu Clean Architecture lassen sich in Nunkesser (2021) finden.

6.5. Umsetzungsbeispiele

Die Beispiele in diesem Buch basieren größtenteils auf Ideen, die bereits in Hexagonal Architecture vorgeschlagen wurden. Bei komplexeren Projekten ist es hilfreich, sich zusätzlich beispielsweise mit Explicit Architecture zu beschäftigen. Eine Kurzeinführung findet sich am Ende dieses Kapitels.

Im Folgenden werden mehrere Beispiele unterschiedlicher Komplexität vorgestellt. In einem konkreten Projekt sollten die Schichten auf oberster Ebene in Bereiche unterteilt werden. Im Normalfall sind dies die drei Bereiche User Interface, Core und Infrastructure. Im Einzelfall kann es bei wenig komplexen Projekten auch mal vorkommen, dass es keine Infrastructure gibt. Dies ist aber eher die Ausnahme.

Wenn das genutzte SDK dies leicht ermöglicht, sollten User Interface, Core und Infrastructure in getrennten Projekten oder Modulen verwaltet werden, um die Zugriffsrichtung leicht kontrollieren zu können (Core darf keine Abhängigkeiten zu UI oder Infrastructure haben). Dadurch wird ein besseres Bewusstsein für die Trennung geschaffen und die Durchsetzbarkeit vereinfacht. Bei allen hier betrachteten Technologien ist dies mit geringem Aufwand möglich und wird später noch vertieft.

In einem typischen Projekt wird Core nur den Application Layer und nicht den Domain Layer umfassen, da dieser applikationsübergreifende Logik enthält und dementsprechend in eine Bibliothek ausgelagert werden sollte.

6.5.1. Erstes Beispiel

Es ist immer eine Gratwanderung für Architekturvorschläge ein minimales Beispiel zu finden, das einerseits leicht verständlich ist, andererseits aber nicht overengineered wirkt. Daher habe ich mich hier an einer verbreiteten humoristischen Vorlage orientiert. Es ist kaum möglich in der IT nicht schon auf die ein oder andere Weise auf die Zahl 42 gestoßen zu sein. Wer sich schon immer gewundert hat, warum dies so ist: der Ursprung dafür liegt in der Radioserie „The Hitchhiker's Guide to the Galaxy" von Douglas Adams. Kurz gefasst ist

42 die Antwort, die der Supercomputer Deep Thought (unsere Infrastruktur) nach 7,5 Millionen Jahren auf die „Ultimate Question of Life, The Universe, and Everything" gibt.

Da die Antwort nicht allzu zufriedenstellend ist, bietet es sich an, die Infrastruktur tauschen zu können. Auch die Eingabemöglichkeit für die Frage sollte offen gestaltet werden.

6.5.2. Umsetzung

Die Umsetzung erfolgt aufgeteilt in Core, Infrastructure und UI.

Core

Der Applikationskern braucht einen Port zur Anbindung eines Supercomputers als Infrastruktur und einen Port zur Anbindung einer Nutzerschnittstelle, die eine Frage stellt.

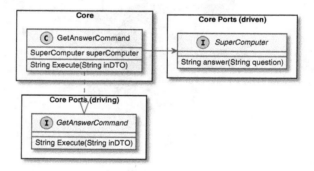

Die Anbindung der Nutzerschnittstelle kann unterschiedlich geschehen, typisch ist aber eine asynchrone Antwort. Die Frage selbst wird direkt übergeben, für die Umsetzung der „Geschäftslogik" haben wir uns hier für den Begriff Command entschieden, im konkreten Beispiel würden Query und Application Service aber ebenso passen.

Infrastructure

Die Infrastructure stellt eine Implementierung von *SuperComputer* zur Verfügung. Zur Entkopplung der konkreten Umsetzung von DeepThought von der Schnittstelle wird noch ein Adapter eingesetzt.

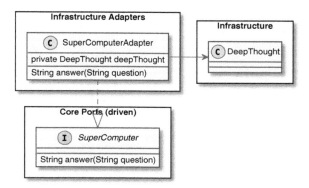

User Interface

Über das User Interface wird das Command im Applikationskern ausgelöst. Die konkrete Implementierung wird durch den Kern zur Verfügung gestellt. Hier sind verschiedene Mechanismen denkbar, in diesem einfachen Fall könnte die View aber auch direkt auf GetAnswerCommand zugreifen.

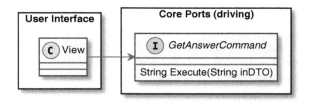

6.5.3. Social Media Posts

Das erste Beispiel zeigt bereits das typische Zusammenspiel von UI, Core und Infrastructure. Schauen wir uns nur ein etwas komplexeres Beispiel an, in dem auch etwas komplexere Model-Klassen vorkommen. Das Beispiel wird später im Buch mit den betrachteten Technologien umgesetzt und wird dann eine REST/JSON-Schnittstelle als Infrastruktur anbinden. Zum besseren Verständnis sei hier bereits erwähnt, dass es sich dabei um die Test-API JSON-Placeholder[1] handeln wird. Das Beispiel soll in der Lage sein, persistente Social Media Posts auszulesen, zu erzeugen, zu verändern und zu löschen.

Core

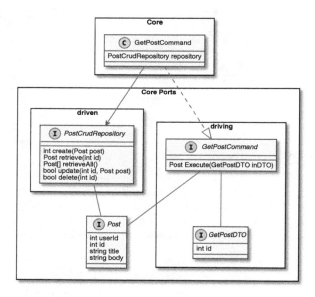

Der Applikationskern braucht ein Repository, in dem er entsprechende Operationen für Posts ausführen kann. Für die Nutzerschnittstelle wird hier beispielhaft nur das Abrufen eines Posts mit einer bestimmten ID modelliert. Diese ID wird diesmal in ein DTO gekapselt. Dies ist für eine einzige ID zwar

---

[1]https://jsonplaceholder.typicode.com

nicht zwingend nötig, zeigt aber schon mal exemplarisch, wie man mit der Übergabe mehrerer Parameter umgehen kann.

Infrastructure

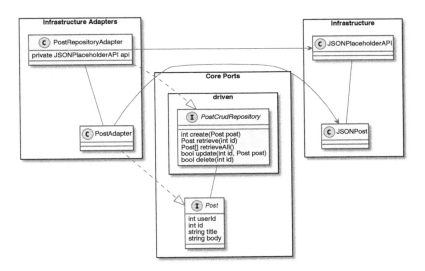

Die Umsetzung der Infrastructure selbst ist hier abstrahiert. Da wir das Adapter-Pattern einsetzen, können wir über den Einsatz von Adaptern dafür sorgen, dass unser Core die Infrastructure über seine Ports nutzen kann.

User Interface

Das User Interface ist analog zum ersten Beispiel umgesetzt.

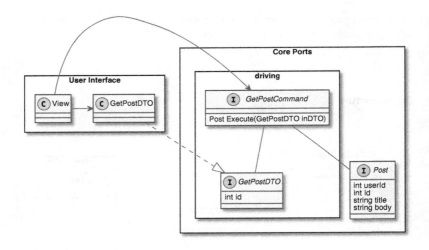

6.5.4. Exam Generator

Ein überschaubar komplexes echtes Beispiel ist im Folgenden beschrieben. Manche Teile von Klausuren eignen sich dafür generiert zu werden, damit Studierende indivudalisierte Klausuren mit eingeschränkten Täuschungsmöglichkeiten erhalten. Die Generierung von Klausuren erfordert eine Teilnehmerliste, die aus verschiedenen Quellen stammen könnte. Eine Austauschbarkeit der Quelle ist hier sehr wichtig, im konkreten Beispiel kommen diese aus Exceltabellen der Software CLX.Evento. Eine Klausur besteht aus Aufgaben, die im wesentlichen eine Problembeschreibung, einen auszufüllenden Formularteil und im besten Fall auch eine Lösung enthalten. Auch hier ist die Austauschbarkeit des konkreten Exports wichtig, so dass es allgemein für die Klausur selbst und die einzelnen Aufgaben Exporter geben muss. Im konkreten Fall erfolgt ein LaTeX-Export. Zum Integrieren von Lösungen kann es sinnvoll sein, auf externe Solver zuzugreifen. Die folgende Abbildung gibt ein Beispiel für so einen Generator (die Implementierung des Cores ist hier abstrahiert).

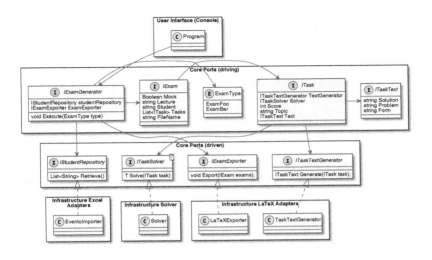

6.5.5. Fehlerbehandlung

Die benutzten Sprachen unterscheiden sich teilweise in der Philiosophie der Fehlerbehandlung, bei UI-lastigen Systemen ist es aber auf jeden Fall wichtig Fehler in asynchronen Funktionsaufrufen angemessen an Nutzer zu kommunizieren. Dies schließt selbstverständlich nicht aus möglichst viele Fehler bereits in der Geschäftslogik sinnvoll zu behandeln. Übliches Vorgehen ist es, mit unchecked Exceptions zu arbeiten und diese spätestens an der ursprünglichen Aufrufstelle des asynchronen Aufrufs passend zu behandeln.

6.5.6. Anmerkung

Wenn man die ersten Schritte mit einem Konzept wie Hexagonal Architecture unternimmt, bekommt man möglicherweise das Gefühl mehr Code als zuvor zu schreiben und keinen unmittelbaren Vorteil zu erhalten. Bis auf wenige Ausnahmen lohnt sich der Einsatz von Hexagonal Architecture aber immer. Einfacheres Testen, leichterer Austausch von genutzten Technologien und bessere Arbeitsteilung werden sich sehr schnell in Vorteilen niederschlagen. Da die Zusammenhänge und Aufbauten der Klassen auch für verschiedene Use Cases sehr ähnlich sind, lässt sich durch Wiederverwendung, geschickten Einsatz von Objektorientierung und ggfs. auch Codegenerierung auch sehr schnell Schreibarbeit sparen.

6.6. Iterative Entwicklung

Bei der iterativen Entwicklung ist eine horizontale oder vertikale Aufteilung des Projekts in Inkremente möglich (siehe auch 2.2). Eine horizontale Aufteilung kann dabei helfen, Stakeholdern früh einen Einblick in die Benutzerschnittstelle zu geben. Eine vertikale Aufteilung kann dabei helfen, wichtige oder komplexe Teile des Projekts früh zu bewältigen. Natürlich ist auch eine Mischung aus horizontaler und vertikaler Aufteilung möglich. Eine gute Architektur vereinfacht sowohl die Entwicklung horizontaler als auch vertikaler Inkremente enorm.

6.6.1. Horizontale Inkremente

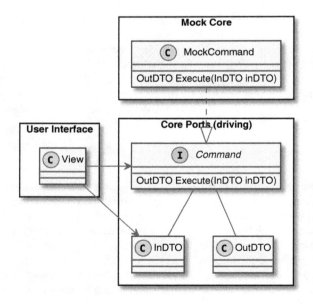

Ein typischer Anwendungsfall horizontaler Inkremente ist ein frühes Entwickeln der UI auf Basis von Dummydaten. Dabei wird die Darstellungskomponente bereits auf Basis echter Views entwickelt. Dies ist möglich, da diese durch den Einsatz z.b. von ViewModels und DTOs unabhängig von den echten domänenspezifischen Daten sind. Auch die Schnittstelle zur Applikationslogik kann schon final gestaltet werden. Zu dieser Schnittstelle können dann Klassen implementiert werden, die zunächst nur Dummydaten liefern, sozusagen ein Dummykern. Sobald die Benutzerschnittstelle zufriedenstellend implementiert ist, können die Dummyimplementierungen ersetzt werden. Es ist allerdings hilfreich, diese auch weiterhin im Projekt zu belassen, da sie eine einfache Möglichkeit bieten, zukünftige Änderungen schnell zu überprüfen.

6.6.2. Vertikale Inkremente

Die vorgestellte Architektur ist grundsätzlich auch sehr gut für vertikale Inkremente geeignet, da sie schon eine Aufteilung in Anwendungsfälle vorsieht und so Anwendungsfall für Anwendungsfall entwickelt werden kann. Vertikale Inkremente werden oft gewählt, wenn es um komplexe oder wichtige Geschäftslogik geht. Die vorgestellten Architekturen wiederum sind auf gute Testbarkeit ausgelegt und sehr gut für Unit Tests geeignet.

So lassen sich bei vertikalen Inkrementen also frühzeitig Unit Tests integrieren, die die zentralen Komponenten testen.

6.6.3. Kombination horizontaler und vertikaler Inkremente

Gute Architektur setzt auf das Single-Responsibility-Prinzip und eine saubere Schichtung durch den Einsatz von Schnittstellen zwischen den Schichten. Es ist daher auch problemlos möglich - bei frühzeitiger Festlegung der Schnittstellen - horizontale und vertikale Inkremente flexibel zu kombinieren.

6.7. Explicit Architecture

Schauen wir uns nun ergänzend noch Explicit Architecture an. Herberto Graça baut Explicit Architecture bewusst auf bekannten Vorbildern auf.

6.7.1. Konzept der Schichten

Die Schichtung erweitert dabei vor allem Hexagonal Architecture um Domain-Driven Design (siehe Abbildung 6.2).

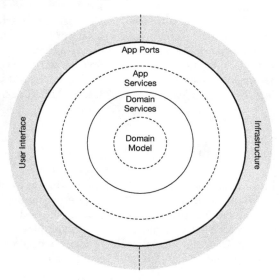

Abbildung 6.2.: Explicit Architecture Schichten

Auf der obersten Abstraktionsebene ergibt sich eine Dreiteilung: der innere Applikationskern (Application Core) mit der Geschäftslogik der Applikation und die äußeren Schichten User Interface und Infrastructure, welche die Anbindung an alle externen Systeme umfasst. Der Applikationskern kann dabei typischerweise plattformunabhängig umgesetzt werden, was die Testbarkeit auf mobilen Plattformen stark erhöht. Das UI ist plattformabhängig, bei der Infrastruktur können Teile unabhängig und Teile abhängig sein. Hier kann sich eine Zweiteilung der Infrastruktur lohnen.

Der Applikationskern ist noch weiter unterteilt, wodurch sich die von Domain-Driven Design bekannten Schichten ergeben. Diese sind auch hier streng getrennt (Zugriff nur von „außen" nach „innen" in die jeweils benachbarte Schicht). Wie von Hexagonal Architecture eingeführt, befindet sich die Infrastructure Schicht außen, um die Abhängigkeit des Applikationskerns zu minimieren. Die Schichten im Einzelnen:

6.7.2. Core-Schichten

Applikationskern mit einer Unterteilung in domänenspezifischen und applikationsspezifischen Code.

Domain Layer (Domain Models und Domain Services)

In der innersten Schicht befinden sich domänenspezifische Daten und Geschäftslogik. Domain Services erlauben es, Geschäftslogik abzutrennen, die noch zur Domäne gehört, aber nicht direkt zu einzelnen Models.

Application Layer (Application Services und Application Ports)

In dieser Schicht befinden sich Application Services, die die Use Cases der Applikation umsetzen. Diese orchestrieren oftmals Aktivitäten im Domain Layer wie beispielsweise Entitäten zu holen oder Geschätslogik aufzurufen. Die Ports definieren die Schnittstelle des Applikationskerns nach außen.

6.7.3. Externe Schichten

Außerhalb des Applikationskerns gibt es vielfältige Möglichkeiten um externe Tools und Ein- oder Ausgabemechanismen anzubinden. Die wichtigste Unterteilung erfolgt hierbei in User Interface und Infrastructure.

User Interface (Primary / Driving Adapters)

Controller oder Commands, die verschiedene User Interfaces an die Ports des Applikationskerns anbinden können. Benötigen Portimplementierungen aus dem Applikationskern.

Infrastructure (Secondary / Driven Adapters)

Diese Adapter implementieren einen Port des Applikationskerns, um diesem Funktionalität zur Verfügung stellen zu können.

6.7.4. Anwendungsbeispiel

Herberto Graça zeigt ein komplettes Beispiel, zum einfacheren Verständnis ist dieses hier aber in Einzelbeispiele aufgeteilt dargestellt.

Nutzung von Geschäftslogik

Ein typischer Ablauf sieht folgendermaßen aus: in den meisten Fällen werden Aktionen durch Nutzerinteraktion ausgelöst. Eine Nutzerinteraktion in der UI führt zu einem Aufruf im Application Service. Dieser hat verschiedene Möglichkeiten. So könnte er beispielsweise Geschäftslogik der Domäne anstoßen, oder über ein Repository beispielsweise mit einer Datenbank interagieren. Die Kommunikation nach erfolgreichem Abschluss kann eventbasiert erfolgen.

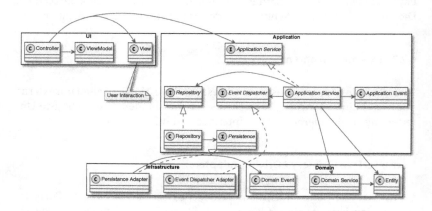

Konkret könnte ein Nutzer beispielsweise in einem Login-Formular Benutzernamen und Passwort eingegeben und dann auf den Login-Button getappt haben. Der Applikationskern bietet einen Dienst an, der für Benutzernamen und Passwort beispielsweise eine Meldung über Erfolg oder Misserfolg oder Nutzerdaren zurückgibt. Im Login-Beispiel würde im Normalfall noch eine Datenbank über ein Repository angesprochen.

Darstellung von Daten

Für die reine Darstellung von Daten kann das Repository über eine Query genutzt werden. Die Übertragung der Daten an das ViewModel geschieht hier über ein DTO.

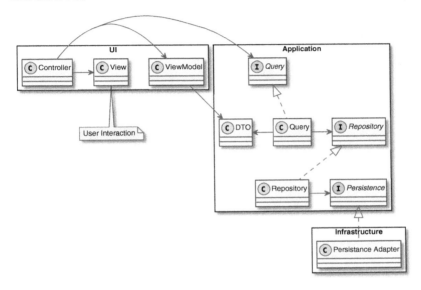

Wenn also beispielsweise das Ergebnis einer Suchanfrage angezeigt werden soll, wird der Suchbegriff in eine Query gekapselt. Über das DTO werden nur die Daten zurückgegeben, die in der UI wirklich benötigt werden, typischerweise also nur die Anzeigedaten.

Entkopplung über Commands

Herberto Graça schlägt für gewisse Situationen die Nutzung eines Busses vor, um den Zugriff auf den Core zu zentralisieren. Bei diesem Konzept sind dann Command Handler und Query Handler dafür zuständig Applikationslogik oder Queries anzustoßen (in der Abbildung sind keine Queries). Zur Datenübertragung werden DTOs genutzt.

6. Architektur

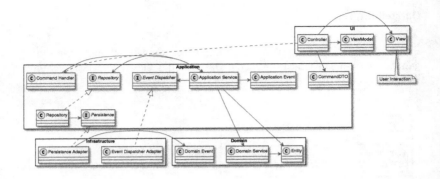

7. Umsetzungskonzeption

Der folgende Übergang von Anforderungsanalyse zu Umsetzungskonzeption sollte möglichst mit wenig Dopplungen auskommen. Material aus der Anforderungsanalyse wird so ergänzt und verfeinert, dass eine Umsetzung möglich wird. Die „Grenzen" zwischen Anforderungsmanagement, Software Design und Softwarearchitektur sind fließend (siehe z.B. auch Starke, 2015). Einige hier aufgeführte Vorschläge für passende Unterkapitel stammen aus Architekturdokumenten wie dem „Software Architecture Document" und dem „Architecture Notebook" aus Varianten des Unified Processes, sowie dem aktuell sehr beliebten arc42[1].

---

[1] http://www.arc42.de

Die ersten - durch Rahmenbedingungen möglicherweise eingeschränkten - zu treffenden Entscheidungen betreffen das Gesamtsystem.

7.1. Systembeschreibung

In der Systembeschreibung werden Rahmendaten auf Basis der Anforderungen festgelegt. Dies können beispielsweise sein:

* Endgeräte
* Betriebssystemversionen
* Bibliotheken und Software
* Lokalisierungen
* Umgebungen (z.B. Test, Staging, Produktivumgebung)

Jede wichtige Entscheidung, die getroffen wird, sollte separat festgehalten werden.

7.2. Entwurfsentscheidungen

arc42 empfiehlt für Entwurfsentscheidungen u.a. die von Michael Nygard vorgeschlagenen Architecture Decision Records (ADR)[2]. Jeder ADR bekommt als Titel eine Referenz und eine kurze Nominalphrase (beispielsweise „ADR 1: Deployment on Ruby on Rails 3.0.10"). Darauf folgen noch Kontext, Entscheidungsbeschreibung, Status und Konsequenzen.

7.2.1. Kontext

Einordnung in einen z.B. technologischen, politischen, sozialen oder projektspezifischen Kontext Die Formulierung ist dabei wertneutral und faktenorientiert.

7.2.2. Entscheidungsbeschreibung

Die Entscheidungsbeschreibung gibt „Antwort" auf den Kontext und sollte aktiv formuliert werden.

---

[2]http://thinkrelevance.com/blog/2011/11/15/documenting-architecture-decisions

7.2.3. Status

Einer von folgenden Werten: *Vorgeschlagen, Akzeptiert, Veraltet* oder *Abgelöst*. Es ist sinnvoll veraltete und abgelöste Entscheidungen noch so lange im Dokument zu belassen, bis sie für das Verständnis des aktuellen Systems tatsächlich keine Relevanz mehr haben.

7.2.4. Konsequenzen

Beschreibung des neuen Kontexts nach Umsetzung der Entscheidung. Umfasst positive, negative und neutrale Konsequenzen.

7.3. Interne und externe Schnittstellen

Für die Umsetzung müssen existierende und geplante Schnittstellen möglichst genau beschrieben werden. Zur Beschreibung gehören auf jeden Fall das Datenaustauschformat (z.b. XML, JSON, Plaintext, Binärformat), der Übertragungsweg (z.b. TCP/UDP, Bluetooth, ZigBee, OneWire, TwoWire, ...) und eine Beschreibung der API.

7.4. Bausteinsicht

Die Bausteinsicht zeigt die geplanten Bausteine des Systems. Genutzt wird dazu typischerweise ein UML-Klassendiagramm.

7.5. Ablaufdynamik

Die in der Anforderungsanalyse modellierte Ablaufdynamik wird hier um Details erweitert und um weitere Modelle ergänzt.

7.6. Interaktions- und Benutzerschnittstellendesign

Eine gut designte und benutzbare Benutzerschnittstelle ist für Apps von fundamentaler Wichtigkeit. In der Tat sind Apps ohne Benutzerschnittstelle eher selten und im Falle von iOS sogar gar nicht umsetzbar. Daher konzentrieren wir uns hier beim Benutzerschnittstellendesign auf grafische Oberflächen. Allerdings sollte hier nicht vergessen werden, dass beispielsweise Sprachsteuerung in Zukunft noch eine gewichtige Rolle spielen wird. Weitergehende Informationen zur Interaktion für andere Geräte finden sich ansonsten auch in Heinecke (2011).

Cooper u. a. (2014) prägten den Begriff *Interaktionsdesign* für einen Designprozess, der stärker auf Verhalten als auf Form oder Inhalt fokussiert. Der Begriff Interaktionsdesign selbst wurde zuerst von Bill Moggridge und Bill Verplank während ihrer Arbeit an einem der ersten Laptops, dem GRiD Compass, genutzt (siehe z.B. Moggridge, 2006). Die in Cooper u. a. (2014) beschriebene Idee des Interaktionsdesigns besteht aus

- Personas
- Szenarien
- Storyboards (Beschreibung der Benutzerschnittstelle auf Basis der Personas und Szenarien)

Storyboarding ist eine ursprünglich von Disney zunächst für Zeichentrickfilme eingeführte Technik. Grundsätzlich sind Techniken des Zeichnens und Skizzieren sehr hilfreich für das Interaktions- und Benutzerstellendesign und letztlich gibt es mindestens drei Herangehensweisen an die Gestaltung der Benutzerschnittstelle:

- Ohne Nutzung von Software (Paper Prototyping)
- Hybrides Vorgehen
- Softwarebasierte Gestaltung

Die Wahl des Werkzeugs hat in diesem Fall ggfs. recht starke Auswirkungen auf die Methode. Generell ist der Freiheitsgrad beim Skizzieren deutlich höher, daher hier einige hilfreiche Techniken aus Greenberg u. a. (2012).

7.6.1. Skizzieren

Was sind Vorteile der Arbeit mit Stift und Papier? Grundsätzlich ermöglicht dies eine offenere und kreativere Arbeitsweise. Gerade am Anfang des Gestaltungsprozesses geht es noch viel um Quantität. Skizzieren erhöht dabei die Geschwindigkeit und die Menge des Outputs. Schließlich ist es auch einfacher zu diskutieren und zu kollaborieren, gerade wenn statt Papier beispielsweise Whiteboards und Flipcharts genutzt werden.

Um Skizzieren für die Gestaltung von Benutzerschnittstellen zu nutzen, wird nicht unbedingt künstlerisches Talent benötigt. Im Kern wird das Skizzieren hier als Werkzeug genutzt um Designideen auszudrücken, mitzuteilen und zu kommunizieren.

Laseau (2001) zitiert Juan Pablo Bonta mit

„The design process can be thought of as a series of transformations going from uncertainty towards information."

Gerade am Anfang des Designprozesses ist es daher wichtig ein einfaches Werkzeug zu nutzen. Greenberg u. a. (2012) beschreiben dazu viele hilfreiche Techniken.

Skribble Sketching

Eine interessante Technik Ausdruck und Abstraktion durch das Skizzieren zu üben ist das *Skribble Sketching*. Hier wird ein existierendes UI genommen und innerhalb von 30 Sekunden nachgezeichnet. Dabei lernt man die Kernideen aufzunehmen und eine gute Abstraktion zu schaffen.

10 plus 10

Bei der Methode *10 plus 10* geht es darum die Idee eines „Designtrichters" zu unterstützen: viele abstrakte Designs erzeugen, auswählen, vielsprechende Designs vertiefen. Konkret sollen zunächst mindestens 10 verschiedene Designs zu einer Idee angefertigt werden. Diese werden auf wenige vielversprechende reduziert. Danach werden nochmal 10 Details dieser Designs vertieft.

Skizzieren mit Büromaterial

Beim Skizzieren mit Büromaterial geht es darum, den Prozess noch flexibler zu gestalten. So helfen beispielsweise Post-Its dabei, innerhalb von Designs noch schnelle Änderungen vorzunehmen.

7.6.2. Interaktionsdesign nach Garrett

Garrett (2010) unterteilt den Prozess des Interaktionsdesigns in die Beschäftigung mit der Informationsarchitektur und die Modellierung der Interaktionen. Sein Vorgehen ist deutlich strukturierter und damit auch einfacher mit Software zu unterstützen. Natürlich kann aber auch dieses Vorgehen mit Stift und Papier oder hybriden Lösungen durchgeführt werden.

Informationsarchitektur

Die meisten Projekte stellen in zentraler Funktion Informationen dar, deren Architektur oft mitbestimmend für das Interaktionsdesign ist. Garrett (2010) unterscheidet hierfür verschiedene mögliche Informationsarchitekturen beziehungsweise Wege zu einer Informationsarchitektur zu kommen:

- **Top-down Struktur** Nach einer Analyse der Ziele auf oberster Ebene, werden zunächst breite Kategorien für die darzustellenden Informationen gebildet. Diese werden sukzessive in Subkategorien unterteilt.
- **Bottom-up Struktur** Nach einer Inhaltsanalyse werden aus den darzustellenden Informationen Cluster oder Gruppen gebildet. Diese werden sukzessive zu Oberkategorien zusammengefasst.
- **Hierarchische Architektur** Baumstruktur, die sich normalerweise unterhalb der Hauptnavigation befindet.
- **Flache Architektur** Es gibt redundante Wege in der Informationsarchitektur. Viele wichtige Informationen sind über kurze Wege erreichbar.
- **Matrix** Navigation über zwei oder mehr Dimensionen. Produkte lassen sich z.b. nach Farbe, Größe oder anderen Dimensionen erreichen.
- **Organische Architektur** Architektur folgt keinem regulären Muster. Der Nutzer weiß nicht genau, wo er sich gerade in der Informationsarchitektur befindet. Fördert Exploration z.B. zur Unterhaltung oder zur Bildung.
- **Sequentielle Architektur** Wie klassische Medien.

Interaktionsmodellierung

Mit der Interaktionsmodellierung werden nun die angeordneten Informationen als Grundlage genommen, um den Aufbau von Applikationen zu planen.

Einführung Die UML bietet von Haus kein eigenes Modell für Interaktionen, auch wenn es einige Veröffentlichungen in dem Bereich in Bezug auf ähnliche Anwendungsfälle gibt. Buxton (2007) arbeitet mit einfachen Zustandsautomaten, ohne dabei jedoch Bezug auf die Möglichkeiten der UML zu nehmen. Im Bereich des Webdesigns wurde durch Garrett (2010) Visual Vocabulary entwickelt. Visual Vocabulary ist problemlos auch für die Modellierung von Interaktionen in Apps geeignet. Daneben sind durch die Erfolge der mobilen Plattformen aber auch neue Modellierungsmöglichkeiten entstanden, z.B. Visual Paradigm Storyboards und Apple Storyboards (die mit der Einführung von SwiftUI absehbar aber wieder an Bedeutung verlieren werden). Vollmer (2017) kombiniert die Vorteile von UML und Visual Vocabulary und schlägt vor, UML-Zustandsautomaten zur Interaktionsmodellierung zu nutzen. Diese Idee werden wir hier näher ausführen.

Die Zustandsautomaten in der heute gebräuchlichen Form wurden durch Harel (1987) eingeführt. Harel nutzt eine Citizen Quartz Multi-Alarm III Uhr als durchgehendes begleitendes Beispiel. In einer Abbildung zeigt er für dieses Beispiel die Modellierung der Anzeigemodi, also der möglichen UI Interaktionen. Abbildung 7.1 zeigt eine UML-Version dieser Abbildung. Technisch bedingt (keine Touchbedienung sondern Bedienung über Knöpfe) liegt hier eine überwiegend sequentielle Informationsarchitektur vor.

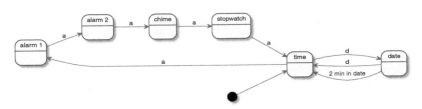

Abbildung 7.1.: UI Interaktionsdesign der Citizen Quartz Multi-Alarm III

Modellierung mit Zustandsautomaten Das zentrale Konzept der Zustands-automaten bilden Zustände und Transitionen. Dies lässt sich leicht auf App-Screens und Transitionen zwischen diesen in mobilen Applikationen über-tragen. Für einige weitere Konzepte der Zustandsautomaten gibt es aber auch noch hilfreiche Interpretationen bei mobilen Applikationen.

Regionen sind Container für Zustände und Transitionen. Die Semantik er-gibt sich aus der Anwendungsdomäne. Daher können wir für unseren An-wendungsfall Regionen nutzen, um Screens mit Gemeinsamkeiten zu model-lieren. Ein wichtiges Beispiel ist die Modellierung der Navigation auf obers-ter Ebene. Aktuell nutzen Apps vor allem eine tabbasierte oder eine menü-basierte Navigation auf oberster Ebene. Beide Navigationsmuster sind flach und erlauben die Transition zwischen vielen verschiedenen Screens. All diese Transitionen aufzuzeichnen ist unsinnig. Daher sollten in diesem Fall auf je-den Fall Regionen genutzt werden. Das entsprechende Beispiel ohne und mit einer Region ist in Abbildung 7.2 zu sehen.

Zustände repräsentieren App-Screens. UML-Zustandsautomaten erlauben die Modellierung von Eintritts- und Verlassensverhalten. Dies ist zu diesem frü-hen Stadium des Designs aber eher nicht nötig. Sinnvoll an dieser Stelle kann es aber sein, Zustände als z.B. modal oder Webseite zu markieren.

Transitionen können aus triggers, guards und effects bestehen.

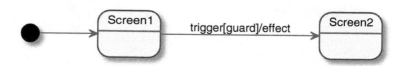

Trigger in einer mobilen Applikation ist typischerweise ein Tap oder eine Ges-te. Darüber hinaus können zeitliche Ereignisse oder asynchrone Vorgänge ei-ne Transition auslösen. Guards helfen dabei, das Element zu identifizieren, oder Bedingungen zu modellieren. Eine typische Kombination wäre beispiels-weise `tap[ButtonFoo]`.

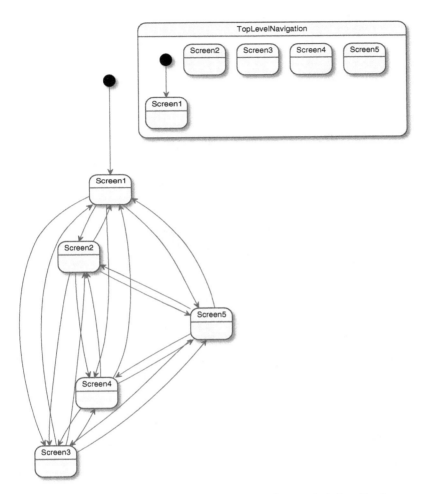

Abbildung 7.2.: Beispiel oberste Navigationsebene mit / ohne Region

Modellierungsbeispiel Als Beispiel nutzen wir hier zwei Umsetzungen von „Uhren"-Apps (in den Versionen von iOS 7–9 und Android 4.4–9).

Sowohl auf Android als auch auf iOS nutzen diese eine flache Informationsarchitektur durch den Einsatz von Tabs. Dies ist typisch für Apps mit verschie-

Abbildung 7.3.: Screenshots der iOS Clock App

Abbildung 7.4.: Screenshots der Android Clock App

denen Perspektiven auf die selben Daten oder mit verschiedenen Teilaufgaben, die zu einer Gesamtfunktion beitragen. „Uhr"-Applikationen sind dabei ein Beispiel für verschiedene Teilaufgaben, die zu einer Gesamtfunktion beitragen.

In frühen Versionen der „iPhone Human Interface Guidelines" (z.B. Version 2010-09-01) heißt es dazu:

> „The Clock application, on the other hand, uses a tab bar to give users access to the four functions of the application, namely, World Clock, Alarm, Stopwatch, and Timer. [...] selecting a tab in a tab bar changes the view in Clock. Notice how the tab bar re-

mains visible in the different Clock modes [...]. This makes it easy for users to see which mode they're in, and allows them to access all Clock modes regardless of the current mode."

In der Grundfunktionalität sind die Apps für die beiden Betriebssysteme fast gleich, sie nutzen sogar die gleichen Tabs:

* World Clock
* Alarm
* Stop Watch
* Timer

Gerade in der Umsetzung des Interaktionsdesigns unterscheiden sie sich aber doch in einigen wichtigen Punkten. Letztlich spiegelt sich hier auch ein bisschen etwas von der Grundphilosophie der beiden wichtigsten Systeme wider. Die App von iOS ist insgesamt etwas konsistenter, wohingegen die App von Android ein wenig mehr Einstellmöglichkeiten bietet.

iOS Schauen wir uns zunächst etwas genauer die vier in iOS 7–9 genutzten Tabs an (siehe Abbildung 7.3). Die resultierenden UI-Interaktionen sind in Abbildung 7.5 zu sehen.

Einstellungen sind in iOS Apps oftmals in die zentrale Settings App ausgelagert. Möglicherweise muss also auch ein Einstellungs-Screen modelliert werden, der nicht direkt aus der App erreicht werden kann.

Tab World Clock: Von der Weltzeituhr können wir über einen „+"-Button oben rechts einen modalen Screen erreichen, der uns das Hinzufügen einer neuen Zeitzone / Stadt ermöglicht. Außerdem gibt es einen „Bearbeiten"-Button, mit dem wir Zeitzonen / Städte umsortieren oder löschen können. Dieser führt allerdings nicht zu einem neuen Screen.

Tab Alarm: Vom „Wecker" können wir über einen „+"-Button oben rechts eine neue Weckzeit einstellen. Außerdem gibt es einen „Bearbeiten"-Button, mit dem wir Weckzeiten löschen können. Dieser führt allerdings nicht zu einem neuen Screen. Die Wiederholungen des Weckers und die Bezeichnung eines einzelnen Weckers lassen sich in modalen Screens bearbeiten. Außerdem lässt dich der Weckton einstellen. Für diesen lassen sich auch eigene Wecktöne kaufen bzw. aus der Musiksammlung auswählen.

Tab Stop Watch: Von diesem Tab können wir nur die anderen Tabs erreichen.

117

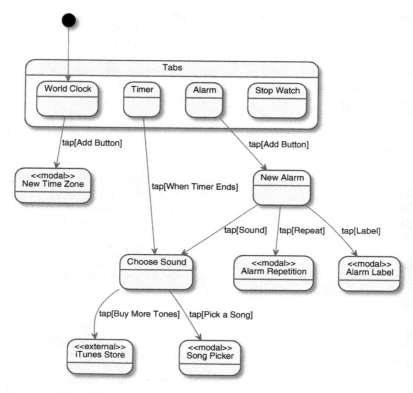

Abbildung 7.5.: UI-Interaktionen der iOS Clock App

Tab Timer: Von diesem Tab können wir außer den anderen Tabs noch die Auswahl des Tons zum Timerende erreichen. Diese ist die gleiche wie bei den Alarmen.

Android Schauen wir uns nun die vier in Android 4.4 genutzten Tabs an (siehe Abbildung 7.4; resultierende UI-Interaktionen in Abbildung 7.6).

Tab Alarm: Der „Wecker"-Bereich bietet einen Button zum Hinzufügen einer neuen Weckzeit. Darüberhinaus gibt es ein Menü mit dem Punkt „Settings" (und je nach Android-Version auch „Help"). Neue Weckzeiten werden in ei-

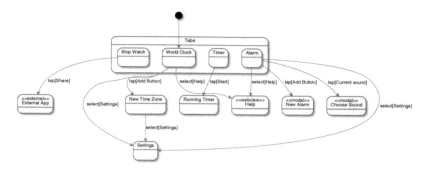

Abbildung 7.6.: UI-Interaktionen der Android Clock App

nem modalen Dialog eingestellt. Wenn man eine Weckzeit erweitert (Icon ∨ rechts unten in einer Weckzeit), dann lässt sich in einem weiteren modalen Dialog der Weckton einstellen.

Tab World Clock: Die Weltzeituhr bietet einen Button zum Hinzufügen einer neuen Zeitzone / Stadt. Darüberhinaus gibt es ein Menü mit den Punkten „Settings" und „Night Mode" (und je nach Android-Version auch „Help").

Tab Timer: Von diesem Tab können wir die anderen Tabs erreichen. Ein laufender Timer wird in einem eigenen Screen dargestellt.

Tab Stop Watch: Von diesem Tab können wir nur die anderen Tabs erreichen.

7.6.3. Typische Elemente von Benutzerschnittstellen

Die Planung der Benutzerschnittstelle ist bei Apps sehr wichtig. Die typischerweise intuitive Bedienbarkeit und leichte Verständlichkeit hilft mit hoher Zugänglichkeit gestalten zu können.

Letztlich gibt es sowohl für mobile als auch für stationäre grafische Benutzeroberflächen einen festen Satz von Anzeige- und Bedienlementen. Im mobilen Bereich sind lediglich neue z.B. kompaktere Varianten entstanden.

119

Anzeigeelemente

Für die reine Anzeige können normalerweise vor allem Texte (Labels) und Bilder genutzt werden.

Bedienelemente

Checkbox

☐ Checkboxen sind unabhängig

☑ Man kann sie gruppieren

☐ Oder alleine nutzen

Checkboxen dienen der Auswahl von Optionen. Die Optionen sind hierbei unabhängig voneinander.

Radio buttons

○ Radio Buttons

○ sind gruppiert

○ und dienen dazu

◉ eine Einzelauswahl zu treffen

Radio Buttons dienen ebenfalls der Auswahl von Optionen. Allerdings schließen sich die Optionen hier gegenseitig aus.

Eingabefelder

Eingabefelder dienen dazu Text einzugeben

Eingabefelder dienen der Eingabe von Text.

Dropdown Listen

Dropdown Listen funktionieren wie Radio Buttons

Dropdown Listen sind letztlich eine kompakte Version von Radio Buttons.

List boxes

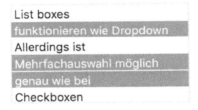

List Boxes bieten eine kompaktere Variante der Checkboxen.

Buttons

Buttons dienen dem Auslösen von Aktionen.

Buttons lösen Aktionen aus

Mobile Varianten

Auf mobilen Plattformen sind die Bedienelemente typischerweise wegen des geringeren verfügbaren Platzes kompakter in der Darstellung. Viele Bedienelemente gibt es sowohl auf iOS als auch unter Android. Bei der Suche nach gemeinsamen Namen orientieren wir uns hier an der Namensgebung von Xamarin.

Anzeigeelemente

Für die reine Anzeige können auch mobil natürlich Texte (Labels) und Bilder genutzt werden. Daneben existieren aber noch einige spezielle Anzeigemöglichkeiten:

- WebView (Darstellung von Webinhalten)
- Map (Darstellung von Landkarten)
- Activity Indicator (Signalisierung von Aktivität unbekannter Dauer)
- Progress Bar (Signalisierung von Aktivität bestimmter Dauer)
- Table (Liste von vornehmlich textbasierten Daten)
- Grid (iOS: Collection View; Gitter von beliebigen Daten)

Auswahlelemente

Slider ermöglichen die Auswahl eines diskreten Wertes aus einer Menge mit Minimum, Maximum und Schrittweite.

Switches (unter Android auch in der Variante *Toggle Button*) ermöglichen die Auswahl eines booleschen Wertes.

Date Pickers und *Time Pickers* ermöglichen die Auswahl von Kalenderdaten und Uhrzeiten.

Eingabeelemente

Beide Plattformen ermöglichen die Eingabe von Freitext. Eine Besonderheit der mobilen Plattformen ist, dass diese normalerweise mit einem Software-keyboard Eingaben entgegen nehmen. Das heißt, dass man durch die Auswahl eines geeigneten Softwarekeyboards spezielle Eingaben wie Zahlen, Mailadressen, etc. vereinfachen kann. Gleichzeitig kann man damit die möglichen Eingaben einschränken und so Fehlern vorbeugen, wenn beispielsweise bei rein numerischen Eingaben gar keine Buchstaben eingegeben werden können.

Aktionselemente

Hauptaktionselement ist auch auf mobilen Endgeräten der Button. Als Besonderheit ist zu beachten, dass durch die direkte Interaktion mittels Tap auch Interaktionen möglich sind, die bei Desktops mit z.B. indirekter Mausinteraktion nicht möglich sind. So kann beispielsweise auch sinnvoll darauf reagiert werden, wenn der Finger über den Button gezogen wird.

Als weiteres Aktionselement kann man *Search Bars* ansehen, die Suchen auf Inhalten auslösen.

Besonderheiten iOS

Ein besonderes Anzeigeelement ist die *Page Control*, die eine Position in einer Menge von Seiten anzeigt.

Für die Auswahl eines Eintrags aus einer festen Liste erlaubt iOS als spezielles Auswahlelement auch beliebige *Picker* und sogenannte *Segmented Controls*.

Ein weiteres besonderes Aktionselement ist die *Refresh Control*, womit der Nutzer manuell durch „Herunterziehen" des Inhalts einen Refresh auslösen kann.

Eine sehr eingeschränkte Aktion bietet der *Stepper*, dieser ermöglicht das Erhöhen oder Verringern von Werten um eine Konstante.

Als weiteres besonderes Aktionselement gibt es bei iOS noch die *Activity View*, die eine Mischung aus vorgegebenen und selbst bestimmbaren Aktivitäten ermöglicht.

123

Besonderheiten Android

Android bietet für die Auswahl auch Varianten der klassischen Checkboxen und Radio Buttons:

In einer CheckBox sind die Optionen natürlich unabhängig voneinander. Code-seitig bedeutet dies bei Android allerdings auch, dass ein Listener pro Check-box umgesetzt wird. Die gemeinsame Behandlung und Unterscheidung wird dann typischerweise über ein switch-case realisiert.

Ein RadioButton ist abhängig von den anderen Radio Buttons, daher erfolgt die programmatische Gruppierung über eine RadioGroup. Auch hier wird ein Listener pro Button benötigt.

Eine Auswahlvariante ist der *Spinner*, dessen Inhalte über Adapter verwaltet werden:

7.6.4. Wireframes

Wireframes stellen eine kondensierte Sicht auf Komponenten und Interaktionsmöglichkeiten einer Seite dar. Sie konzentrieren sich auf diese Funktion und sind möglichst unabhängig vom späteren Design.

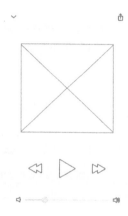

Neben diversen Tools, die zur Erstellung von Wireframes genutzt werden können, hat sich das sogenannte „Paper Prototyping" als sehr erfolgreich herausgestellt. Stift und Papier sind mitunter die schnellsten und kreativitätsförderndsten Hilfsmittel für Wireframes. Ein weiterer Vorteil ist die leichtere Möglichkeit zur Kollaboration. Grundsätzlich scheint die Interaktivität geringer zu sein. Dies lässt sich aber auch durch spezielle Tools auffangen.

7.6.5. Seitenspezifikationen

Seitenspezifikationen ergänzen Wireframes um einige Informationen und sind eine hilfreiche Ergänzung für die Umsetzung. Mindestens sollte eine Seitenspezifikation folgende Informationen enthalten:

* Navigation
* Einzelanmerkungen zu Bedienelementen
* Fehlersituationen

- Genutzte Texte in den Zielsprachen

Beispiel

SCR01-01 World Clock

.ıl 🇸	12:34	🔋
Edit	World Clock	+
🕐 Cupertino		>
🕐 London		>

World Clock · Alarm · Stop Watch · Timer

Erreichbar von

Tabs

Navigiermöglichkeit zu

Tabs, SCR02-01 New time zone

Funktion

Zeigt die Zeit in nutzergewählten Zeitzonen an.

Fehlerbehandlung

Keine geplanten Fehlersituationen

Anmerkungen zu GUI Elementen

Element	Anmerkung
Edit Button	Erlaubt Zeitzonen neu anzuordnen oder zu löschen
+ Button	Erlaubt eine neue Zeitzone über den modalen Dialog SCR02-01 hinzuzufügen

Textdesign

Schlüssel	en	de
Label.Yesterday	yesterday	Gestern

Schlüssel	en	de
Label.Today	today	Heute
Label.Tomorrow	tomorrow	Morgen
Label.Ahead	ahead	+X STD
Label.Behind	behind	- X STD

7.6.6. Goldene Regeln

Die Gestaltung nutzerfreundlicher und ansprechender Benutzerschnittstellen ist eine sehr anspruchsvolle Aufgabe. Eine Unterstützung dabei bieten sogenannte „Goldene Regeln", die von verschiedenen Autoren vorgestellt wurden. Einer der ersten Autoren war Hansen (1971):

> „Just as a composer follows a set of harmonic principles when he writes music, the system designer must follow some set of principles when he designs the sequence of give and take between man and machine."

Wichtige Goldene Regeln wurden in Folge u.A. in Shneiderman (1986), Nielsen (1993) und Mandel (1997) veröffentlicht.

Eine Zusammenfassung all dieser Regeln in die wichtigsten Hauptkategorien könnte folgende sechs zusammenfassende Regeln ergeben:

1. Kenne Deine Nutzer und gib ihnen die Kontrolle über das System.
2. Minimiere die nötige Erinnerungsleistung.
3. Entwerfe konsistente Benutzerschnittstellen.
4. Entwerfe effiziente Benutzerschnittstellen.
5. Informiere Deine Nutzer über den Systemstatus.
6. Minimiere mögliche Fehlbedienungen und deren Auswirkungen.

7.7. Visuelles Design

Nach abgeschlossenem Benutzerschnittstellendesign wird im Normalfall ein visuelles Design erstellt. Dabei kommen z.B. Tools wie Sketch[3] oder Adobe

---

[3]https://sketchapp.com

XD[4] zum Einsatz. Abbildung 7.7 zeigt ein Beispiel aus Sketch.

Abbildung 7.7.: Beispiel aus Sketch

Das visuelle Design wird typischerweise von Personen ausgeführt, die speziell dafür ausgebildet wurden. Daher wird dieses Thema hier auch nicht weiter vertieft. Moran u. a. (2018) haben jedoch einen sehr interessanten Artikel veröffentlicht, der auf einige der Schwierigkeiten beim Übergang von visuellen Designs zur Implementierung hinweist.

---

[4]https://www.adobe.com/de/products/xd.html

8. Inbetriebnahme

Ein abgeschlossenes mobiles Projekt muss noch in Betrieb genommen werden. Dies umfasst typischerweise das Bereitstellen über Apples App Store beziehungsweise Googles Play Store und den produktiven Einsatz des Backends.

Für den Einreichungsprozess bei Apple gibt es Informationen im Developer

Portal[1]. Bei Apple müssen Einreichungen eine Qualitätskontrolle - den sogenannten Reviewprozess - durchlaufen. Auch hierzu gibt es Informationen im
Developer Portal[2].

Einreichungen für Android Apps werden üblicherweise in den Play Store vorgenommen[3]. Während Apple für Privatanwender nur den App Store zulässt,
dürfen Android Apps auch über andere Stores vertrieben werden. Einen Reviewprozess mit persönlicher Einzelkontrolle durchlaufen Android Apps dabei nicht. Jedoch können Apps nachträglich entfernt werden.

---

[1] https://developer.apple.com/app-store/submissions/
[2] https://developer.apple.com/app-store/review/
[3] https://play.google.com/apps/publish/

Teil III.

Beispielkonzept

9. Projektvision

Eine Hochschule lebt von ihren Studierenden und Mitarbeitern. Gerade am Anfang ist es aber noch schwierig sich zu orientieren. Neben dem Kennenlernen der neuen Abläufe gibt es später auch Bedarf für die Unterstützung im Hochschulalltag. Eine App für mobile Systeme ist als unterstützendes Element zentral. Sie ist immer zur Hand und kann auch sehr gut kontextuelle Hilfe z.B. abhängig vom Standort bieten.

Die Hochschulapp ermöglicht es Studierenden und Dozenten, sowie Mitarbeitern im Wissenschaftsbetrieb und in der Verwaltung, die notwendigen Informationen für einen erfolgreichen Start zu beziehen. Auch im Alltag können hilfreiche Funktionen unterstützen.

Dazu gehört beispielsweise der Zugriff auf Stundenpläne und Speisepläne der Mensa, aber auch Gamificationanteile wie ein Quiz zu Studieninhalten.

Die App muss für die gängigen Plattformen verfügbar sein, da die Zielpersonen typischerweise über heterogene mobile Systeme verfügen.

10. Anforderungen

Liste der Anforderungsquellen, bestehend aus relevanten Stakeholdern (SH), externen Systemen (ES) und Dokumenten (DOC).

ID	Name	Beschreibung
SH01	Prof. Dr. Robin Nunkesser	Professor für Mobile Computing
SH02	Auditorium SoSe 2019	Studierende im SoSe 2019
ES01	FHApp der FH Dortmund	Mobile App (Nicht mehr verfügbar)
ES02	HSHL Mobile	Mobile App (Nicht mehr verfügbar)
DOC01	Projekt-Wiki StudyPlanner	Wiki

10.1. Randbedingungen

Die App soll für Android und iOS erstellt werden. Es sollen die endemischen SDKs genutzt werden. Ergänzend wird die App mittels .NET MAUI und Flutter umgesetzt.

10.2. Kontext

Für den Kontext sind zwei Alternativen möglich. In jedem Fall soll in der App ein Mensaplan angezeigt werden, wofür der Zugriff auf ein externes Backend nötig ist. Daten wie eine Professorenliste oder ein Stundenplan ändern sich vergleichsweise selten und könnten mit Appupdates aktualisiert werden.

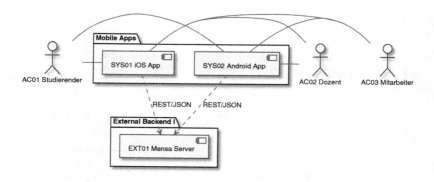

Wenn mehr Daten als nur der Mensaplan dynamisch integriert werden sollen, ist der Aufbau eines eigenen Backends sinnvoll.

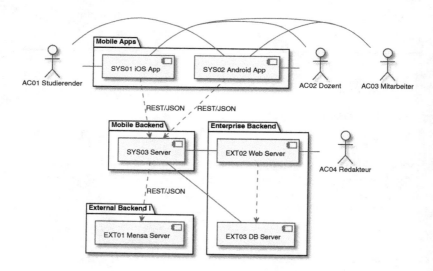

Die folgende Übersicht über Akteure, bestehende (externe) Systeme und geplante Systeme kann für beide Alternativen genutzt werden, bei der ersten Alternative fallen AC04, EXT02, EXT03 und SYS03 weg.

ID	Name	Beschreibung
AC01	Studierender	Studierende der Hochschule
AC02	Dozent	Dozenten der Hochschule
AC03	Mitarbeiter	Mitarbeiter der Hochschule
AC04	Redakteur	Redakteur der Hochschule
EXT01	Mensa Server	Server des Mensadienstleisters
EXT02	Web Server	Server für die Internetpräsenz der Hochschule
EXT03	DB Server	Datenbank der Hochschule
SYS01	iOS App	App für iOS
SYS02	Android App	App für Android
SYS03	Mobile Backend Server	Server für die zu erstellenden Apps

10.3. Domäne

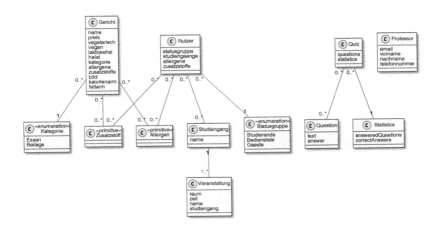

10.4. Dynamik

Die Dynamik der App wird vor allem durch die Anwendungsfälle beschrieben, die hier in einer Übersicht zu sehen sind:

Für ergänzende User Stories zur App werden die folgenden Personas verwendet:

ID	Name	Alter	Kategorie
PER09	Nadine	20	Primärpersona
PER08	Christian	25	Komplementärpersona
PER10	Ralph	42	Sekundärpersona

Die Personas PER01-PER07 sind für die zu erstellende App Non-Personas.

UC01 Stundenplan abrufen (Quellen: DOC01, SH02; Akteure: AC01, AC02)

Vorbedingung   Keine

Standardablauf

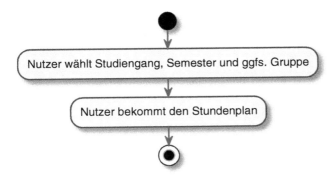

Nachbedingungen   Keine

US01-01 Hilfe bei der Terminorganisation   Christian ist letztes Semester häufig zu spät zu den Vorlesungen gekommen. Für seine privaten Termine nutzt er häufig den Kalender seines Smartphones, für die Veranstaltungen an der Hochschule ist ihm das aber zu umständlich. Er wünscht sich eine App, die die Veranstaltungstermine direkt mit dem Kalender des Smartphones synchronisieren kann.

US01-02 Dynamische Anpassung von Start- und Endzeiten   Ralph hält nichts von der akademischen Viertelstunde. Lieber passt er den Vorlesungsbeginn auf seine anderen Termine an. Manche Veranstaltungen beginnen pünktlich, manche 15, manche 30 Minuten nach Stundenplaneintrag. Er wünscht sich, dass diese Abweichungen vom offiziellen Stundenplan über eine App direkt bei den Studierenden ankommen.

UC02 Veranstaltung exportieren (Quellen: SH01; Akteure: AC01, AC02)

Vorbedingung   UC01

Standardablauf

Nachbedingungen   Veranstaltung ist im persönlichen Kalender eingetragen.

US02-01 Nutzung eines eigenen Kalenders   Ralph hält Vorlesungen in verschiedenen Semstern und benötigt daher einen individuellen Stundenplan. Zu Beginn des Semester exportiert er sich daher all seine Veranstaltungen aus den einzelnen Stundenplänen in seinen persönlichen Kalender.

UC03 Mensaplan abrufen (Quellen: SH01; Akteure: AC01, AC02, AC03)

Vorbedingung   Keine

Standardablauf

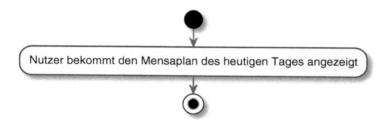

Alternativer Ablauf

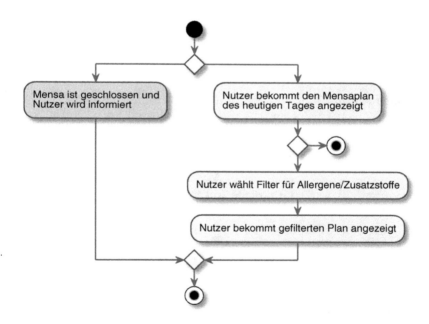

Nachbedingungen   Keine

US03-01 Schnelles Essen zwischen zwei Vorlesungen   Ralph hat nur eine kurze Pause zwischen zwei Vorlesungen. Er hat wenig Zeit für die Essensentscheidung oder ggfs. noch woanders zu essen falls ihm die Gerichte nicht zusagen. Über die App kann er auf dem Weg schnell den Mensaplan abrufen und bereits eine Entscheidung treffen.

US03-02 Filterung des Essensangebots nach Kriterien   Christian hält momentan eine spezielle Diät ein. Außerdem hat er eine Unverträglichkeit. Da diese Filter fest in der App hinterlegt sind, kann er sehr schnell schauen, ob heute ein passendes Gericht für ihn in der Mensa verfügbar ist.

UC04 Quizfrage ansehen (Quellen: SH01; Akteure: AC01)

Vorbedingungen   Keine

Standardablauf

Nachbedingungen   Keine

Alternativer Ablauf

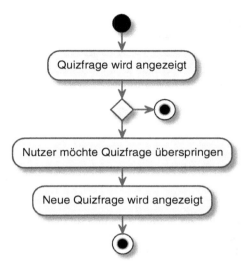

US04-01 Spielerisches Lernen   Nadine beantwortet privat gerne Quizfragen. In der App ihrer Hochschule ist ein Quiz zu Lerninhalten integriert, was sie direkt mal ausprobiert. Schon bei der ersten Frage ist sie sich allerdings unsicher und verliert ein bisschen die Lust am Quiz. Da entdeckt sie die Möglichkeit die Frage zu überspringen und geht zur nächsten Frage, die sie direkt beantworten kann.

UC05 Quizfrage beantworten (Quellen: SH01; Akteure: AC01)

Vorbedingungen   UC04

Standardablauf

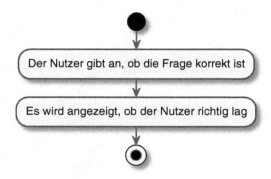

Nachbedingungen Die Beantwortung der Frage wird für die Statistik gespeichert.

US05-01 Beantworten von Fragen Nadine ist sich sicher die Antwort auf die angezeigte Frage zu wissen. Sie beantwortet die Quizfrage und freut sich über die Rückmeldung, dass sie richtig lag.

UC06 Statistik ansehen (Quellen: SH01; Akteure: AC01)

Vorbedingungen Keine

Standardablauf

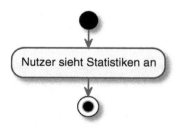

Nachbedingungen Keine

US06-01 Statistik ansehen Nach einigen beantworteten und übersprungenen Fragen interessiert Nadine sich dafür, wie sie sich bisher geschlagen hat.
Sie schaut die Statistik an und stellt erfreut fest, dass sie einen Großteil der
Fragen richtig beantwortet hat. Die übersprungenen Fragen wurden separat
gezählt.

**UC07 Informationen über Professoren abrufen (Quellen: SH01; Akteure:
AC01)**

Vorbedingung   Keine

Standardablauf

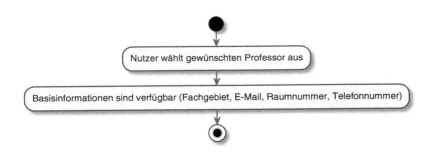

Nachbedingungen   Keine

US07-01 E-Mail an Professor Nicole hat ein Anliegen, das sie gerne per E-
Mail mit Ralph besprechen möchte. Da sie die E-Mail-Adresse vorher noch
nicht benutzt hat und nicht kennt, muss sie diese nachschauen. Dies macht
sie über die App.

**UC08 Anwendung personalisieren (Quellen: SH01; Akteure: AC01, AC02,
AC03)**

Vorbedingung   Persistente Einstellungen oder Standardwerte stehen bereit.

Standardablauf

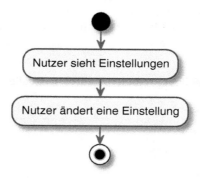

Nachbedingungen Veränderte Einstellung wird persistiert.

Slices Jede Einstellung sollte in einem eigenen Slice umgesetzt werden:

- UCS08-01 Unverträglichkeiten erfassen
- UCS08-02 Semester einstellen
- UCS08-03 Statusgruppe einstellen

US08-01 Filterung des Essensangebots nach Kriterien Christian hält momentan eine spezielle Diät ein. Außerdem hat er eine Unverträglichkeit. Damit nur für ihn passende Gerichte und die korrekten Preise angezeigt werden, erfasst er seine Unverträglichkeiten und seine Statusgruppe.

US08-02 Anzeige des passenden Stundenplans Nadine hat den größten Teil ihres Studiums bisher gemäß vorgeschlagenem Stundenplan absolviert. Auch dieses Semester möchte sie dies fortführen und stellt daher das passende Semester ein.

Qualitätsanforderungen

REQ01 Erreichbarkeit (Quellen: SH01, Priorität: Mandatory) Auch bei Nichterreichbarkeit von externen Systemen soll die App weiter nutzbar sein.

REQ02 Aussehen und Handhabung (Quellen: SH01, Priorität: Mandatory)
Die App soll einfach zu nutzen sein und plattformtypisch aussehen.

11. Umsetzungskonzeption

Im Folgenden wird festgelegt, wie die erhobenen Anforderungen umgesetzt werden sollen.

11.1. Entwurfsentscheidungen

ADR01 Verzicht auf eigenes Backend

Kontext Es ist möglich die App mit oder ohne eigenes Backend umzusetzen.

Entscheidungsbeschreibung In der ersten Version der App wird auf ein eigenes Backend verzichtet.

Konsequenzen Ein Verzicht auf ein eigenes Backend bedeutet, dass nur die Daten dynamisch geladen werden können, die bereits in externen Backends bereit stehen. Für andere Datenaktualisierungen ist ein Update der App nötig.

Status Akzeptiert

ADR02 Nutzung der Hexagonalen Architektur

Kontext Das Projekt soll in möglichst sauberer Arbeitsteilung umgesetzt werden. Perspektivisch können verschiedene Backendtechnologien in verschiedenen Umgebungen zum Einsatz kommen.

Entscheidungsbeschreibung Als Makroarchitektur des Projekts wird die Hexagonale Architektur eingesetzt.

Konsequenzen Die saubere Entkopplung über Ports und Adapter erleichtert die Zusammenarbeit.

Status Akzeptiert

ADR03 Essensfilter in Einstellungen

Kontext Das Essensangebot der Mensa muss an sinnvoller Stelle nach Allergenen und Zusatzstoffen gefiltert werden können.

Entscheidungsbeschreibung Die Filter für Mensagerichte werden in den Einstellungen vorgenommen. Im Normalfall sind Allergien und der Wunsch nach dem Ausschluss von Zusatzstoffen dauerhafte Filter. Daher sind sie in den Einstellungen am besten aufgehoben.

Konsequenzen Auch bei jedem Neustart der App sind die Filtereinstellungen aktiv.

Status Akzeptiert

ADR04 Stundenpläne nach Semester

Kontext Über die App lassen sich Stundenpläne für das Studium einsehen.

Entscheidungsbeschreibung Es wird jeweils der Stundenplan für das in den Einstellungen gewählte Semester angezeigt.

Konsequenzen Studierende, die nicht mehr im „Plan" sind, müssen ggfs. häufiger in den Einstellungen das Semester wechseln.

Status Akzeptiert

11.2. Systembeschreibung

Name und Organisationseinheit

* ISD Companion (de.hshl.isd)

Betriebssysteme

* Android ab API 23
* iOS ab Version 13

Endgeräteklassen

* Nur Hochformat
* Keine Optimierung für iPad
* Keine Optimierung für hohe Displaygrößen auf Android (z.B. Breiten ab 900dp)

Umgebungen

* Prototyp (Dummydaten)
* Produktivumgebung

Lokalisierungen

* Deutsch
* Englisch

Fremdsoftware

Folgende Software von Drittherstellern soll eingesetzt werden:

iOS

- url-image[1] (MIT)

Android

- Open Source Notices[2] (com.google.android.gms:play-services-oss-licenses; Apache License 2.0)
- Coil[3] (io.coil-kt:coil-compose; Apache License 2.0)
- Retrofit[4] (com.squareup.retrofit2:retrofit; Apache License 2.0)
- Retrofit Gson Converter[5] (com.squareup.retrofit2:converter-gson; Apache License 2.0)

.NET MAUI

- System.Net.Http[6] (Microsoft)
- System.Text.Json[7] (MIT)
- System.Net.Http.Json[^8] (MIT)

Flutter

- http[^10] (BSD)

11.3. Interne und externe Schnittstellen

Die App bezieht externe Daten von EXT01.

Daten	Quelle	Kommunikation	Datenformat	Details
Mensaplan	EXT01	HTTP (REST)	JSON	https://openmensa.org

---

[1]https://doc.openmensa.org/api/v2/canteens/
[2]https://doc.openmensa.org/api/v2/canteens/days/
[3]https://doc.openmensa.org/api/v2/canteens/meals/
[4]http://square.github.io/retrofit
[5]https://github.com/square/retrofit/tree/master/retrofit-converters/gson
[6]https://www.nuget.org/packages/System.Net.Http/
[7]https://www.nuget.org/packages/System.Text.Json/

OpenMensa

Die OpenMensa-API ist unter `https://openmensa.org/api/v2` erreichbar.

Methode	Pfad
GET	`/canteens`
GET	`/canteens/:id/days`
GET	`/canteens/:canteen_id/days/:day_date/meals`

Die API-Aufrufe bauen aufeinander auf. Der erste Aufruf liefert eine Liste der Mensen zurück, für die es Daten gibt[8]. Der zweite Aufruf liefert eine Liste der Tage für eine bestimmte Mensa an denen Daten vorhanden sind [9]. Der dritte Aufruf schließlich gibt die Mahlzeiten für die angegebene Mensa und den angegebenen Tag zurück[10].

11.4. Bausteinsicht

Der konkrete Aufbau ergibt sich durch die Anwendung der Hexagonalen Architektur. Für ausgewählte Bereiche ist hier ergänzend eine Bausteinsicht angegeben. Das integrierte Quiz kann in einer ersten Version mit statisch hinterlegten Fragen umgesetzt werden. Die konkrete Umsetzung sollte aber natütlich trotzdem zukünftig einfach ergänzt werden können.

---

[8]https://doc.openmensa.org/api/v2/canteens/
[9]https://doc.openmensa.org/api/v2/canteens/days/
[10]https://doc.openmensa.org/api/v2/canteens/meals/

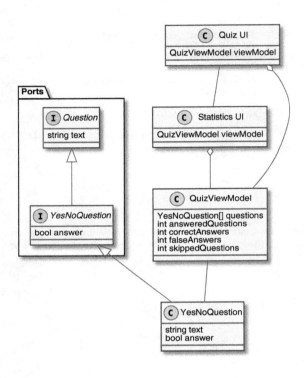

Die Anzeige von Mensaessen hängt von externen Daten ab, hier sind wir also auf jeden Fall davon abhängig, ein Repository zu nutzen.

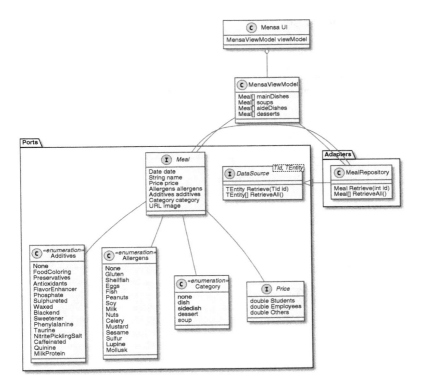

11.5. Detaillierte Abläufe

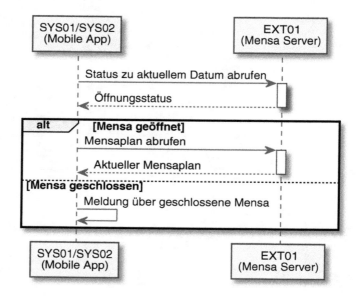

11.6. Interaktionsdesign

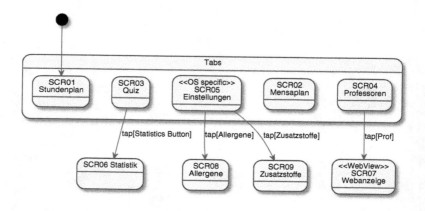

11.7. Benutzerschnittstellendesign

SCR01 Stundenplan

Erreichbar von   Tabs

Navigiermöglichkeit zu   Tabs

Funktion / Anmerkungen   Darstellung des Stundenplans der aktuellen Woche.

Textdesign

Schlüssel	de	en
title.schedule	Stundenplan	Schedule

SCR02 Mensaplan

Erreichbar von   Tabs

Navigiermöglichkeit zu   Tabs

Funktion / Anmerkungen   Darstellung des Mensaplans des aktuellen Tages. Links kann ein Bild des Essens integriert werden, rechts Piktogramme z.B. für vegetarisch, vegan, halal, etc.

Fehlersituationen

Fehlersituation	Ergebnis
Kein Netzzugang	Anzeige eines entsprechenden Alerts

Textdesign

Schlüssel	de	en
title.mensa	Mensa	Mensa
section.maindishes	Essen	Dishes
section.soups	Suppen	Soups
section.sidedishes	Beilagen	Side Dishes
section.desserts	Desserts	Desserts

SCR03 Quiz

Erreichbar von Tabs

Navigiermöglichkeit zu Tabs, SCR06

Funktion / Anmerkungen   Zentrale Darstellung der aktuellen Quizfrage. Möglichkeit zur Beantwortung, zum Überspringen oder zum Statistikaufruf.

Anmerkungen zu GUI Elementen

Element	Anmerkung
„i"-Button	Tap wechselt zu SCR06
Falsch/Wahr-Button	Dient der Beantwortung einer Quizfrage
Überspringen-Button	Dient dem Überspringen einer Quizfrage

Textdesign

Schlüssel	de	en
button.answer.false	Falsch	Wrong
button.answer.true	Wahr	Right
button.answer.skip	Überspringen	Skip

SCR04 Professoren

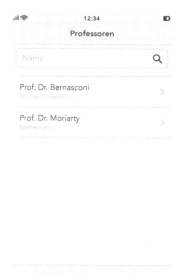

Erreichbar von   Tabs

Navigiermöglichkeit zu   Tabs, SCR07

Funktion / Anmerkungen   Anzeige einer Liste von Professoren.

Anmerkungen zu GUI Elementen

Element	Anmerkung
Suchfeld	Zeigt Professoren, die auf den Suchbegriff passen. Ein Tap wechselt zu SCR07
ListenelementÖfnet Webseite in SCR07	

Textdesign

Schlüssel	de	en
title.profs	Professoren	Profs

SCR05 Einstellungen

Erreichbar von   Tabs

Navigiermöglichkeit zu   Tabs, SCR08, SCR09

Funktion / Anmerkungen

Nutzerspezifische Einstellungen. Die Umsetzung erfolgt betriebssystemspezifisch. Bei Android als Tab, bei iOS nach Möglichkeit in der Settings App.

Einstellmöglichkeiten für

* Statusgruppe (für die korrekte Preisanzeige im Mensaplan)
* Allergen- und Zusatzstofffilter (für eine Filterung im Mensaplan)
* Studiengang (für die korrekte Anzeige des Stundenplans)

Die konkreten Einstellmöglichkeiten hängen von der Hochschule ab, für die die App erstellt wird.

Anmerkungen zu GUI Elementen

Element	Anmerkung
Statusgruppe	Ermöglicht auf SCR05 eine Auswahl der Statusgruppe
Allergene	Ermöglicht auf SCR08 eine Auswahl von Allergenen
Zusatzstoffe	Ermöglicht auf SCR09 eine Auswahl von Zusatzstoffen
Studiengang	Ermöglicht auf SCR05 eine Auswahl des Studiengangs

Textdesign

Schlüssel	de	en
label.status	Statusgruppe	Status
label.allergens	Allergene	Allergens
label.additives	Zusatzstoffe	Additives
label.course	Studiengang	Course

SCR06 Statistik

Erreichbar von SCR03

Navigiermöglichkeit zu Tabs

Funktion / Anmerkungen Darstellung von Statistiken.

Textdesign

Schlüssel	de	en
label.sum	Bearbeitete Fragen	Total Questions
label.correct	Richtig beantwortet	Answered correctly
label.wrong	Falsch beantwortet	Answered wronh

Schlüssel	de	en
label.skipped	Übersprungen	Skipped

SCR07 Webanzeige

Erreichbar von SCR04

Navigiermöglichkeit zu Tabs

Funktion / Anmerkungen

Einfache vollflächige Anzeige von Webseiten

11.7.1. SCR08/SCR09 Allergene / Zusatzstoffe

Erreichbar von SCR05

Navigiermöglichkeit zu Tabs

Funktion / Anmerkungen

Konkreter Inhalt abhängig von der Mensaschnittstelle.

11.8. Visuelles Design

Für das visuelle Design werden die Standarddesigns der Plattformen genutzt. Die Abbildung zeigt ausgewählte Beispiele.

Teil IV.

Technologische Grundlagen und erstes Inkrement

12. Einführung

Zur Umsetzung einer App mit einer ausgewählten Technologie gehören - neben geeigneten Rezepten für Problemstellungen - natürlich auch fundierte Grundlagen zu den Technologien und Zielplattformen. Dieser Teil und Teil V sind die einzigen Abschnitte dieses Buchs, die technologiespezifisch sind. Das bedeutet einerseits, dass hier problemlos nur der für das eigene Projekt relevante Teil gelesen werden kann. Andererseits sind dies damit aber auch die Buchteile, bei der die Gefahr am größten ist an Aktualität einzubüßen. An vielen Stellen sind jedoch auch Onlinequellen angegeben, die in solchen Fällen weiterhelfen könnten.

Auch der in diesen Teilen gezeigte Code kann ggfs. zum Zeitpunkt des Lesens in der abgedruckten Form in Einzelfällen nicht sofort funktionieren. Zu jedem größeren Codebeispiel ist aber ein öffentliches git-Repository und die Revisionsnummer des Codebeispiels angegeben. Es empfehlen sich daher bei Problemen zu prüfen, ob im git-Repository neuerer Code vorliegt.

12.1. Zielplattformen

Betrachten wir zunächst spezifische Informationen zu den Zielplattformen unterschieden nach Betriebssystemherstellern.

12.1.1. Betriebssysteme von Apple

Die gemeinsame Betriebssystemplattform der Betriebssysteme von Apple heißt Darwin, existiert seit 2000 und ist quelloffen[1]. Wichtige dort verwendete Betriebssystemelemente gehen zurück auf BSD Unix (1977) und den MACH Kernel (1985). Diese wurde erstmals zusammen für NeXTSTEP als Grundlage genutzt (1989).

Die Betriebssysteme bestehen aus den Schichten

---

[1]https://opensource.apple.com

- Application Framework
- Media (Grafik, Audio, Video)
- Core Services (Netzwerk, Daten, ...)
- Core OS
- Kernel und Device Drivers

Seit Erscheinen 2003 wird für die Entwicklung von Apps für Apples Betriebssysteme überwiegend die IDE Xcode genutzt. Vor 2014 war die wichtigste Programmiersprache hierfür Objective-C. Seit 2014 können Apps auch mit der
Programmiersprache Swift umgesetzt werden, seit 2019 gibt es auch für das
UI eine neue Umsetzungsmöglichkeit: SwiftUI. Beides ist schnell zum aktuellen Standard für neue Projekte geworden.

Wichtigste Quellen dafür, wie Apps umgesetzt werden sollen sind jeweils die
„Human Interface Guidelines" und der „App Programming Guide". Neben
den in Kapitel 7.6.3 beschriebenen Bedienelementen ist es noch wichtig, folgende Screenbestandteile und Navigationselemente von iOS zu kennen:

Status Bar

Carrier 📶   11:27 AM   ▬▬▶

Ganz oben befindet sich die Status Bar. Sie ist inhaltlich nicht veränderbar.
Programmatisch können zwei Dinge gemacht werden: sie kann ausgeblendet
und zur Anzeige von Aktivität (Spinning Wheel) genutzt werden.

Navigation Bar

❮ Sounds   **Ringtone**   Store

Unter der Status Bar kann eine Navigation Bar genutzt werden. Sie hilft bei der
Navigation durch die Informationsarchitektur und bietet wichtige Aktionen
auf den Inhalt darunter (bis auf wenige Ausnahmen sollte hier immer nur eine
Aktion möglich sein). Sie kann ausgeblendet werden.

Tool Bar

Unten kann eine Tool Bar genutzt werden. Diese bietet typischerweise Aktionen auf den Inhalt darüber. Auch sie kann ausgeblendet werden.

Tab Bar

Die Tab Bar bietet unten eine Navigationsmöglichkeit auf höchster Ebene. Damit kann eine flachere Informationsarchitektur umgesetzt werden. Es sind maximal fünf Tabs sichtbar, weitere Tabs werden automatisch ausgelagert.

Anzeigevarianten

Ein besonderes Anzeigeelement bei iOS ist der *Page View*, der Einzelseiten darstellt. Das Wechseln zwischen Seiten kann durch Animationen wie *Scrolling* oder *Page curl* unterstützt werden.

Varianten zur normalen Anzeige von Inhalten stellen *Scroll View*, *Popover* und *Split View* dar:

Scroll View

Möglichkeit Inhalte, die größer als der Screen sind, zugänglich zu machen

Popover

Möglichkeit auf dem iPad eine modale View über einem Teil der aktuellen View einzublenden.

Split View

Möglichkeit mehrere Views zu integrieren.

12.1.2. Betriebssysteme der Open Handset Alliance

Die Geschichte von Android beginnt mit der Gründung der Firma Android Inc. durch Andy Rubin, Rich Miner, Nick Sears und Chris White 2003. Zunächst sollte vor allem für Kameras ein angepasstes Linux geschaffen werden. 2005 übernahm Google das Unternehmen und setzte den Fokus auf Mobiltelefone. 2007 gründete Google die Open Handset Alliance, mit der weitere Firmen an Android beteiligt wurden. 2008 war Android dann das erste Betriebssystem, das eine ähnliche Smartphone-Bedienung wie das 2007 erschienene iOS ermöglichte.

Neben der Programmiersprache Java wird seit 2017 auch Kotlin offiziell unterstützt und ist inzwischen auch die Standardeinstellung für neue Projekte. Als IDE wird typischerweise Android Studio genutzt.

Apps bestehen bei Android eher lose aus Komponenten von denen es vier verschiedene gibt:

- Activities
- Services
- Broadcast receivers

• Content providers

Das was Nutzer gemeinhin unter „Apps" wahrnehmen sind vor allem die *Activities*, welche die nutzergerichteten Komponenten sind. *Services* bieten eine Möglichkeit im Hintergrund Prozesse laufen zu lassen. Ein *Broadcast Receiver* bietet die Möglichkeit auf Nachrichten des Systems zu reagieren. Über *Content Provider* lassen sich Inhalte über Appgrenzen hinaus bereit stellen.

Android unterliegt einer sogenannten „Fragmentierung". Da Dritthersteller Anpassungen vornehmen dürfen, aber nicht zwingend Aktualisierungen anbieten müssen, sind u.U. auch viele alte Betriebssystemversionen zu unterstützen, wenn man eine breite Marktabdeckung wünscht. Seit einiger Zeit liefert Android Studio ständig aktualisierte Zahlen dazu (siehe Abbildung 12.1).

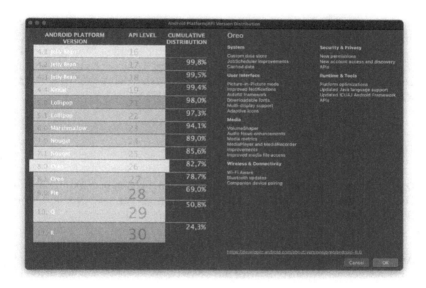

Abbildung 12.1.: Verteilung Betriebssytemversionen

Um der Fragmentierung entgegenzuwirken liefert Android wichtige neue Funktionalitäten oft auch für alte Betriebssystemversionen nach.

Eine gute Quelle für die Grundlagen von Android Apps ist der offizielle Guide[2]. Wichtigste Quellen für die Gestaltung von Apps sind die Seite des aktuell in Android empfohlenen Material Designs[3] und das Developer Portal[4].

12.1.3. Betriebssysteme von Microsoft

Als Zielplattform für Apps ist vor allem Windows interessant. Die bevorzugte IDE bei der Entwicklung mit Technologien von Microsoft ist Visual Studio.

12.2. Automatisierung

Als wichtiger Teil der Automatisierung gehören automatisierte Tests zu jedem ernstzunehmenden Projekt dazu. Auf der obersten Ebene kann man Unit Tests (White Box) und UI Tests (Black Box) unterscheiden. Wie bereits erwähnt sollte bei mobilen Plattformen bei den Unit Tests noch zwischen Unit Tests auf der Entwicklungshardware und Unit Tests auf der Ausführungshardware unterschieden werden.

12.2.1. Unit Tests

Die hier behandelten mobilen Entwicklungsmöglichkeiten bringen alle eigene Unit-Test-Frameworks mit, deren Konzepte größtenteils auf SUnit von Kent Beck bzw. JUnit von Kent Beck und Erich Gamma zurückgehen.

Auf Kent Beck geht auch Test Driven Development zurück, das bei richtiger Anwendung einige Vorteile bietet. Noch vor dem Code werden dabei die Tests für den Code geschrieben. Es wird nur so viel Code geschrieben, bis der Test fehlerfrei durchläuft. Wenn die fertige Funktion nicht der gewünschten Funktion entspricht, müssen ggfs. nochmal die Tests erweitert werden. Mit dieser Praxis erreicht man hohe Testabdeckung, schlanken Code und kleinere Inkremente mit schnellerem Feedback.

---

[2]https://developer.android.com/guide/components/fundamentals.html
[3]https://material.io
[4]https://developer.android.com/guide/topics/ui/

12.2.2. UI Tests

Für die endemische Entwicklung für iOS und Android existieren eigene UI-Test-Frameworks von Apple bzw. Google: XCUITest und Espresso. Darüber hinaus gibt es außerdem mindestens drei relevante plattformübergreifende UI-Test-Frameworks: Xamarin.UITest und Calabash von Microsoft und das unabhängige Appium. Dabei kann Calabash vernachlässigt werden, da Microsoft dies selbst nicht mehr aktiv unterstützt.

Bei UI Tests wird die App ferngesteuert. Im Normalfall werden die Viewelemente erkannt und können genutzt werden. So können beispielsweise Buttons getappt, Eingabefelder befüllt und erwartete Inhalte überprüft werden. Auch freie Interaktion durch Taps und Gesten ist möglich. Schließlich erlauben die Tools noch Screenshots anzufertigen, damit Ergebnisse automatisch dokumentiert werden können und eine nachträgliche Überprüfung des Layouts möglich ist.

12.2.3. Continuous Integration

Continuous Integration bezeichnet die kontinuierliche qualitätsgesicherte Integration von neuen und geänderten Softwareteilen in die bestehende Software. Eine Hauptkomponente der Qualitätssicherung ist dabei das Ausführen der automatisierten Tests. Die Nutzung von Continuous Integration wird unbedingt empfohlen. Bei Essence lässt sich dies unter anderem in der Execute Test Activity finden. Automatische Tests sind wann immer möglich manuellen Tests vorzuziehen und sollten täglich nachts laufen.

Im Entwicklungsprozess werden dabei an integrationsgetesteten Implementierungen durch Entwickler kleinere Änderungen vorgenommen und durch Unit Tests abgesichert. Nach „Freigabe" durch den Entwickler werden diese auf dem Server wieder integrationsgetestet. Potentiell sind danach noch Fehler zu beheben.

Zur Umsetzung von Continuous Integration wird typischerweise ein Produkt wie TeamCity[5] oder Jenkins[6] genutzt. Dieses hat Zugriff auf die Tests und den Source Code des Projekts (z.B. in einem SCM-Repository). Daneben gibt es

---

[5]https://www.jetbrains.com/teamcity
[6]https://jenkins.io

noch populäre Cloud-Lösungen wie Bitrise[7], CircleCI[8], Drone[9], GitHub Actions[10] und Travis CI[11]. Diese Produkte lassen sich sehr einfach mit GitHub bzw. Bitbucket kombinieren. Über eine Konfigurationsdatei wird typischerweise definiert, welche Befehle nach dem Checkout des Repositories unter welcher Hard-/Software ausgeführt werden sollen. Seit 2020 ist keine der genannten Cloud-Lösungen mehr für Open Source Projekte auf allen in diesem Buch besprochenen Plattformen kostenlos. Typischerweise liegt dies vor allem an der Unterstützung für iOS, da dann ein macOS-Server nötig wird. Die großzügigsten Angebote für diesen Anwendungsfall haben Bitrise, CircleCI und GitHub Actions. Wir betrachten im Folgenden GitHub Actions, da dieses dieses eine einfache Integration mit GitHub bei gleichzeitig gutem Funktionsumfang und großzügigen kostenlosen Optionen anbietet. Ein detaillierterer Vergleich ist in Berz (2021) durchgeführt worden.

fastlane[12] bietet ergänzend Unterstützung für verschiedene Automatisierungstasks, die über das Testen hinausgehen.

12.3. Versionskontrollsysteme

In den folgenden Abschnitten geht es um die Umsetzung, für die spätestens die Nutzung eines Versionskontrollsystems sinnvoll ist. Das aktuell beliebteste Versionskontrollsystem ist das dezentrale System git[13]. Seltener wird noch das zentrale SVN (Subversion) und proprietäre Systeme wie Team Foundation Version Control genutzt. Bei Versionskontrollsystemen wird normalerweise auf einem zentralen Server der aktuelle Stand von Dateien gehalten (git kann auch ohne Server genutzt werden). Nutzer des Versionskontrollsystems können lokale Änderungen verwalten bzw. an den Server senden und globale Änderungen empfangen (dabei sind Änderungskonflikte möglich). Alle Änderungen werden dabei versioniert.

Git ist dezentral, d.h. es kann theoretisch auch ohne zentralen Server betrieben werden und auf jedem teilnehmenden Git-Client ist die gesamte Versionsgeschichte verfügbar. Ein „Commit" führt Änderungen zunächst in lokalem

---

[7]https://www.bitrise.io
[8]https://circleci.com
[9]https://www.drone.io
[10]https://github.com/features/actions
[11]https://travis-ci.org
[12]https://fastlane.tools
[13]https://git-scm.com

Repository durch (vorher ist „Add" nötig). Erst ein „Push" bringt diese Änderungen in ein zentrales Repository (Änderungen bezieht man über „Pull").

Git Workflows

Der dezentrale Grundaufbau von git und eine gute Umsetzung des Mergens von Code (zusammenführen von unabhängigen Änderungen in der gleichen Datei) führt dazu, dass git sehr flexibel genutzt werden kann. Man spricht von verschiedenen git Workflows. Am bekanntesten sind die folgenden Workflows[14]:

* Centralized Workflow
* Feature Branch Workflow
* Gitflow Workflow
* Forking Workflow

Centralized Workflow Entspricht am ehesten traditionellen Arbeitsweisen in zentralen Versionskontrollsystem wie SVN. Durch recht feste Struktur ist dieser Workflow am besten für Ein- und Umsteiger geeignet und steht hier im Fokus.

Die eingeschränkteste Variante dieses Workflows ermöglicht folgenden einsteigerfreundlichen „Happy Path":

* Pullen, bevor man selbst Änderungen vornimmt
* Abgestimmte lokale Änderungen durchführen
* Lauffähigkeit der Änderungen prüfen
* Änderungen mit aussagekräftigem Kommentar commiten und pushen

In der Realität wird es immer mal wieder zu Änderungskonflikten kommen. Konflikte müssen durch Synchronisieren und Mergen aufgelöst werden.

Feature Branch Workflow Zentrale Idee ist die Entwicklung von neuen Features in so genannten Branches. Die Hauptfunktionalität wird während der Entwicklung neuer Features nicht angefasst, jedes neue Feature wird in einem eigenen Team und einem eigenen Branch entwickelt. Erst bei Fertigstellung wird diese Funktionalität wieder zentral zur Verfügung gestellt.

---

[14]https://www.atlassian.com/git/tutorials/comparing-workflows

Gitflow Workflow   Gitflow ist eine Erweiterung der Idee Branches zu nutzen. Dabei gibt es beispielsweise auch Branches für neue Releases. Es existiert mit git-flow sogar ein eigenes Tool.

Forking Workflow   Beim Forking Workflow wird ein komplettes existierendes Repository „abgezweigt". Im neuen Repository kann unabhängig gearbeitet werden. Änderungen können aber für das Originalrepository mittels Pull Request „vorgeschlagen" werden. Ebenfalls können Änderungen am Originalrepository in den Zweig übernommen werden. Dieser Workflow eignet sich gut, um an Open Source Projekten mitzuwirken.

Arbeiten mit git

Es gibt mindestens drei Möglichkeiten mit git zu arbeiten. Moderne IDEs haben alle Unterstützung für git integriert. Daneben gibt es sowohl kostenlose als auch kostenpflichtige Tools, die eine grafische Benutzeroberfläche zum Umgang mit git bieten. Für Lehrveranstaltungen und Schulungen bieten sich hier for allem Atlassian Sourcetree[15] und GitHub Desktop[16] an. Schließlich ist auch das CLI von git sehr beliebt. Im Folgenden ein paar kleine Beispiele dazu, die sich am einsteigerfreundlichen Centralized Workflow orientieren. Die Bilder stammen von Atlassian[17]. Grundsätzlich geht es darum, das gemeinsame Arbeiten an Code über ein gemeinsames Repository zu ermöglichen.

Zunächst muss ein zentrales oder ein lokales Repository angelegt werden. Wir konzentrieren und hier auf den Workflow, in dem bereits ein zentrales Repository bei z.B. Atlassian Bitbucket oder GitHub angelegt wurde.

```
git clone https://github.com/RobinNunkesser/swift-recipes.git
```

erzeugt einen lokalen Klon eines git-Repositories.

Danach sind lokales und entferntes git-Repository erst einmal auf einem komplett gleichen Stand.

---

[15] https://www.sourcetreeapp.com
[16] https://desktop.github.com
[17] Creative Commons Attribution 2.5 Australia License: https://creativecommons.org/licenses/by/2.5/au/

Nach dem Ändern oder Hinzufügen von Dateien kann man mit

`git status`

einen Überblick über die Änderungen erhalten. Gibt es neue Dateien, muss man diese mit

`git add`

hinzufügen.
Änderungen und neue Dateien kann man dann durch

`git commit -a -m'Enter meaningful commit message'`

commiten. Damit ist lokal ein geänderter Codezustand erreicht.

Auf den Server gelangen sie mit

`git push`

Damit sind lokaler und entfernter Stand im besten Fall gleich (es sei denn in der Zwischenzeit haben andere Entwickler ebenfalls einen Push durchgeführt).

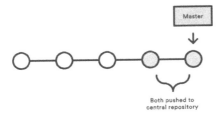

179

Werden auf der anderen Seite Änderungen im zentralen Repository vorgenommen, so kann man diese mit

`git pull`

in die lokale Kopie bringen.

In der Realität wird man sich mit Änderungskonflikten auseinandersetzen
müssen.

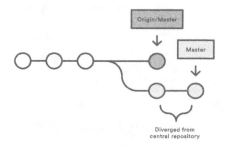

13. Swift und SwiftUI

13.1. Grundlagen

Swift wurde 2014 neu vorgestellt. Die Haussprache von Apple bis dahin war Objective-C. Intern hatte sich jedoch die Meinung verbreitet, dass Kompatibilität zu C auf Dauer die saubere Umsetzung von Innovationen behindert. Dennoch sollte Swift die gleiche Mächtigkeit wie Objective-C haben, quasi „Objective-C without the C". Um außerdem Interoperabilität zu erreichen, setzt Apple bei Swift auf die gleiche Infrastruktur wie bei C und Objective-C (llvm). Damit erhält Swift auch Zugriff auf die gleichen APIs (Cocoa / Cocoa Touch). Letztlich gibt es auch einfache Konzepte wie „Mix and Match" um beide Sprachen gemeinsam in einem Projekt zu verwenden. Zusätzlich sollte bei Swift hohe Interaktivität erreicht werden.

Das Konzept des Playgrounds ermöglicht sehr einsteigerfreundlich das Erlernen von Swift. Im Playground kann man ohne Overhead drauf los programmieren. Die Ausführung des Codes geschieht in der Regel ohne Verzögerung und Ergebnisse jeder Programmierzeile werden am rechten Rand angezeigt. Die folgende Abbildung zeigt den Playground zum Erlernen von Swift.

Die jeweils neueste Version gibt es online[1]. Dort werden aktuell folgende Bereiche von Swift abgedeckt:

- Simple Values
- Control Flow
- Functions and Closures
- Objects and Classes
- Enumerations and Structures
- Protocols and Extensions
- Error Handling
- Generics

Fehlende Konzepte werden im Folgenden bei Bedarf eingeführt. Zur IDE Xcode gibt es im Developer-Portal umfangreiche und aktuelle Erklärungen[2].

---

[1]https://docs.swift.org/swift-book/GuidedTour/GuidedTour.html
[2]https://developer.apple.com/documentation/xcode

13.2. Hello World

Für das Erstellen von Apps stellt Xcode verschiedene Templates wie beispielsweise „App" bereit. Ein Projekt mit Swift und SwiftUI gemäß diesem Template
hat aktuell folgenden Aufbau:

```
.
├── HelloWorld.xcodeproj
└── HelloWorld
    ├── Info.plist
    ├── Assets.xcassets
    │   ├── AccentColor.colorset
    │   ├── AppIcon.appiconset
    │   └── Contents.json
    ├── Preview Content
    │   └── Preview Assets.xcassets
    ├── HelloWorldApp.swift
    └── ContentView.swift
```

Projektdateien und Metadaten   PROJEKTNAME.xcodeproj und Info.plist
beinhalten dabei Daten und Konfigurationsmöglichkeiten zum Projekt selbst.
Für erste einfache Projekte müssen hier noch nicht zwingend Anpassungen
vorgenommen werden.

Assets   Ordner mit der Endung xcassets beinhalten die Assets (Grafiken)
des Projekts. Dort können Assets z.B. per Drag and Drop abgelegt werden.
Die Assets sind dann im Projekt verfügbar. Assets müssen meist mindestens
in zwei Auflösungen hinterlegt werden. Es können auch Assets hinterlegt werden, die nur für die Vorschau von SwitfUI benötigt werden und dementsprechend nicht in das finale Produkt integriert werden. Für diese ist der Ordner
„Preview Content" zuständig.

Dateien zur Internationalisierung und Lokalisierung   Im Standardtemplate
sind noch keine Dateien zur Internationalisierung und Lokalisierung enthalten. Zu diesem Zweck wird eine lokale Textdatei angelegt. Diese heißt Loca-
lizable.strings und kann für jede unterstützte Sprache hinterlegt werden.

Swift Dateien   Die Swift-Dateien im Template bilden das Grundgerüst der App und werden im Folgenden genauer erläutert.

Die folgende Abbildung gibt einen Überblick über den Lebenszyklus:

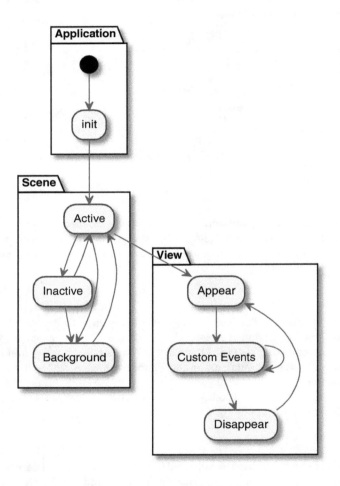

Die Structs `HelloWorldApp` und `ContentView` sind zunächst nur mit Darstellungslogik ausgestattet. Einige Einstiegspunkte im Lebenszyklus sind hier in der Klasse `HelloWorldApp` ergänzt:

```swift
import SwiftUI

@main
struct HelloWorldApp: App {
    @Environment(\.scenePhase) private var scenePhase

    init() { debugPrint("App init") }

    var body: some Scene {
        WindowGroup {
            ContentView()
        }
        .onChange(of: scenePhase) {
            switch $0 {
            case .active: debugPrint("App got active.")
            case .background: debugPrint("App went to background.")
            case .inactive: debugPrint("App got inactive.")
            @unknown default: debugPrint("App made unknown phase change.")
            }
        }
    }
}
```

Diese startet `ContentView` in einer `Scene`.

```swift
import SwiftUI

struct ContentView: View {
    var body: some View {
        Text("Hello, world!")
            .padding()
            .onAppear {
                print("ContentView appeared!")
            }
            .onDisappear {
                print("ContentView disappeared!")
            }
    }
}

struct ContentView_Previews: PreviewProvider {
    static var previews: some View {
        ContentView()
    }
}
```

Der Quellcode dieses Beispiels ist öffentlich zugänglich[3].

In SwiftUI Views wird das UI der App umgesetzt. Abbildung 13.1 zeigt das aktuelle Vorgehen bei SwiftUI. Hier gibt es einen geteilten Editor, der rechts eine UI-Vorschau zum Code beinhaltet.

Abbildung 13.1.: Editieren einer View

Der Vorschaubereich dient dem schnellen Feedback beim Umsetzen von Änderungen. Für schnelles Feedback ist es möglich, im Vorschaubereich andere Daten anzuzeigen als in der produktiven App. Dazu gibt es in SwiftUI-Dateien neben der eigentlichen View immer auch einen PreviewProvider, über den man zu diesem Zwecke Anzeigedaten für die Vorschau bereitstellen kann.

Der Vorschaubereich beinhaltet jedoch auch weitgehende Editiermöglichkeiten. So lässt sich z.B. durch „Command-Click" ein Kontextmenü aufrufen, das beispielsweise den „Inspector" bereitstellt. In diesem lassen sich viele Eigenschaften grafisch editieren. Abbildung 13.2 zeigt den Inspector.

„Command-Click" bietet auch im Codebereich viele Möglichkeiten schnell Anpassungen vorzunehmen.

---

[3]https://github.com/RobinNunkesser/swift-recipes/tree/main/HelloWorld   (Revision: c9c74bb)

Abbildung 13.2.: SwiftUI Inspector

Ereignisse und Dynamik der UI funktionieren über ein State-Konzept und Data Binding, die später noch vertieft werden.

13.3. Entwicklung von Apps

Im Folgenden sollen Grundlagen für die Entwicklung von Apps gelegt werden.

13.3.1. Grundlagen Oberflächengestaltung

Ein guter Teil der Oberflächengestaltung wird über horizontale und vertikale Anordnungen umgesetzt (HStack und VStack). Stacks organisieren mehrere Elemente gemeinsam in horizontaler oder vertikaler Ausrichtung. Dabei gibt es Einstellmöglichkeiten wie Verteilung, Standardabstand etc.

13.3.2. Grundlegende Standardelemente

Ein einfaches Appbeispiel mit ersten Standardelementen könnte so aussehen:

```
import SwiftUI

struct ContentView: View {
    @State var text = ""
    @State var outputText = ""

    var body: some View {
        VStack(alignment: .leading) {
            TextField("Enter text", text: $text)
            Button(action: { self.process() }) {
                Text("Process")
            }
            Text(outputText)
        }
    }

    func process() {
        outputText = text.uppercased()
    }
}

struct ContentView_Previews: PreviewProvider {
    static var previews: some View {
        ContentView()
    }
}
```

Der Quellcode dieses Beispiels ist öffentlich zugänglich[4].

13.3.3. Standardarchitektur für Models und Views

Seit Einführung von SwiftUI folgt Apple grundsätzlich auch MVU-Prinzipien. Im einfachsten Fall reicht es ein ObservableObject als StateObject zu nutzen. Wenn dies in einer ganzen Viewhierarchie genutzt werden soll, kann es ergänzend noch als EnvironmentObject bereitgestellt werden.

Eingabeelemente erfordern normalerweise Binding-fähige Werte. Um dies zu erreichen, muss zum Einen ein $ vorangestellt werden. Zum Anderen muss im ObservableObject die entsprechende Property mit @Published markiert werden. Für Darstellungselemente sorgt @Published auch dafür, dass Änderungen im ViewModel in die View synchronisiert werden.

[4]https://github.com/RobinNunkesser/swift-recipes/tree/main/BasicInteraction (Revision: 633fe0a)

```
import SwiftUI

struct ContentView: View {
    @StateObject var viewModel = ContentViewModel()

    var body: some View {
        VStack(alignment: .leading) {
            TextField("Enter forename", text: $viewModel.forename)
            TextField("Enter surname", text: $viewModel.surname)
            NameView()
            Text(viewModel.greeting)
        }
        .padding(.horizontal)
        .environmentObject(viewModel)
    }
}

struct NameView: View {
    @EnvironmentObject var viewModel: ContentViewModel

    var body: some View {
        HStack {
            Text("Forename")
            Text(viewModel.forename)
        }
        HStack {
            Text("Surname")
            Text(viewModel.surname)
        }
    }
}

struct ContentView_Previews: PreviewProvider {
    static var previews: some View {
        ContentView()
    }
}
```

Im ViewModel für das Beispiel ist auch noch ein mögliches Konzept für abhängige Properties und die Nutzung von @Published angegeben. Da die Annotation @Published nicht direkt mit computed properties genutzt werden kann, geschieht die Anbindung hier indirekt über die didSet-Funktion der Quell-Property.

```
import Foundation

final class ContentViewModel : ObservableObject {
```

```
@Published var forename = "" {
    didSet {
        greeting = "Hello \(forename)!"
    }
}
@Published var surname = ""
@Published var greeting = ""
```
}

Der Quellcode dieses Beispiels ist öffentlich zugänglich[5].

13.3.4. Standardnavigation

Für die Navigation unter iOS stehen zwei Konstrukte zu Verfügung: TabView und NavigationView. TabViews verwalten mehrere gleichberechtigte Screens, die typischerweise an der Wurzel der Navigationshierarchie stehen. NavigationViews verwalten Navigation in die Tiefe.

Eine TabView könnte dabei folgendermaßen aussehen:

```
import SwiftUI

struct ContentView: View {
    @State private var selection = 0

    var body: some View {
        TabView(selection: $selection){
            FirstView().tag(0).tabItem {
                Image(systemName: "1.square.fill")
                Text("First")
            }
            SecondView().tag(1).tabItem {
                Image(systemName: "2.square.fill")
                Text("Second")
            }
        }
    }
}

struct ContentView_Previews: PreviewProvider {
    static var previews: some View {
        ContentView()
```

---

[5]https://github.com/RobinNunkesser/swift-recipes/tree/main/MVU (Revision: aafe004)

```
        }
}
```

Oft ist danach eine Navigationsmöglichkeit in die Tiefe gewünscht oder es soll die Möglichkeit gewünscht werden einen Titel in der Navigation Bar anzuzeigen. Dazu wird dann ein NavigationView genutzt:

```
import SwiftUI

struct FirstView: View {
    var body: some View {
        NavigationView {
            NavigationLink(destination: SecondLevelView(text: "Passed data")) {
                Text("NavigateButton")
            }
            .navigationBarTitle(Text("FirstViewTitle"))
        }
    }
}

struct FirstView_Previews: PreviewProvider {
    static var previews: some View {
        FirstView()
    }
}
```

Eine einfache Möglichkeit bei SwiftUI Daten zu übertragen ist über Konstruktorparameter. In diesem Beispiel wird der anzuzeigende Text übergeben:

```
import SwiftUI

struct SecondLevelView: View {
    var text : String

    var body: some View {
        Text(text)
            .navigationBarTitle(Text("SecondLevelViewTitle"))
    }
}

struct SecondLevelView_Previews: PreviewProvider {
    static var previews: some View {
        SecondLevelView(text: "Hello, World!")
    }
}
```

Der Quellcode dieses Beispiels ist öffentlich zugänglich[6].

13.4. Nutzung von Bibliotheken

Beim Programmieren einer App ist schnell der Punkt erreicht, wo fertige Funktionalitäten benötigt werden, die nicht in den Standardbibliotheken enthalten ist.

13.4.1. Interne Bibliotheken

Von Apple bereitgestellte Bibliotheken[7] lassen sich einfach über den Punkt „Linked Frameworks and Libraries" des entsprechenden Targets hinzufügen.

13.4.2. Externe Bibliotheken

Bis Swift 3 gab es keinen offiziellen Paketmanager, mit Swift 3 wurde der Swift Package Manager eingeführt, dessen Pakete man z.B. im Swift Package Index[8] und im Swift Package Catalog[9] sehen kann. Seit Xcode 11 ist dieser auch in Xcode integriert. Inzwischen ist der Paketmanager gut etabliert, auch wenn nach wie vor auch externe Paketmanager wie CocoaPods[10] und Carthage[11] genutzt werden.

Die Integration des Swift Package Managers ist in Xcode sowohl im File Menü als auch in der Projektübersicht unter Swift Packages zu finden. Hier muss beim Hinzufügen eines Paketes zunächst die URL des Package-Repositories angegeben werden (z.B. über http://swiftpack.co zu finden). Danach muss man noch angeben, welche Versionen akzeptiert werden sollen.

---

[6]https://github.com/RobinNunkesser/swift-recipes/tree/main/Navigation (Revision: 0be3e76)
[7]https://developer.apple.com/documentation
[8]https://swiftpackageindex.com
[9]http://swiftpack.co
[10]https://cocoapods.org
[11]https://github.com/Carthage/Carthage

▼ **Packages (1 item)**

Name	Version Rules	Location
BasicCleanArch	5.2.1 – Next Major	https://github.com/RobinNunkesser/basiccleanarch-cocoapod

+ –

Neuerdings gibt es auch die Möglichkeit Paketsammlungen zu integrieren. Es ist abzusehen, dass hier zunehmend komfortablere integrierte Suchfunktionen entstehen werden.

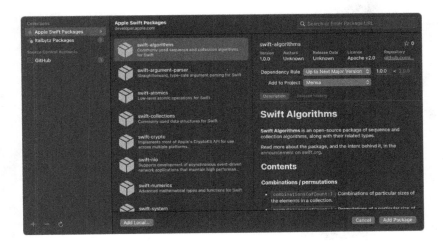

13.4.3. Darstellen von Lizenzinformationen

Die Nutzung von externen Bibliotheken erfordert normalerweise die korrekte Integration der Lizenzinformationen. iOS bietet hierfür drei sinnvolle Möglichkeiten:

- Anzeige einer statischen Webseite
- Integration von strukturiertem Text in eine View (z.B. über Markdown)
- Integration in die Settings

Wir nutzen hier die Integration in Settings. Falls noch nicht vorhanden, müssen zunächst Settings für die App angelegt werden (siehe Abbildung 13.3).

Abbildung 13.3.: Erzeugen von Settings.bundle

Die Lizenzangaben können in einer eigenen Property List im Settings.bundle verwaltet werden. Hier ein Beispiel:

```
<dict>
    <key>PreferenceSpecifiers</key>
    <array>
        <dict>
            <key>FooterText</key>
            <string>This application makes use of the following third party
                libraries:</string>
            <key>Title</key>
            <string>Acknowledgements</string>
            <key>Type</key>
            <string>PSGroupSpecifier</string>
        </dict>
        <dict>
            <key>FooterText</key>
            <string>Copyright (c) 2019 Robin Nunkesser

                Permission is hereby granted, ...
            </string>
            <key>License</key>
            <string>MIT</string>
            <key>Title</key>
```

```
        <string>BIBNAME</string>
        <key>Type</key>
        <string>PSGroupSpecifier</string>
    </dict>
    </array>
    <key>StringsTable</key>
    <string>Acknowledgements</string>
    <key>Title</key>
    <string>Acknowledgements</string>
</dict>
</plist>
```

Diese kann in die Root.plist der Settings als child pane integriert werden (falls nicht benötigt sollten die dort vorhandenen Einträge des Templates natürlich gelöscht werden):

```
<dict>
    <key>Type</key>
    <string>PSChildPaneSpecifier</string>
    <key>Title</key>
    <string>Acknowledgements</string>
    <key>File</key>
    <string>PROJECTNAME-acknowledgements</string>
</dict>
```

13.5. Grundlagen der Qualitätssicherung

Neben dem Wissen zur Entwicklung an sich ist es essentiell gute Werkzeuge zur Qualitätssicherung auf der Zielplattform zu beherrschen. Zentraler Bestandteil der Qualitätssicherung sollten automatisierte Tests sein.

13.5.1. Automatisierte Tests

Apple hat seit einiger Zeit Frameworks für Unit-Tests und UI-Tests integriert. Die Tests lassen sich hierbei bündeln und Testfunktionen werden in Testklassen organisiert. Grundsätzlich wird der Testcode separat vom eigentlichen Projekt abgelegt und verwaltet. Über einen speziellen Import sind die Klassen und Structs des eigentlichen Projekts erreichbar.

Unit Tests

Unit-Tests sind bei Swift analog zu vielen anderen Sprachen aufgebaut. Eine Besonderheit bei Xcode sind Performance-Tests, wo zeitaufwändiger Code mehrfach ausgeführt wird und Informationen über die durchschnittliche Ausführzeit und die Standardabweichung ermittelt werden.

Der generelle Aufbau einer Testklasse ist analog zu folgendem Code:

```swift
import XCTest
@testable import Project

class ProjectTests: XCTestCase {

    override func setUp() {
        super.setUp()
        // Put setup code here. This method is called before the
                // invocation of each test method in the class.
    }

    override func tearDown() {
        // Put teardown code here. This method is called after the
                // invocation of each test method in the class.
        super.tearDown()
    }

    func testExample() {
        // This is an example of a functional test case.
        // Use XCTAssert and related functions to verify your tests
                // produce the correct results.
    }

    func testPerformanceExample() {
        // This is an example of a performance test case.
        self.measureBlock {
            // Put the code you want to measure the time of here.
        }
    }
}
```

Ein Ausschnitt an Tests beispielsweise aus dem klassischen „Money"-Beispiel von Beck (2002) könnte bei Swift so aussehen:

```swift
import XCTest
@testable import Money
```

```
class MoneyTests: XCTestCase {

    func testDollarMultiplication() {
        let five = Money.dollar(amount: 5)
        XCTAssertEqual(Money.dollar(amount: 10), five * 2)
    }

    func testEquality() {
        XCTAssertEqual(Money.dollar(amount: 5), Money.dollar(amount: 5))
        XCTAssertNotEqual(Money.dollar(amount: 5), Money.dollar(amount: 6))
        XCTAssertNotEqual(Money.franc(amount: 5), Money.dollar(amount: 5))
    }

    func testCurrency() {
        XCTAssertEqual("USD", Money.dollar(amount: 1).currency)
        XCTAssertEqual("CHF", Money.franc(amount: 1).currency)
    }

    func testReduceMoney() {
        let bank = Bank()
        let result = bank.reduce(source: Money.dollar(amount: 1), to: "USD")
        XCTAssertEqual(Money.dollar(amount: 1), result)
    }

    func testSimpleAddition() {
        let five = Money.dollar(amount: 5)
        let ten = five + five
        let bank = Bank()
        let result = bank.reduce(source: ten!, to: "USD")
        XCTAssertEqual(Money.dollar(amount: 10), result)
    }

    func testReduceMoneyDifferentCurrency() {
        let bank = Bank()
        bank.addRate(from: "CHF", to: "USD", rate: 2)
        let result = bank.reduce(source: Money.franc(amount: 2), to: "USD")
        XCTAssertEqual(Money.dollar(amount: 1), result)
    }

    func testIdentityRate() {
        XCTAssertEqual(1, Bank().rate(from: "USD", to: "USD"))
    }

}
```

Der Quellcode dieses Beispiels ist öffentlich zugänglich[12].

---

[12]https://github.com/RobinNunkesser/swift-recipes/tree/main/Money (Revision: 633fe0a)

UI Tests

UI Tests haben in der oberflächengetriebenen mobilen Entwicklung eine hohe Bedeutung. Xcode erlaubt es einem die Interaktion mit der App „aufzuzeichnen". Aus dem so aufgezeichneten Codes lassen sich Tests programmieren. Unsere zu testende Beispielapp besteht aus einem Eingabefeld und einem Button, das einen Alert auslöst:

```swift
import SwiftUI

struct ContentView: View {
    @State var textFieldEntry = ""
    @State var showAlert = false

    var body: some View {
        VStack {
            TextField("Entry",text: $textFieldEntry)
                .accessibility(identifier: "TextField1")
            Button(action: { self.showAlert.toggle() }) {
                Text("Button")
            }
            .accessibility(identifier: "show alert")
            .alert(isPresented: $showAlert) { () -> Alert in
                Alert(title: Text("Cool title"),
                    message: Text("Cool alert!"),
                    dismissButton: .cancel(Text("OK")))
            }
        }
    }
}
struct ContentView_Previews: PreviewProvider {
    static var previews: some View {
        ContentView()
    }
}
```

Die Accessibility Identifier dienen als einfache Möglichkeit UI-Elemente zu finden. Ein einfacher Test könnte dann so aussehen:

```swift
import XCTest

class UITestRecipeUITests: XCTestCase {

    override func setUp() {
        continueAfterFailure = false
    }
```

```
func testAlertOpensWithCorrectText() {
    let app = XCUIApplication()
    app.launch()

    app.buttons["show alert"].tap()
    debugPrint(app.alerts.count)
    let expectedAlert = app.alerts["Cool title"]
    XCTAssert(expectedAlert.exists)
    let staticTexts = expectedAlert.scrollViews.otherElements.staticTexts
    XCTAssertEqual(staticTexts.element(boundBy: 0).label, "Cool title")
    XCTAssertEqual(staticTexts.element(boundBy: 1).label, "Cool alert!")
}

func testFillTextField() {
    let app = XCUIApplication()
    app.launch()

    let textfield1TextField = app.textFields["TextField1"]
    textfield1TextField.tap()
    textfield1TextField.typeText("Hello World!")
    XCTAssertEqual(textfield1TextField.value as! String,"Hello World!")
}

func testLaunchPerformance() {
    if #available(macOS 10.15, iOS 13.0, tvOS 13.0, *) {
        // This measures how long it takes to launch your application.
        measure(metrics: [XCTOSSignpostMetric.applicationLaunch]) {
            XCUIApplication().launch()
        }
    }
}
}
```

Der Quellcode dieses Beispiels ist öffentlich zugänglich[13].

13.5.2. Einrichten mehrerer Build Targets

Über Xcode lassen sich neue Build Targets definieren. Dies ist beispielsweise
nützlich, wenn verschiedene Umgebungen wie Testumgebung, Staging und
Produktivumgebung unterstützt werden sollen. Eine gutes Tutorial dazu lässt
sich beispielsweise bei AppCoda[14] finden.

---

[13]https://github.com/RobinNunkesser/swift-recipes/tree/main/UITestRecipe (Revision:
633fe0a)

[14]https://www.appcoda.com/using-xcode-targets/

13.5.3. Logging

Eine einfache Variante für Logging ist debugPrint. Grundsätzlich sollte aber das sogenannte „unified logging" genutzt werden. Über die Apple-eigene Bibliothek os.log kann dabei auf os_log und Logger zugegriffen werden[15]:

```
import os.log

let logger = Logger()
let x = 42
logger.info("The answer is \(x)")
```

13.5.4. Debuggen

Der Debugger von Xcode verfügt über die typischen Fähigkeiten eines Debuggers und wird bereits in „Xcode Help" in den Grundzügen erklärt. Darüber hinaus gibt es allerdings z.b. noch Fähigkeiten zum Debuggen des Layouts (siehe z.B. Abbildung 13.4)[16].

13.5.5. Profiling

Apple bietet mit Instruments ein umfangreiches Profiling-Tool. Dieses kann über „Profile" im Menü „Product" gestartet werden. Beispielhafte Profiling Templates sind in Abbildung 13.5 zu sehen.

13.5.6. Statische Analyse

Im Bereich der statischen Analyse kann der Static Analyzer von clang aufgerufen werden („Analyze" im Menü „Product").

---

[15]https://developer.apple.com/reference/os/logging
[16]Siehe auch https://www.raywenderlich.com/98356/view-debugging-in-xcode-6

Abbildung 13.4.: Layout Debugging

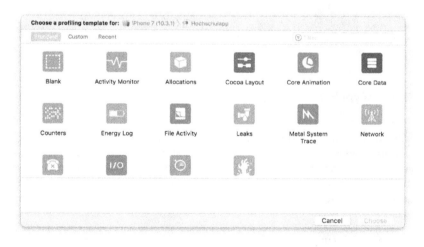

Abbildung 13.5.: Profiling Templates

13.5.7. Continuous Integration

Apple unterstützt Continuous Integration über Xcode Server. Wir vertiefen das hier nicht, nähere Informationen stehen im „Xcode Server and Continuous Integration Guide".

Auch Tools von Drittanbietern können Builds und Tests durchführen. Wir betrachten hier GitHub Actions. Eine GitHub Action könnte beispielsweise so aussehen:

```
name: CI
on: [push]
jobs:
  test:
    runs-on: macos-latest
    steps:
      - uses: actions/checkout@v2
      - run: gem install xcpretty
      - run: |
          set -o pipefail && xcodebuild test -enableCodeCoverage YES \
          -scheme OpenMensaInfrastructure \
          -sdk iphonesimulator \
          -destination 'platform=iOS Simulator,name=iPhone 13' \
          ONLY_ACTIVE_ARCH=NO | xcpretty
```

13.6. Asynchrone Aufrufe

Alle Operationen, die sichtbar Zeit benötigen, sollten asynchron ausgeführt werden. Lange Zeit wurden für Asynchronität unter Swift Escaping Clojures genutzt, bei denen man der asynchronen Funktion eine oder mehrere anonyme Funktionen übergibt, die erhalten bleibt wenn die Funktion selbst durchgelaufen ist und beispielsweise im Erfolgs- oder Fehlerfall ausgeführt werden.

Seit der Einführung von Swift 5.5 gibt es aber ein Konzept, das auf die Schlüsselwörter async und await setzt, die auch in vielen anderen Sprachen genutzt werden. In einem einfachen Beispiel könnte das Ganze also folgendermaßen aussehen:

```
import SwiftUI

struct ContentView: View {
    @State var result = ""

    var body: some View {
        VStack(alignment: .center) {
            Button(action: start) {
                Text("Start")
            }
            Text(result)
        }
    }

    func start() {
        Task(priority: .medium) {
            self.result = await asyncCall()
        }
        result = "Started"
    }

    func asyncCall() async -> String {
        sleep(1)
        return "My return value"
    }
}

struct ContentView_Previews: PreviewProvider {
    static var previews: some View {
        ContentView()
    }
}
```

Wie funktionieren Unit Tests für asynchrone Funktionen? Auch hier ist eine direkte Nutzung des Schlüsselworts async möglich:

```
import XCTest
@testable import AsynchronRecipe

class AsynchronRecipeTests: XCTestCase {

    func testAsync() async {
        let result = await ContentView().asyncCall()
        XCTAssertEqual(result, "My return value")
    }
}
```

Der Quellcode dieses Rezepts ist öffentlich zugänglich[17].

---

[17]https://github.com/RobinNunkesser/swift-recipes/tree/main/AsynchronRecipe (Revision: 19e9682)

14. Kotlin und Jetpack Compose

14.1. Grundlagen

Die Entwicklung von Kotlin begann 2010, 2016 wurde die Version 1.0 erreicht, seit 2017 wird Kotlin offiziell als Programmiersprache für Android unterstützt. Kotlin nutzt die selbe virtuelle Maschine wie Java und kann daher sehr gut mit Java-Code interagieren und gemischt werden.

Neben einer besseren Unterstützung von Funktionen bzw. Konzepten der funktionalen Programmierung bietet Kotlin gegenüber Java auch einsteigerfreundlichere Konzepte wie z.B. Typinferenz.

Auch der Einstieg in Kotlin gestaltet sich sehr angenehm, da es integrierte Tools wie z.B. EduTools[1] gibt. Hier gibt es einen offiziellen Kurs namens Kotlin Koans, der einen sehr guten Einstieg bietet.

Die für Android empfohlene IDE Android Studio basiert auf IntelliJ IDEA und bietet dazu im Bereich „Help" die Punkte „Android Studio Help" und „IntelliJ IDEA Help" an, die umfangreiche und aktuelle Erklärungen beinhalten. Zum Einstieg reicht es, sich mit dem Bereich „Discover IntelliJ IDEA" vertraut zu machen.

14.2. Hello World

Beim Starten eines neuen App-Projekts sind einige grundsätzliche Einstellungen vorzunehmen. Neben einem Namen sollte für die App auch die Domain des zugehörigen Unternehmens angegeben werden. Da Java und Kotlin Packages unterstützen, kann so ein weltweit eindeutiger Namensraum geschaffen werden.

Für das Erstellen von Apps stellt Android Studio Templates bereit. Das zu empfehlende Template wechselt dabei ab und zu, da moderne Technologien bei Android oft nicht verpflichtend eingeführt, sondern optional angeboten werden. Stand 2021 empfiehlt sich als modernes Template entweder „Fragment + ViewModel", welches Ideen aus Android Jetpack[2] aufgreift oder „Empty Compose Activity", welches auf Jetpack Compose[3] basiert. Nach meiner persönlichen Einschätzung wird Jetpack Compose für die UI in Android zum dominierenden Ansatz werden, daher betrachten wir hier vorrangig diesen Ansatz[4].

Ein Projekt gemäß dieses Templates hat aktuell folgenden Aufbau:

---

[1]https://kotlinlang.org/docs/tutorials/edu-tools-learner.html
[2]https://developer.android.com/jetpack/
[3]https://developer.android.com/jetpack/compose/
[4]Jetpack Compose ist seit Android Studio 2020.3.1 verfügbar.

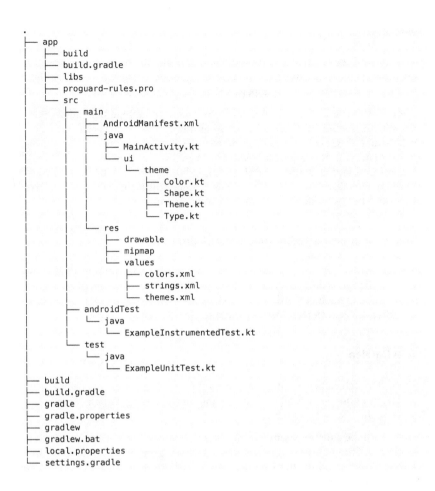

```
.
├── app
│   ├── build
│   ├── build.gradle
│   ├── libs
│   ├── proguard-rules.pro
│   └── src
│       ├── main
│       │   ├── AndroidManifest.xml
│       │   ├── java
│       │   │   ├── MainActivity.kt
│       │   │   └── ui
│       │   │       └── theme
│       │   │           ├── Color.kt
│       │   │           ├── Shape.kt
│       │   │           ├── Theme.kt
│       │   │           └── Type.kt
│       │   └── res
│       │       ├── drawable
│       │       ├── mipmap
│       │       └── values
│       │           ├── colors.xml
│       │           ├── strings.xml
│       │           └── themes.xml
│       ├── androidTest
│       │   └── java
│       │       └── ExampleInstrumentedTest.kt
│       └── test
│           └── java
│               └── ExampleUnitTest.kt
├── build
├── build.gradle
├── gradle
├── gradle.properties
├── gradlew
├── gradlew.bat
├── local.properties
└── settings.gradle
```

Projektdateien und Metadaten

Die Metadaten der Applikation sind in der Datei `AndroidManifest.xml` zu finden. `proguard.rules.pro` beinhaltet Einstellmöglichkeiten zur Appsicherheit und `build.gradle` Einstellungen zum Buildprozess (einmal für alle Anwendungsmodule, einmal spezifisch). Für das Buildtool Gradle sind auch noch weitere der vorhandenen Dateien nötig, dies vertiefen wir hier aber nicht.

Ressourcen

Der Unterordner res beinhaltet Grafiken und XML-Ressourcen zur App. Als Verbindung zum Code dient die generierte Klasse R. Beispielsweise geschieht dies über R.drawable, R.mipmap, R.color, R.string oder R.style.

Neben Rastergrafiken gibt es bei Android auch noch einige besondere Bildformate, die genutzt werden können. So gibt es z.b. noch 9-Patch[5] und Vector Drawables[6]. Generell sind die Unterordner drawable und mipmap für die Assets zuständig. Rastergrafiken werden in mehreren verschiedenen Auflösungen hinterlegt (z.b. mdpi, hdpi, xhdpi, xxhdpi, xxxhdpi), bei Vektorgrafiken reicht eine Datei. Android Studio bietet einen Importassistenten, mit dem SVG- oder PSD-Grafiken umgewandelt werden können.

Dateien für Internationalisierung und Lokalisierung

Internationalisierung und Lokalisierung unter Android funktioniert größtenteils über die spezielle Textdatei strings.xml in den Ressourcen, die für mehrere Sprachen angelegt werden kann. Wie bereits erwähnt erfolgt der Zugriff dann über die generierte Klasse R, konkret über R.string.

Kotlin Dateien

Es befinden sich sieben Kotlin-Klassen im Projekt, von denen zwei leere Testklassen sind und vier vor allem dem Styling und Theming dienen. Wichtigste Klasse ist die Klasse MainActivity.

Der eigentliche Einstiegspunkt in die Applikation ist im bereits erwähnten Manifest zu finden. Jede sogenannte „Activity" ist grundsätzlich erreich- und startbar. Einstiegspunkt für Applikationen sind die Activities, die mit MAIN gekennzeichnet sind und durch den Launcher gefunden werden können.

```
<activity android:name=".MainActivity">
    <intent-filter>
        <action android:name="android.intent.action.MAIN" />
        <category android:name="android.intent.category.LAUNCHER" />
    </intent-filter>
</activity>
```

---

[5] https://developer.android.com/studio/write/draw9patch
[6] https://developer.android.com/guide/topics/graphics/vector-drawable-resources

Activities selbst erlauben Einstiegspunkte gemäß des Lebenszyklus einer Seite:

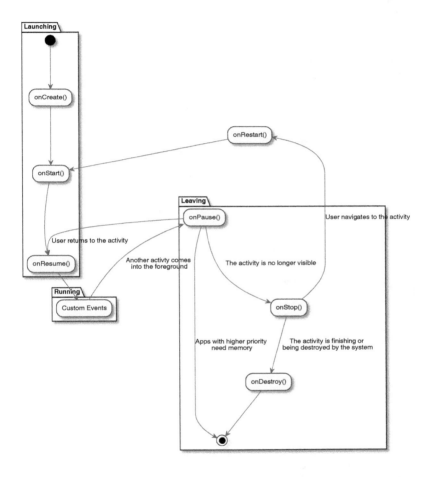

Code an einem Lebenszyklusereignis zu ergänzen geht nun, indem man die entsprechende Funktion der Activity-Oberklasse überschreibt (Schlüsselwort override). Standardmäßig wird onCreate überschrieben:

```
package de.hshl.isd.hellocompose

import android.os.Bundle
import androidx.activity.ComponentActivity
import androidx.activity.compose.setContent
import androidx.compose.material.MaterialTheme
import androidx.compose.material.Surface
import androidx.compose.material.Text
import androidx.compose.runtime.Composable
import androidx.compose.ui.tooling.preview.Preview
import de.hshl.isd.hellocompose.ui.theme.HelloComposeTheme

class MainActivity : ComponentActivity() {
    override fun onCreate(savedInstanceState: Bundle?) {
        super.onCreate(savedInstanceState)
        setContent {
            HelloComposeTheme {
                // A surface container using the 'background' color from the theme
                Surface(color = MaterialTheme.colors.background) {
                    Greeting("Android")
                }
            }
        }
    }
}

@Composable
fun Greeting(name: String) {
    Text(text = "Hello $name!")
}

@Preview(showBackground = true)
@Composable
fun DefaultPreview() {
    HelloComposeTheme {
        Greeting("Android")
    }
}
```

Activities und Fragments kümmern sich um die Benutzerinteraktion. Activities erben von AppCompatActivity oder ComponentActivity. Die erste Aktion ist normalerweise den Bildschirm über setContent (oder alternativ setContentView) mit Inhalt zu füllen. Bei Jetpack Compose ist dies ein in Kotlin definiertes Composable.

14.3. Entwicklung von Apps

Im Folgenden sollen Grundlagen für die Entwicklung von Apps gelegt werden.

14.3.1. Grundlagen Oberflächengestaltung

Ein guter Teil der Oberflächengestaltung wird über horizontale und vertikale Anordnungen umgesetzt (Row und Column). Rows und Columns organisieren mehrere Elemente gemeinsam in horizontaler oder vertikaler Ausrichtung. Jetpack Compose unterstützt Material Design von Google[7] und Theming mit eigenen Komponenten[8].

14.3.2. Grundlegende Standardelemente

Ein einfaches Appbeispiel mit ersten Standardelementen könnte beispielsweise ein TextField, einen Button und einen Text beinhalten. Dies ist hier noch in ein Scaffold integriert. Das Scaffold ist optional, bietet aber gute Möglichkeiten eine Grundstruktur umzusetzen. Hier ist beispielsweise über dem Body noch eine TopAppBar enthalten:

```
package de.hshl.isd.basicinteraction

import android.os.Bundle
import androidx.activity.ComponentActivity
import androidx.activity.compose.setContent
import androidx.compose.foundation.layout.*
import androidx.compose.material.*
import androidx.compose.runtime.Composable
import androidx.compose.runtime.getValue
import androidx.compose.runtime.mutableStateOf
import androidx.compose.runtime.saveable.rememberSaveable
import androidx.compose.runtime.setValue
import androidx.compose.ui.Modifier
import androidx.compose.ui.tooling.preview.Preview
import androidx.compose.ui.unit.dp
import de.hshl.isd.basicinteraction.ui.theme.BasicInteractionTheme

class MainActivity : ComponentActivity() {
```

---

[7]https://material.io
[8]https://developer.android.com/jetpack/compose/themes

211

```kotlin
    override fun onCreate(savedInstanceState: Bundle?) {
        super.onCreate(savedInstanceState)
        setContent {
            BasicInteractionTheme {
                Surface(color = MaterialTheme.colors.background) {
                    MainContent()
                }
            }
        }
    }
}

@Composable
fun MainContent() {
    var input by rememberSaveable { mutableStateOf("Test") }
    var output by rememberSaveable { mutableStateOf("") }
    Scaffold(
        topBar = {
            TopAppBar(title = { Text(text = "Basic Interaction") })
        },
        content = {
            Column(
                verticalArrangement = Arrangement.Center,
                modifier = Modifier.padding(8.dp)
            ) {
                TextField(
                    value = input,
                    onValueChange = {
                        input = it
                    }
                )
                Button(
                    onClick = {
                        output = input.toUpperCase()
                    }
                ) {
                    Text("Process")
                }
                Text(text = output)
            }
        }
    )
}

@Preview(showBackground = true)
@Composable
fun DefaultPreview() {
    BasicInteractionTheme {
        MainContent()
```

```
    }
}
```

Der Quellcode dieses Beispiels ist öffentlich zugänglich[9].

14.3.3. Standardarchitektur für Models und Views

Mit Jetpack Compose lassen sich leicht MVVM- bzw. MVU-Prinzipien umsetzen. Beim aktuellen Vorgehen wird das ViewModel-Konzept mit einem State-Konzept vermischt. Damit führen Änderungen an Daten automatisch zur Anpassung der View.

Ein einfaches ViewModel-Beispiel:

```
package de.hshl.isd.mvxrecipe

import androidx.compose.runtime.getValue
import androidx.compose.runtime.mutableStateOf
import androidx.compose.runtime.setValue
import androidx.lifecycle.ViewModel

class MainViewModel : ViewModel() {

    var forename by mutableStateOf("")
    var surname by mutableStateOf("")

    fun reset() {
        forename = ""
        surname = ""
    }

}
```

Das Updaten der View funktioniert dank der Nutzung von mutableStateOf in Kombination mit ViewModel automatisch.

```
package de.hshl.isd.mvxrecipe

import android.os.Bundle
import androidx.activity.ComponentActivity
import androidx.activity.compose.setContent
```

---

[9]https://github.com/RobinNunkesser/kotlin-recipes/tree/main/BasicInteraction   (Revision: 0c535e6)

```kotlin
import androidx.activity.viewModels
import androidx.compose.foundation.layout.Arrangement
import androidx.compose.foundation.layout.Column
import androidx.compose.foundation.layout.Row
import androidx.compose.foundation.layout.padding
import androidx.compose.material.*
import androidx.compose.runtime.Composable
import androidx.compose.ui.Modifier
import androidx.compose.ui.unit.dp
import de.hshl.isd.mvxrecipe.ui.theme.MVXRecipeTheme

class MainActivity : ComponentActivity() {
    private val viewModel by viewModels<MainViewModel>()

    override fun onCreate(savedInstanceState: Bundle?) {
        super.onCreate(savedInstanceState)
        setContent {
            MVXRecipeTheme {
                Surface(color = MaterialTheme.colors.background) {
                    MainContent(viewModel)
                }
            }
        }
    }
}

@Composable
fun MainContent(viewModel: MainViewModel) {

    Scaffold(
        topBar = {
            TopAppBar(title = { Text(text = "MVU") })
        },
        content = {
            Column(verticalArrangement = Arrangement.Center,
                modifier = Modifier.padding(8.dp)) {
                TextField(value = viewModel.forename,
                    onValueChange = {
                        viewModel.forename = it
                    })
                TextField(value = viewModel.surname,
                    onValueChange = {
                        viewModel.surname = it
                    })
                Row {
                    Text(text = "Forename")
                    Text(
                        text = viewModel.forename
                    )
```

```
    }
    Row {
        Text(text = "Surname")
        Text(
            text = viewModel.surname
        )
    }
    Button(onClick = { viewModel.reset() }) {
        Text("Reset")
    }
        }
    })
}
```

Der Quellcode dieses Beispiels ist öffentlich zugänglich[10].

14.3.4. Standardnavigation

Auf oberster Ebene wird für die Navigation oft eine „breite" Navigation einge-setzt. Material Design sieht dafür aktuell vor allem die „Bottom Navigation"[11] und den „Navigation Drawer"[12] vor. Bottom Navigation ermöglicht bei gleich-zeitiger Entwicklung von iOS ein einheitlicheres Design, während der Navi-gation Drawer aktuell in Android-Apps etwas verbreiteter zu sein scheint.

Die Umsetzung der Navigation bei Android unterscheidet sich je nach ver-wendeter Technologie teilweise deutlich. Vor Jetpack Compose hat sich die Navigation Component[13] als sehr vielversprechend gezeigt. Diese ist inzwi-schen auch für Jetpack Compose so erweitert worden, dass die Kombination sehr gut funktioniert.

Dafür wird allerdings `androidx.navigation:navigation-compose` als zu-sätzliche Bibliothek benötigt. Wie Bibliotheken eingebunden werden ist in Kapitel 14.4.1 beschrieben.

---

[10]https://github.com/RobinNunkesser/kotlin-recipes/tree/main/MVXRecipe   (Revision: d78cc70)
[11]https://material.io/guidelines/components/bottom-navigation.html
[12]https://material.io/design/components/navigation-drawer.html
[13]https://developer.android.com/guide/navigation

Einfache Navigation

Für die Navigation Component werden ein Navigation Host und ein Navigation Graph benötigt. Diese können über eine DSL programmatisch erstellt werden. Es ist insgesamt übersichtlicher und sauberer, die zur Verfügung stehenden Navigationsziele in einer sealed class zu verwalten:

```
package de.hshl.isd.basicnavigation

import androidx.compose.runtime.Composable
import androidx.navigation.NavHostController
import androidx.navigation.compose.NavHost
import androidx.navigation.compose.composable

sealed class Screen(val route: String) {
    object Home : Screen("home")
    object Detail : Screen("detail")
}

@Composable
fun NavigationHost(
    navController: NavHostController,
    startDestination: String = Screen.Home.route
) {
    NavHost(
        navController = navController,
        startDestination = startDestination
    ) {
        composable(Screen.Home.route) {
            Home(navController = navController)
        }
        composable(Screen.Detail.route) {
            Detail(navController = navController)
        }
    }
}
```

Hierbei kommen Navigationsrouten zum Einsatz, die für komplexere Anwendungsfälle auch noch deutlich erweitert werden können.

In der MainActivity wird MainContent als Content gesetzt, dort wird der Navigation Host in ein Scaffold eingebettet:

```
package de.hshl.isd.basicnavigation

import android.os.Bundle
```

```
import androidx.activity.ComponentActivity
import androidx.activity.compose.setContent
import androidx.compose.material.MaterialTheme
import androidx.compose.material.Surface
import androidx.compose.material.Text
import androidx.compose.runtime.Composable
import androidx.compose.ui.tooling.preview.Preview
import de.hshl.isd.basicnavigation.ui.theme.BasicNavigationTheme

class MainActivity : ComponentActivity() {
    override fun onCreate(savedInstanceState: Bundle?) {
        super.onCreate(savedInstanceState)
        setContent {
            MainContent()
        }
    }
}
```

```
package de.hshl.isd.basicnavigation

import androidx.compose.material.Scaffold
import androidx.compose.material.Text
import androidx.compose.material.TopAppBar
import androidx.compose.runtime.Composable
import androidx.navigation.compose.rememberNavController
import de.hshl.isd.basicnavigation.ui.theme.BasicNavigationTheme

@Composable
fun MainContent() {
    val navController = rememberNavController()

    BasicNavigationTheme {
        Scaffold(
            topBar = {
                TopAppBar(title = { Text(text = "Basic Navigation") })
            }
        ) {
            NavigationHost(navController)
        }
    }
}
```

Das zuerst angezeigte `Composable` bietet die Möglichkeit zur Navigation in die Tiefe:

```
package de.hshl.isd.basicnavigation

import androidx.compose.material.Button
import androidx.compose.material.Text
import androidx.compose.runtime.Composable
import androidx.navigation.NavController

@Composable
fun Home(navController: NavController) {
    Button(onClick = { navController.navigate(Screen.Detail.route) }) {
        Text(text = "Navigate deeper")
    }
}
```

Das zweite `Composable` zeigt lediglich einen Text an:

```
package de.hshl.isd.basicnavigation

import androidx.compose.material.Text
import androidx.compose.runtime.Composable
import androidx.navigation.NavController

@Composable
fun Detail(navController: NavController) {
    Text(text = "Detail")
}
```

Der Quellcode dieses Beispiels ist öffentlich zugänglich[14].

Bottom Navigation

Die Umsetzung komplexerer Navigationsstrukturen funktioniert analog. Exemplarisch schauen wir hier auf eine Bottom Navigation. Navigation Host und Navigation Graph unterscheiden sich kaum vom vorherigen Beispiel, lediglich eine Textressource und ein Icon können den Screens noch hinzugefügt werden:

```
package de.hshl.isd.bottomnavigationrecipe

import androidx.annotation.StringRes
import androidx.compose.material.icons.Icons
```

---

[14]https://github.com/RobinNunkesser/kotlin-recipes/tree/main/BasicNavigation   (Revision: e8a05a8)

```
import androidx.compose.material.icons.filled.Home
import androidx.compose.material.icons.filled.List
import androidx.compose.runtime.Composable
import androidx.compose.ui.graphics.vector.ImageVector
import androidx.navigation.NavHostController
import androidx.navigation.compose.NavHost
import androidx.navigation.compose.composable

sealed class Screen(
    val route: String,
    @StringRes val resourceId: Int? = null,
    val icon: ImageVector? = null
) {
    object Home : Screen("home", R.string.nav_item_home, Icons.Filled.Home)
    object Dashboard :
        Screen("dashboard", R.string.nav_item_dashboard, Icons.Filled.List)

    object SecondLevel : Screen("secondlevel")
}

@Composable
fun NavigationHost(
    navController: NavHostController,
    startDestination: String = Screen.Home.route
) {
    NavHost(
        navController = navController,
        startDestination = startDestination
    ) {
        composable(Screen.Home.route) {
            Home(navController = navController)
        }
        composable(Screen.Dashboard.route) {
            Dashboard(navController = navController)
        }
        composable(Screen.SecondLevel.route) {
            SecondLevelScreen(message = "Hello second level")
        }
    }
}
```

In der MainActivity wird `MainContent` als Content gesetzt, dort wird der Navigation Host in ein Scaffold eingebettet. Für die Bottom Navigation gibt es das Composable `BottomNavigation`, das hier genutzt wird:

```
package de.hshl.isd.bottomnavigationrecipe
```

```kotlin
import android.os.Bundle
import androidx.activity.ComponentActivity
import androidx.activity.compose.setContent
import androidx.compose.material.MaterialTheme
import androidx.compose.material.Surface
import androidx.compose.material.Text
import androidx.compose.runtime.Composable
import androidx.compose.ui.tooling.preview.Preview
import de.hshl.isd.bottomnavigationrecipe.ui.theme.BottomNavigationRecipeTheme

class MainActivity : ComponentActivity() {
    override fun onCreate(savedInstanceState: Bundle?) {
        super.onCreate(savedInstanceState)
        setContent {
            MainContent()
        }
    }
}
```

```kotlin
package de.hshl.isd.bottomnavigationrecipe

import androidx.compose.material.*
import androidx.compose.runtime.Composable
import androidx.compose.runtime.getValue
import androidx.compose.ui.res.stringResource
import androidx.navigation.NavDestination.Companion.hierarchy
import androidx.navigation.NavGraph.Companion.findStartDestination
import androidx.navigation.NavHostController
import androidx.navigation.compose.currentBackStackEntryAsState
import androidx.navigation.compose.rememberNavController
import de.hshl.isd.bottomnavigationrecipe.ui.theme.BottomNavigationRecipeTheme

@Composable
fun MainContent() {
    val navController = rememberNavController()

    BottomNavigationRecipeTheme {
        Scaffold(
            topBar = {
                TopAppBar(title = {
                    Text(text = "Bottom Navigation")
                })
            },
            bottomBar = { BottomBar(navController) }
        ) {
            NavigationHost(navController)
        }
    }
}
```

```kotlin
@Composable
fun BottomBar(navController: NavHostController) {
    val items = listOf(
        Screen.Home,
        Screen.Dashboard,
    )

    BottomNavigation {
        val navBackStackEntry by
        navController.currentBackStackEntryAsState()
        val currentDestination =
            navBackStackEntry?.destination
        items.forEach { screen ->
            BottomNavigationItem(
                icon = {
                    Icon(
                        imageVector = screen.icon!!,
                        contentDescription = stringResource(screen.resourceId!!)
                    )
                },
                label = { Text(stringResource(screen.resourceId!!)) },
                selected = currentDestination?.hierarchy?.any {
                    it.route == screen.route
                } == true,
                onClick = {
                    navController.navigate(screen.route) {
                        popUpTo(navController.graph.findStartDestination().id) {
                            saveState = true
                        }
                        launchSingleTop = true
                        restoreState = true
                    }
                }
            )
        }
    }
}
```

Die weiteren Composables sind analog zum ersten Beispiel umgesetzt.

Der Quellcode dieses Beispiels ist öffentlich zugänglich[15].

---

[15]https://github.com/RobinNunkesser/kotlin-recipes/tree/main/BottomNavigationRecipe (Revision: 510100b)

14.4. Nutzung von Bibliotheken

Beim Programmieren einer App ist schnell der Punkt erreicht, wo fertige Funktionalitäten benötigt werden, die nicht in den Standardbibliotheken enthalten ist.

14.4.1. Einbinden von externen Bibliotheken

Android nutzt gradle (https://gradle.org) als Paketmanager. Gradle ist komplett in Android Studio integriert, meist reicht es zum Einbinden einer externen Bibliothek eine Zeile in der Datei build.gradle zu ergänzen. Gradle ist kompatibel zum ebenfalls weit verbreiteten Maven. Standardmäßig wurden lange Zeit externe Bibliotheken von JCenter[16] genutzt. Inzwischen soll aber stattdessen das Maven Central Repository[17] genutzt werden. Zusätzlich pflegt Google inzwischen ein eigenes Maven Repository[18].

14.4.2. Darstellen von Lizenzinformationen

Die Nutzung von externen Bibliotheken erfordert normalerweise die korrekte Integration der Lizenzinformationen. Dafür gibt es inzwischen ein Plugin, das in einem Guide beschrieben wird[19].

Die Integration eines Plugins geschieht über Gradle. Dazu muss für dieses Plugin in der build.gradle des Moduls folgendes hinzugefügt werden:

```
buildscript {
    ...
    dependencies {
        ...
        classpath 'com.google.android.gms:oss-licenses-plugin:0.10.2'
    }
}
```

Die build.gradle der App benötigt:

---

[16]https://bintray.com/bintray/jcenter
[17]https://maven.apache.org/repository/index.html
[18]https://maven.google.com
[19]https://developers.google.com/android/guides/opensource

```
plugins {
    ...
    id 'com.google.android.gms.oss-licenses-plugin'
}
...

dependencies {
    ...
    implementation 'com.google.android.gms:play-services-oss-licenses:17.0.0'
}
```

Alle relevanten Lizenzen von über Gradle eingebundenen Bibliotheken werden gesammelt und können einfach in einer Activity dargestellt werden:

```
package de.hshl.isd.licenses

import android.content.Intent
import android.os.Bundle
import androidx.activity.ComponentActivity
import androidx.activity.compose.setContent
import androidx.compose.material.Button
import androidx.compose.material.MaterialTheme
import androidx.compose.material.Surface
import androidx.compose.material.Text
import com.google.android.gms.oss.licenses.OssLicensesMenuActivity
import de.hshl.isd.licenses.ui.theme.LicensesTheme

class MainActivity : ComponentActivity() {
    override fun onCreate(savedInstanceState: Bundle?) {
        super.onCreate(savedInstanceState)
        setContent {
            LicensesTheme {
                Surface(color = MaterialTheme.colors.background) {
                    Button(onClick = {
                        startActivity(
                            Intent(this,
                                OssLicensesMenuActivity::class.java)
                        )
                    }) {
                        Text(text = "Show licenses")
                    }
                }
            }
        }
    }
}
```

Der Quellcode dieses Rezepts ist öffentlich zugänglich[20].

14.5. Grundlagen der Qualitätssicherung

Neben dem Wissen zur Entwicklung an sich ist es essentiell gute Werkzeuge zur Qualitätssicherung auf der Zielplattform zu beherrschen. Zentraler Bestandteil der Qualitätssicherung sollten automatisierte Tests sein.

14.5.1. Automatisierte Tests

In Android Studio ist bereits alles zum Testen vorbereitet (siehe z.B. Abbildung 14.1). Die Sourcen von Projekt und Tests sind getrennt und verschiedene Arten von Tests können genutzt werden. Die aktuelle Herangehensweise ist im Developer Portal beschrieben[21].

Abbildung 14.1.: Testausführung Android Studio

---

[20]https://github.com/RobinNunkesser/kotlin-recipes/tree/main/Licenses (Revision: f309872)
[21]https://developer.android.com/training/testing/start/index.html

Unit Tests

Unit Tests werden unterschieden in local und instrumented unit tests (siehe Abbildung 14.2).

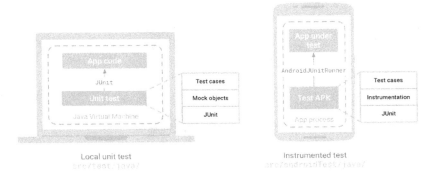

Abbildung 14.2.: Arten von Unit Tests

Der Grund dafür ist, dass Unit Tests auf dem mobilen Endgerät eine vergleichsweise langsame Ausführungszeit haben und damit einer der Hauptvorteile von Unit-Tests (schnelles Feedback bei verändertem oder neuem Code) verloren geht. Als Alternative bieten sich lokale Unit Tests an, die wiederum nur sehr eingeschränkt auf androidspezifische Funktionen zugreifen können. Hier ist es wichtig eine gute Architektur zu nutzen.

Ein Ausschnitt an Tests beispielsweise aus dem klassischen „Money"-Beispiel von Beck (2002) könnte bei Kotlin so aussehen:

```
package de.hshl.isd.money

import org.junit.Assert.assertEquals
import org.junit.Assert.assertNotEquals
import org.junit.Test

class MoneyUnitTest {
    @Test
    fun testDollarMultiplication() {
        val five = Money.dollar(5)
        assertEquals(Money.dollar(10), five * 2)
        assertEquals(Money.dollar(15), five * 3)
    }
}
```

```kotlin
@Test
fun testEquality() {
    assertEquals(Money.dollar(5), Money.dollar(5))
    assertNotEquals(Money.dollar(5), Money.dollar(6))
    assertNotEquals(Money.franc(5), Money.dollar(5))
}

@Test
fun testCurrency() {
    assertEquals("USD", Money.dollar(1).currency)
    assertEquals("CHF", Money.franc(1).currency)
}

@Test
fun testReduceMoney() {
    val bank = Bank()
    val result = bank.reduce(Money.dollar(1), "USD")
    assertEquals(Money.dollar(1), result)
}

@Test
fun testSimpleAddition() {
    val five = Money.dollar(5)
    val sum = five + five
    val bank = Bank()
    val reduced = bank.reduce(sum!!, "USD")
    assertEquals(Money.dollar(10), reduced)
}

@Test
fun testReduceMoneyDifferentCurrency() {
    val bank = Bank()
    bank.addRate("CHF", "USD", 2)
    val result = bank.reduce(Money.franc(2), "USD")
    assertEquals(Money.dollar(1), result)
}

@Test
fun testIdentityRate() {
    assertEquals(1, Bank().rate("USD", "USD"))
}

}
```

Der Quellcode dieses Beispiels ist öffentlich zugänglich[22].

---

[22] https://github.com/RobinNunkesser/kotlin-recipes/tree/main/Money (Revision: 99e1e76)

UI Tests

UI Tests haben in der oberflächengetriebenen mobilen Entwicklung eine hohe Bedeutung. Das Konzept für Android ist im Developer Portal beschrieben[23]. Jetpack Compose bringt allerdings ein eigenes UI-Testing mit, auf das wir hier eingehen.

Für einen einfachen Test nutzen wir die aktuelle Compose Beispielapp:

```
package de.hshl.isd.uitestrecipe

import android.os.Bundle
import androidx.activity.ComponentActivity
import androidx.activity.compose.setContent
import androidx.compose.material.MaterialTheme
import androidx.compose.material.Surface
import androidx.compose.material.Text
import androidx.compose.runtime.Composable
import androidx.compose.ui.tooling.preview.Preview
import de.hshl.isd.uitestrecipe.ui.theme.UITestRecipeTheme

class MainActivity : ComponentActivity() {
    override fun onCreate(savedInstanceState: Bundle?) {
        super.onCreate(savedInstanceState)
        setContent {
            UITestRecipeTheme {
                Surface(color = MaterialTheme.colors.background) {
                    Greeting("Android")
                }
            }
        }
    }
}

@Composable
fun Greeting(name: String) {
    Text(text = "Hello $name!")
}

@Preview(showBackground = true)
@Composable
fun DefaultPreview() {
    UITestRecipeTheme {
        Greeting("Android")
    }
}
```

---

[23]https://developer.android.com/training/testing/ui-testing/espresso-testing.html

Die Activity muss aktuell für Tests erneut in das Manifest eingetragen werden:

```xml
<?xml version="1.0" encoding="utf-8"?>
<manifest xmlns:android="http://schemas.android.com/apk/res/android"
    package="de.hshl.isd.uitestrecipe">

    <application
        android:allowBackup="true"
        android:icon="@mipmap/ic_launcher"
        android:label="@string/app_name"
        android:roundIcon="@mipmap/ic_launcher_round"
        android:supportsRtl="true"
        android:theme="@style/Theme.UITestRecipe">
        <activity
            android:name=".MainActivity"
            android:exported="true"
            android:label="@string/app_name"
            android:theme="@style/Theme.UITestRecipe.NoActionBar">
            <intent-filter>
                <action android:name="android.intent.action.MAIN" />

                <category android:name="android.intent.category.LAUNCHER" />
            </intent-filter>
        </activity>

        <!-- Needed for UI tests -->
        <activity
            android:name="androidx.activity.ComponentActivity"
            android:theme="@style/Theme.UITestRecipe.NoActionBar" />
    </application>

</manifest>
```

Ein einfacher Test könnte dann so aussehen:

```kotlin
package de.hshl.isd.uitestrecipe

import androidx.compose.material.MaterialTheme
import androidx.compose.material.Surface
import androidx.compose.runtime.Composable
import androidx.compose.ui.test.assertIsDisplayed
import androidx.compose.ui.test.junit4.ComposeContentTestRule
import androidx.compose.ui.test.junit4.ComposeTestRule
import androidx.compose.ui.test.junit4.createComposeRule
import androidx.compose.ui.test.onNodeWithText
import androidx.test.filters.MediumTest
import de.hshl.isd.uitestrecipe.ui.theme.UITestRecipeTheme
```

```
import org.junit.Before
import org.junit.Rule
import org.junit.Test
import org.junit.runner.RunWith
import org.junit.runners.JUnit4

fun ComposeContentTestRule.setMaterialContent(children: @Composable() () -> Unit) {
    setContent {
        UITestRecipeTheme {
            Surface {
                children()
            }
        }
    }
}


@MediumTest
@RunWith(JUnit4::class)
class UITests {

    @get:Rule
    val composeTestRule = createComposeRule()

    @Before
    fun setUp() {
        composeTestRule.setMaterialContent { Greeting(name = "Android") }
    }

    @Test
    fun greetingIsDisplayed() {
        composeTestRule.onNodeWithText("Hello Android!").assertIsDisplayed()
    }
}
```

Der Quellcode dieses Beispiels ist öffentlich zugänglich[24].

14.5.2. Einrichten mehrerer Build Varianten

Über gradle lassen sich verschiedene Varianten eines Builds definieren. Dies ist beispielsweise nützlich, wenn verschiedene Umgebungen wie Testumgebung, Staging und Produktivumgebung unterstützt werden sollen. Dies lässt

---

[24]https://github.com/RobinNunkesser/kotlin-recipes/tree/main/UITestRecipe   (Revision: eaab754)

sich über Types und Flavors erreichen. Eine gute Erklärung gibt es auf der offiziellen Developers Seite[25].

14.5.3. Logging

Neben dem Debugger ist Logging das Hauptmittel um Fehler zu finden und Abläufe nachzuvollziehen. Logging sollte immer über eigene Klassen erfolgen, Android bietet hierfür `android.util.Log`.

14.5.4. Debuggen

Der Debugger von Android Studio verfügt über die typischen Fähigkeiten eines Debuggers. Ein Beispiel ist in Abbildung 14.3 zu sehen.

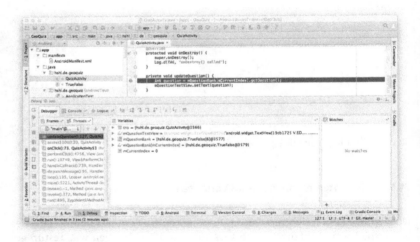

Abbildung 14.3.: Android Studio Debugger

---

[25]https://developer.android.com/studio/build/build-variants

14.5.5. Statische Analyse

Code ist grundsätzlich lauffähig, wenn er keine Compiler-Fehler aufweist. Das Mindeste was man aber zusätzlich noch tun sollte ist, auch keine Compiler-Warnungen mehr zu haben und Kommentare zu allen öffentlichen Properties und Methoden zu schreiben.

Android erlaubt einem im Rahmen von statischer Analyse sehr streng guten Stil zu überprüfen. Dies hat mehrere Vorteile:

- Geringere Fehleranfälligkeit
- Höhere Verständlichkeit
- Lerneffekt

Es gibt keine „echten" Nachteile, es lohnt sich aber bei Stilfragen durchaus kritisch zu reflektieren (vor allem bei niedrigem Warnungslevel). Android Studio bietet Analyze → Inspect Code.... In professioneller Softwareentwicklung ist dies oft ein automatisierter Schritt. Dieser ist auch in Android Studio vor jedem Commit sinnvoll und automatisiert einstellbar.

14.5.6. Continuous Integration

Continuous Integration ist über viele Drittanbietertools möglich. Wir betrachten hier GitHub Actions. Eine GitHub Action könnte beispielsweise so aussehen:

```
name: CI
on: [push]
jobs:
  test:
    runs-on: ubuntu-latest
    steps:
      - uses: actions/checkout@v2
      - run: ./gradlew test
```

14.6. Asynchrone Aufrufe

Alle Operationen, die sichtbar Zeit benötigen, sollten asynchron ausgeführt werden.

Android sieht dafür traditionell AsyncTasks[26] vor. Mit Kotlin kann jedoch mit den Coroutines[27] ein eleganteres Konzept genutzt werden. Hier sind Schlüsselwörter wie launch, suspend, async und await nutzbar und asynchrone Aufrufe lassen sich sehr einfach umsetzen. Speziell für Compose gibt es auch noch eine ergänzende API[28]. Als Beispiel betrachten wir folgende Activity:

```kotlin
package de.hshl.isd.asynccompose

import android.os.Bundle
import android.util.Log
import androidx.activity.ComponentActivity
import androidx.activity.compose.setContent
import androidx.compose.foundation.layout.Column
import androidx.compose.material.Button
import androidx.compose.material.MaterialTheme
import androidx.compose.material.Surface
import androidx.compose.material.Text
import androidx.compose.runtime.*
import androidx.compose.ui.tooling.preview.Preview
import de.hshl.isd.asynccompose.ui.theme.AsyncComposeTheme
import kotlinx.coroutines.Dispatchers
import kotlinx.coroutines.MainScope
import kotlinx.coroutines.delay
import kotlinx.coroutines.launch

class MainActivity : ComponentActivity() {
    override fun onCreate(savedInstanceState: Bundle?) {
        super.onCreate(savedInstanceState)
        setContent {
            AsyncComposeTheme {
                Surface(color = MaterialTheme.colors.background) {
                    MainContent()
                }
            }
        }
    }
}

@Composable
fun MainContent() {
    val tag = "MainContent"
    var resultText by remember { mutableStateOf("") }
    val asyncExample = AsyncExample()
    val scope = rememberCoroutineScope()
```

---

[26] https://developer.android.com/reference/android/os/AsyncTask.html
[27] https://github.com/Kotlin/kotlinx.coroutines
[28] https://developer.android.com/jetpack/compose/side-effects

```
Column {
    Button(onClick = {
        // launch a new coroutine in background and continue
        scope.launch {
            delay(1000L) // non-blocking delay for 1 second
            Log.d(tag,"World!") // log after delay
        }
        Log.d(tag,"Hello,") // thread continues while coroutine is delayed
    }) {
        Text("Background example")
    }
    Button(onClick = {
        scope.launch {
            kotlin.runCatching { asyncExample.asyncCalculation() }
                .onSuccess { resultText = it.toString() }
                .onFailure { Log.e(tag, it.localizedMessage, it) }
        }
    }) {
        Text("UI example")
    }
    Button(onClick = {
        scope.launch {
            kotlin.runCatching { asyncExample.readFromNetwork() }
                .onSuccess { resultText = it.toString() }
                .onFailure { Log.e(tag, it.localizedMessage, it) }
        }
    }) {
        Text("UI with Network example")
    }
    Text(resultText)
    }

}

@Preview(showBackground = true)
@Composable
fun DefaultPreview() {
    AsyncComposeTheme {
        MainContent()
    }
}
```

Diese beinhaltet einen Button, mit dem ein einfaches Beispiel für eine reine Hintergrundaufgabe in der Klasse AsyncExample aufgerufen wird und zwei Buttons für Beispiele, die Auswirkungen auf das UI hat.

In der Klasse AsyncExample ist das dann so umgesetzt:

```
package de.hshl.isd.asynccompose

import kotlinx.coroutines.*
import java.net.URL

class AsyncExample {

    private val tag = "AsyncExample"

    suspend fun readFromNetwork() : String {
        // Networking must happen on Dispatchers IO
        return withContext(Dispatchers.IO) {
            URL("https://jsonplaceholder.typicode.com/users")
                .openStream().bufferedReader().use { it.readText() }
        }
    }

    suspend fun asyncCalculation() : Int {
        return doSomethingUsefulOne() + doSomethingUsefulTwo()
    }

    suspend fun doSomethingUsefulOne(): Int {
        delay(500L) // pretend we are doing something useful here
        return 13
    }

    suspend fun doSomethingUsefulTwo(): Int {
        delay(1000L) // pretend we are doing something useful here, too
        return 29
    }

}
```

Das Netzwerkbeispiel beinhaltet Netzwerkkommunikation, die nicht auf dem Main-Kontext laufen darf. Hier kann über withContext der Kontext gewechselt werden.

Wie gehen wir mit bestehendem Code um, der ein anderes Asynchronitätskonzept nutzt? Unter https://kotlin.github.io/kotlinx.coroutines/ sind ergänzende Bibliotheken gelistet, die dafür hilfreich sind.

Wie funktionieren Unit Tests für asynchrone Funktionen? Bei Nutzung von Coroutines reicht es oft schon aus, die asynchrone Operation über die Anweisung runBlocking blockierend laufen zu lassen. Möchte man allerdings auch überprüfen, ob erwartete UI-Änderungen wirklich angestoßen werden, muss der Dispatcher ersetzt werden, wofür wir die offiziell bereitgestellte Bibliothek org.jetbrains.kotlinx:kotlinx-coroutines-test benötigen:

```kotlin
package de.hshl.isd.asynccompose

import kotlinx.coroutines.*
import kotlinx.coroutines.test.resetMain
import kotlinx.coroutines.test.setMain
import org.junit.After
import org.junit.Test

import org.junit.Assert.*
import org.junit.Before
import java.util.concurrent.CompletableFuture

class AsyncUnitTest {
    private var testClass: AsyncExample? = null

    @ObsoleteCoroutinesApi
    private val mainThreadSurrogate = newSingleThreadContext("UI thread")

    @ObsoleteCoroutinesApi
    @ExperimentalCoroutinesApi
    @Before
    fun setUp() {
        Dispatchers.setMain(mainThreadSurrogate)
        testClass = AsyncExample()
    }

    @ObsoleteCoroutinesApi
    @ExperimentalCoroutinesApi
    @After
    fun tearDown() {
        Dispatchers.resetMain()
        mainThreadSurrogate.close()
    }

    @Test
    fun testUsefulFunctions() {
        assertEquals(13, runBlocking { testClass!!.doSomethingUsefulOne() })
        assertEquals(29, runBlocking { testClass!!.doSomethingUsefulTwo() })
        assertEquals(42, runBlocking { testClass!!.asyncCalculation() })
    }

    @Test
    fun testNetworkingFunction() {
        val result = runBlocking { testClass!!.readFromNetwork() }
        assertEquals("[", result.subSequence(0,1))
        assertEquals(runBlocking { testClass!!.doSomethingUsefulTwo() }, 29)
    }

}
```

Der Quellcode dieses Rezepts ist öffentlich zugänglich[29].

---

[29]https://github.com/RobinNunkesser/kotlin-recipes/tree/main/AsyncCompose   (Revision: 59cc57d)

15. C# und .NET MAUI

15.1. Grundlagen

.NET Multi-platform App UI (.NET MAUI) ist die Evolution von Xamarin Forms, welches ein UI-Framework von Xamarin ist. Xamarin wiederum entstand ursprünglich aus der Idee .NET für andere Plattformen als Windows verfügbar zu machen. Das dementsprechende Produkt Mono wurde 2004 in Version 1.0 veröffentlicht. Mit dem Boom der beiden modernen Smartphone-Systeme iOS und Android wurde diese Idee auf mobile OS erweitert. Zu diesem Zweck wurde 2011 die Firma Xamarin gegründet. 2016 wurde Xamarin letztlich durch Microsoft gekauft.

Parallel erweiterte Microsoft das eigene Portfolio um .NET Core, so dass für einige Zielplattformen 2–3 Entwicklungsmöglichkeiten vorhanden waren:

.NET Framework: Ursprüngliche Plattform für .NET Applikationen auf Windows. Exklusiver Bestandteil von Windows.

.NET Core: Neueres Open-Source Framework, das für Windows, macOS und Linux entwickelt wird.

Mono / Xamarin: Open-Source Laufzeitumgebung für iOS, macOS, Android und Windows.

Eine erste Vereinheitlichung geschah über .NET Standard. .NET Standard spezifiziert APIs, die für verschiedene .NET-Implementierungen verfügbar sind. So wird der .NET Standard 2.0 beispielsweise ab .NET Framework 4.61, .NET Core 2.0, Mono 5.4, Xamarin.iOS 10.14 und Xamarin.Android 8.0 unterstützt. Es ist möglich .NET Standard als Target eines Projekts zu definieren und damit von den darunterliegenden .NET-Implementierungen zu abstrahieren.

Seit dem 10.11.2020 ersetzt .NET Core unter dem Namen .NET 5 das .NET Framework. Seit dem 08.11.2021 gibt es .NET 6, wobei über den sogenannten Target Framework Moniker (TFM) zusätzlich betriebssystemspezifische APIs von Android, iOS, macOS, tvOS und Windows angesprochen werden können. Damit kann auch Mono / Xamarin ersetzt werden.

Microsoft setzt vor allem auf die Programmiersprache C# und die IDE Visual Studio. Alternativ ist als IDE vor allem JetBrains Rider beliebt.

C# wurde von Andres Hejlsberg im Auftrag von Microsoft entwickelt und erschien 2001. Sie ist zusammenfassend charakterisiert eine typsichere, objektorientierte Allzweck-Programmiersprache. Neben Objektorientierung ist auch komponentenorientierte Programmierung im Fokus von C#. Außerdem werden funktionale Konzepte unterstützt.

C# ist eine *managed language*, .NET bietet eine Laufzeitumgebung für C#. Die Ausführung in einer Laufzeitumgebung vereinfacht Speicherverwaltung (garbage collection), Ausnahmebehandlung, Standardtypen und Sicherheit.

Eine gute Einführung in C# bietet Microsoft auf seinen Seiten an[1]. Die API-Referenz findet sich in der Online Dokumentation[2].

Visual Studio bietet gute integrierte Hilfefunktionen. Unter dem Menüpunkt „Hilfe" finden Sie „Visual Studio Documentation". Zum Einstieg reicht es, sich damit vertraut zu machen.

15.2. Hello World

.NET MAUI ist anders als geplant nicht gleichzeitig mit .NET 6 fertig geworden. Zum Zeitpunkt der Fertigstellung dieser Buchauflage (24. Februar 2022), ist auch die IDE-Integration noch nicht final, die Installationshinweise in der Onlinedokumentation müssten über den aktuellen Stand Auskunft geben[3].

Sicherheitshalber geben wir hier aber auch CLI-Befehle an, die bereits auf allen Zielplattformen zuverlässig funktionieren. Die Installation erfolgt mit

```
dotnet workload install maui
```

Das sehr hilfreiche Tool maui-check hilft dabei ggfs. fehlende Komponenten nachzuinstallieren:

```
dotnet tool install -g redth.net.MAUI.check
maui-check
```

Ein erstes Projekt lässt sich mit

```
dotnet new MAUI -n HelloWorld
cd HelloWorld
dotnet restore
```

anlegen.

Bei der Entwicklung auf einem Mac können Apps für macOS, Android und iOS gleichzeitig erstellt werden, auf einem Windows PC ist die gleichzeitige Entwicklung für Windows und Android möglich. Eine Entwicklung für alle

---

[1] https://docs.microsoft.com/en-us/dotnet/csharp/tour-of-csharp
[2] https://docs.microsoft.com/de-de/dotnet/api/
[3] https://docs.microsoft.com/en-us/dotnet/maui/get-started/installation

Plattformen ist über einen verbunden Computer mit dem jeweils anderen OS ebenfalls möglich.

Ein Projekt nach „.NET MAUI App"-Template hat aktuell folgenden Aufbau:

```
.
├── App.xaml
├── App.xaml.cs
├── HelloWorld.csproj
├── HelloWorld.sln
├── MainPage.xaml
├── MainPage.xaml.cs
├── MauiProgram.cs
├── Platforms
│   ├── Android
│   │   ├── AndroidManifest.xml
│   │   ├── MainActivity.cs
│   │   ├── MainApplication.cs
│   │   └── Resources
│   │       └── values
│   │           └── colors.xml
│   ├── MacCatalyst
│   │   ├── AppDelegate.cs
│   │   ├── Info.plist
│   │   └── Program.cs
│   ├── Windows
│   │   ├── App.xaml
│   │   ├── App.xaml.cs
│   │   ├── Package.appxmanifest
│   │   └── app.manifest
│   └── iOS
│       ├── AppDelegate.cs
│       ├── Info.plist
│       ├── Program.cs
│       └── Resources
│           └── LaunchScreen.xib
├── Properties
│   └── launchSettings.json
├── Resources
│   ├── Fonts
│   ├── Images
│   ├── appicon.svg
│   └── appiconfg.svg
└── obj
```

Projektdateien und Metadaten

Die Daten mit der Endung sln (Solution) und csproj (C#-Projekt) beinhalten Projektdateien. Die Metadaten der Android-App sind in der XML-Datei AndroidManifest.xml zu finden, die beiden Dateien Info.plist beinhalten verschiedene Konfigurationsmöglichkeiten der iOS- und macOS-App. Die Dateien Package.appxmanifest und app.manifest schließlich beinhalten Metadaten der Windows-App.

Ressourcen

Assets werden bei .NET MAUI plattformübergreifend im Ordner Resources und den Unterordnern Fonts und Images abgelegt. Im besten Fall werden hier weit verbreitete und skalierbare Formate wie ttf und svg genutzt. Zusätzlich befindet sich bei Android noch die Datei colors.xml, in der Farben festgelegt werden können.

Dateien zur Internationalisierung und Lokalisierung

Im Standardtemplate sind noch keine Dateien zur Internationalisierung und Lokalisierung enthalten.

C# Dateien

Es befinden sich einige C# Dateien im Projekt, der Code in den Unterordnern von Platforms hat Anfangs allerdings nur die Aufgabe den plattformübergreifenden Aufruf MauiProgram.CreateMauiApp() plattformspezifisch auszuführen. Dieser wiederum initialisiert die Klasse App. Die relevantesten Klassen am Anfang sind MauiProgram, sowie App und MainPage (jeweils zusammengesetzt aus einem XAML-Teil und einem C# Codebehind, die gemeinsam die Klasse definieren).

Die wichtigsten Einstiegspunkte im Lebenszyklus der Applikation sind im Codebehind der Klasse App umgesetzt.

```csharp
using Microsoft.Maui;
using Microsoft.Maui.Controls;
using Microsoft.Maui.Controls.PlatformConfiguration.WindowsSpecific;
using Application = Microsoft.Maui.Controls.Application;

namespace HelloWorld
{
    public partial class App : Application
    {
        public App()
        {
            InitializeComponent();

            MainPage = new MainPage();
        }

        protected override void OnStart() { }
        protected override void OnSleep() { }
        protected override void OnResume() { }

    }
}
```

Jede einzelne Seite der Applikation hat ebenfalls Codebehinds mit Einstiegs-
punkten gemäß des Lebenszyklus einer Seite (siehe Abbildung 15.1).

```csharp
using System;
using Microsoft.Maui.Controls;
using Microsoft.Maui.Essentials;

namespace HelloWorld
{
    public partial class MainPage : ContentPage
    {

        public MainPage()
        {
            InitializeComponent();
        }

        protected override void OnAppearing() { }
        protected override void OnDisappearing() { }

    }
}
```

Im Konstruktor wird typischerweise die im XAML definierte Ansicht erzeugt.

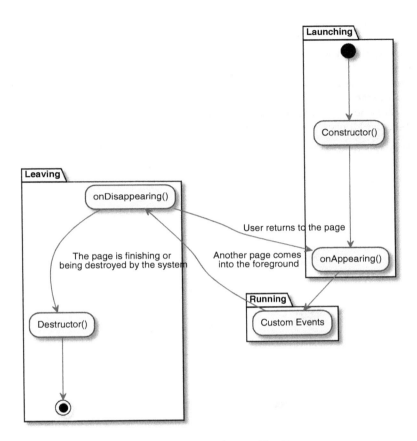

Abbildung 15.1.: Lebenszyklus Page

15.3. Grundlagen der Appentwicklung

Eine Dokumentation zu den UI-Elementen von .NET MAUI gibt es online[4].

---

[4]https://docs.microsoft.com/en-us/dotnet/maui/user-interface/controls/

15.3.1. Grundlagen Oberflächengestaltung

Grundsätzlich wird versucht bei .NET MAUI alle UI-Elemente anzubieten, die es auf allen Zielplattformen gibt. Wichtige UI-Elemente, die es endemisch nur auf einem Teil der Zielplattformen gibt, werden auch für die anderen Plattformen zur Verfügung gestellt. Einen kleinen Anteil der endemischen spezifischen UI-Elemente gibt es nicht. Es ist jedoch auch jederzeit möglich Teile der UI plattformspezifisch zu programmieren.

Hauptelement für die Gestaltung von Oberflächen sind XAML-Dateien. Diese sind letztlich spezielle XML-Dateien. Darin beschrieben sind Kontrollelemente und deren Lage für einen Screen. Hier ein Beispiellayout mit Ergebnis:

```
<ContentPage xmlns="http://schemas.microsoft.com/dotnet/2021/maui"
             xmlns:x="http://schemas.microsoft.com/winfx/2009/xaml"
             xmlns:helloworld="clr-namespace:HelloWorld"
             x:DataType="helloworld:MainPage"
             x:Class="HelloWorld.MainPage"
             BackgroundColor="{DynamicResource SecondaryColor}">

    <Label
        Text="Welcome to .NET Multi-platform App UI"
        VerticalOptions="Center"
        HorizontalOptions="Center" />

</ContentPage>
```

Es stehen verschiedene Layoutmanager und „Pages" zur Verfügung (siehe Abbildungen 15.2 und 15.3).

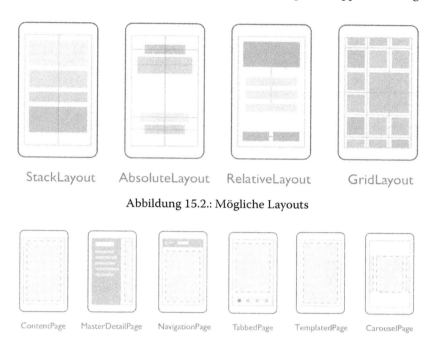

StackLayout   AbsoluteLayout   RelativeLayout   GridLayout

Abbildung 15.2.: Mögliche Layouts

ContentPage   MasterDetailPage   NavigationPage   TabbedPage   TemplatedPage   CarouselPage

Abbildung 15.3.: Mögliche Pages

15.3.2. Grundlegende Standardelemente

Ein einfaches Appbeispiel mit ersten Standardelementen könnte so aussehen:

```xml
<ContentPage xmlns="http://schemas.microsoft.com/dotnet/2021/maui"
             xmlns:x="http://schemas.microsoft.com/winfx/2009/xaml"
             xmlns:basicinteraction="clr-namespace:BasicInteraction"
             x:DataType="basicinteraction:MainPage"
             x:Class="BasicInteraction.MainPage"
             BackgroundColor="{DynamicResource SecondaryColor}">

    <StackLayout HorizontalOptions="CenterAndExpand"
             VerticalOptions="CenterAndExpand">
        <Entry x:Name="TermEntry" Placeholder="Enter text" />
        <Button Text="Process" Clicked="Button_Clicked" />
        <Label x:Name="TermLabel" Text="" />
```

```
        </StackLayout>
    </ContentPage>


using System;
using Microsoft.Maui.Controls;
using Microsoft.Maui.Essentials;

namespace BasicInteraction
{
    public partial class MainPage : ContentPage
    {

        public MainPage()
        {
            InitializeComponent();
        }

        void Button_Clicked(System.Object sender, System.EventArgs e)
        {
            TermLabel.Text = TermEntry.Text.ToUpper();
        }
    }
}
```

Der Quellcode dieses Beispiels ist öffentlich zugänglich[5].

15.3.3. Standardarchitektur für Models und Views

Das Verbinden von View und ViewModel im Sinne von MVVM kann entweder in XAML oder im CodeBehind passieren. Oft ist das CodeBehind praktischer, weil man dort noch programmatisch eingreifen kann:

```
using System;
using Microsoft.Maui.Controls;
using Microsoft.Maui.Essentials;

namespace MVVMRecipe
{
    public partial class MainPage : ContentPage
    {

        public MainPage()
```

---

[5]https://github.com/RobinNunkesser/csharp-recipes/tree/master/BasicInteraction (Revision: fdd00c4)

```
    {
        InitializeComponent();
        BindingContext = new MainViewModel();
    }


    }
}
```

Für unser Beispiel betrachten wir nun das UI:

```
<ContentPage xmlns="http://schemas.microsoft.com/dotnet/2021/maui"
             xmlns:x="http://schemas.microsoft.com/winfx/2009/xaml"
             xmlns:mvvmrecipe="clr-namespace:MVVMRecipe"
             x:DataType="mvvmrecipe:MainViewModel"
             x:Class="MVVMRecipe.MainPage"
             BackgroundColor="{DynamicResource SecondaryColor}">

    <StackLayout Padding="0,20,0,0">
        <Entry Placeholder="Forename:"
               Text="{Binding Forename, Mode=OneWayToSource}" />
        <Entry Placeholder="Surname:"
               Text="{Binding Surname, Mode=TwoWay}" />
        <StackLayout Padding="0,20,0,0" Orientation="Horizontal">
            <Label Text="Your forename is:" />
            <Label Text="{Binding Forename, Mode=OneWay}" />
        </StackLayout>
        <StackLayout Orientation="Horizontal">
            <Label Text="Your surname is:" />
            <Label Text="{Binding Surname, Mode=OneWay}" />
        </StackLayout>
        <Button Text="Reset" Command="{Binding ResetCommand}" />
    </StackLayout>
</ContentPage>
```

Die dort definierten Bindings finden sich im ViewModel wieder. Es gibt drei
verschiedene Modi: OneWay, OneWayToSource und TwoWay. Für Darstel-
lungselemente wird normalerweise OneWay genutzt: Änderungen am Model
werden an die View weitergegeben. Für Eingabeelemente wird normalerweise TwoWay genutzt: Änderungen werden in beide Richtungen synchronisiert.
Bei OneWayToSource werden Änderungen in der View an das Model weitergegeben, aber nicht andersherum.

Damit das Data Binding funktioniert muss das ViewModel das dafür vorge-
sehene Interface INotifyPropertyChanged implementieren. Eine praktische

Ausnahme davon ist die Klasse `ObservableCollection<T>`, die dies direkt unterstützt. Das ViewModel für das Beispiel:

```csharp
using System.ComponentModel;
using System.Runtime.CompilerServices;
using System.Windows.Input;
using Microsoft.Maui.Controls;

namespace MVVMRecipe
{
    public class MainViewModel : INotifyPropertyChanged
    {
        string forename, surname;
        public string Forename
        {
            get => forename;
            set
            {
                if (forename != value)
                {
                    forename = value;
                    OnPropertyChanged();
                }
            }
        }
        public string Surname
        {
            get => surname;
            set
            {
                if (surname != value)
                {
                    surname = value;
                    OnPropertyChanged();
                }
            }
        }

        public ICommand ResetCommand { get; private set; }

        public MainViewModel()
        {
            ResetCommand = new Command(Reset);
        }

        public void Reset()
        {
            Forename = "";
            Surname = "";
```

```
    }

    #region INotifyPropertyChanged implementation
    public event PropertyChangedEventHandler PropertyChanged;
    public void OnPropertyChanged([CallerMemberName] string name = "") =>
      PropertyChanged?.Invoke(this, new PropertyChangedEventArgs(name));
    #endregion
  }
}
```

Der Quellcode dieses Beispiels ist öffentlich zugänglich[6].

15.3.4. Standardnavigation

Für eine „Standardnavigation" wie sie vor allem in mobilen Apps genutzt wird
steht das Element Shell zur Verfügung. Die Umsetzung erfolgt direkt in der
XAML-Datei, wie in folgendem Beispiel zu sehen ist. Neben einer Navigation
mit Tabs ist auch die Benutzung eines Flyout-Menüs möglich. Dies erfolgt fast
analog mit dem Element FlyoutItem.

```
<?xml version="1.0" encoding="utf-8" ?>
<Shell xmlns="http://schemas.microsoft.com/dotnet/2021/maui"
       xmlns:x="http://schemas.microsoft.com/winfx/2009/xaml"
       xmlns:navigationrecipe="clr-namespace:NavigationRecipe"
       x:Class="NavigationRecipe.AppShell">
    <Shell.Resources>
    </Shell.Resources>

    <TabBar>
        <Tab Title="Tab 1" Icon="one_circle_thin_s">
            <ShellContent>
                <navigationrecipe:MyFirstTabPage/>
            </ShellContent>
        </Tab>
        <Tab Title="Tab 2" Icon="two_circle_thin_s">
            <ShellContent>
                <navigationrecipe:MySecondTabPage/>
            </ShellContent>
        </Tab>
    </TabBar>
</Shell>
```

---

[6]https://github.com/RobinNunkesser/csharp-recipes/tree/master/MVVMRecipe (Revision:
fdd00c4)

```
using System;
using System.Collections.Generic;
using Microsoft.Maui.Controls;

namespace NavigationRecipe
{
    public partial class SecondLevelPage : ContentPage
    {
        public SecondLevelPage(String text)
        {
            InitializeComponent();
            BindingContext = text;
        }
    }
}
```

Der Quellcode dieses Beispiels ist öffentlich zugänglich[7].

15.4. Nutzung von Bibliotheken

Beim Programmieren einer App ist schnell der Punkt erreicht, wo fertige Funktionalitäten benötigt werden, die nicht in den Standardbibliotheken enthalten ist.

15.4.1. Einbinden von externen Bibliotheken

C# nutzt nuget (https://www.nuget.org) als Paketmanager. nuget ist komplett in Visual Studio inklusive einer grafischen Benutzeroberfläche integriert. Abbildung 15.4 zeigt ein Beispiel der IDE-Integration.

15.4.2. Darstellen von Lizenzinformationen

Die Nutzung von externen Bibliotheken erfordert normalerweise die korrekte Integration der Lizenzinformationen. Eine übliche Möglichkeit diese Lizenzinformationen anzuzeigen ist es eine HTML-Datei mit diesen Informationen vorzubereiten und anzuzeigen. Diese Datei kann als MauiAsset eingebunden

---

[7]https://github.com/RobinNunkesser/csharp-recipes/tree/master/NavigationRecipe (Revision: 0e9f0a3)

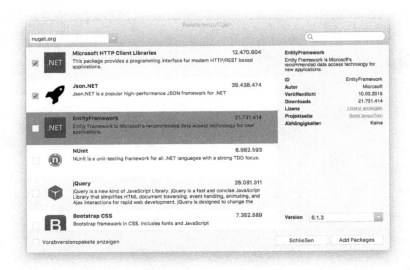

Abbildung 15.4.: Beispiel nuget

werden (der Datei muss hierfür die Build Action MauiAsset zugeordnet werden). Mit Stand vom 24. Februar 2022 gibt es allerdings noch Probleme auf manchen Plattformen[8].

Ein einfacher WebView könnte in XAML folgendermaßen aussehen:

```
<ContentPage xmlns="http://schemas.microsoft.com/dotnet/2021/maui"
             xmlns:x="http://schemas.microsoft.com/winfx/2009/xaml"
             x:Class="LicenseRecipe.MainPage"
             BackgroundColor="{DynamicResource SecondaryColor}">
    <WebView x:Name="Browser"/>
</ContentPage>
```

Beispiel mit einem MauiAsset licenses.html:

```
using System;
using System.IO;
using System.Reflection;
```

---

[8]https://github.com/dotnet/maui/issues/3270

```
using Microsoft.Maui.Controls;
using Microsoft.Maui.Essentials;

namespace LicenseRecipe
{
    public partial class MainPage : ContentPage
    {
        private string Filename = "Resources/Raw/licenses.html";

        public MainPage()
        {
            InitializeComponent();
#if WINDOWS
            Filename = "Assets/" + Filename;
#endif
        }

        protected async override void OnAppearing()
        {
            base.OnAppearing();
            var stream = await FileSystem.OpenAppPackageFileAsync(Filename);
            string html = "";
            using (var reader = new System.IO.StreamReader(stream))
            {
                html = reader.ReadToEnd();
            }

            var htmlSource = new HtmlWebViewSource();
            htmlSource.Html = html;
            Browser.Source = htmlSource;
        }
    }
}
```

Der Quellcode dieses Rezepts ist öffentlich zugänglich[9].

15.5. Grundlagen der Qualitätssicherung

Neben dem Wissen zur Entwicklung an sich ist es essentiell gute Werkzeuge zur Qualitätssicherung auf der Zielplattform zu beherrschen. Zentraler Bestandteil der Qualitätssicherung sollten automatisierte Tests sein.

---

[9]https://github.com/RobinNunkesser/csharp-recipes/tree/master/LicenseRecipe (Revision: 0dacf5b)

253

15.5.1. Automatisierte Tests

Visual Studio hat verschiedene Testunterstützungen integriert.

Unit Tests

Lokale Unit Tests kann man mit nUnit[10] oder xUnit[11] laufen lassen. Die sauberste Art lokale Unit Tests zu nutzen ist es, die zu testenden Klassen in eigenen .NET Standard Bibliotheken zu haben, die von den Tests und vom .NET MAUI-Projekt genutzt werden können. Dafür können in Visual Studio Verweise auf Projekte in der Projektmappe angelegt werden.

Ein Ausschnitt an nUnit-Tests beispielsweise aus dem klassischen „Money"-Beispiel von Beck (2002) könnte bei C# so aussehen:

```
using MoneyExample.Core;
using NUnit.Framework;

namespace MoneyExample.Tests
{
    public class Tests
    {
        [SetUp]
        public void Setup()
        {
        }

        [Test]
        public void TestCurrency()
        {
            Assert.AreEqual(Money.Dollar(1).Currency, "USD");
            Assert.AreEqual(Money.Franc(1).Currency, "CHF");
        }

        [Test]
        public void TestDollarMultiplication()
        {
            var five = Money.Dollar(5);
            Assert.AreEqual(five * 2, Money.Dollar(10));
        }

        [Test]
```

---

[10]http://nunit.com
[11]https://xunit.github.io

254

```csharp
public void TestEquality()
{
    Assert.AreEqual(Money.Dollar(5), Money.Dollar(5));
    Assert.AreNotEqual(Money.Dollar(5), Money.Dollar(6));
    Assert.AreNotEqual(Money.Dollar(5), Money.Franc(5));
}

[Test]
public void TestReduceMoney()
{
    var bank = new Bank();
    var result = bank.Reduce(Money.Dollar(1), "USD");
    Assert.AreEqual(result, Money.Dollar(1));
}

[Test]
public void TestSimpleAddidtion()
{
    var five = Money.Dollar(5);
    var ten = five + five;
    var bank = new Bank();
    var result = bank.Reduce(ten, "USD");
    Assert.AreEqual(result, Money.Dollar(10));
}

[Test]
public void TestReduceMoneyDifferentCurrency()
{
    var bank = new Bank();
    bank.AddRate("CHF", "USD", 2);
    var result = bank.Reduce(Money.Franc(2), "USD");
    Assert.AreEqual(result, Money.Dollar(1));
}

[Test]
public void TestIdentityRate()
{
    Assert.AreEqual(new Bank().Rate("USD", "USD"), 1);
}
}
}
```

Der Quellcode dieses Beispiels ist öffentlich zugänglich[12].

---

[12] https://github.com/RobinNunkesser/csharp-recipes/tree/master/MoneyExample (Revision: 8d0c2e8)

UI Tests

UI Tests haben in der oberflächengetriebenen mobilen Entwicklung eine hohe Bedeutung. .NET MAUI Apps lassen sich grundsätzlich mit den endemischen Frameworks von iOS und Android testen. Gleichzeitig sind aber zukünftig auch angepasste Tools zu erwarten. Zum Einen ist zu erwarten, dass Xamarin.UITest angepasst wird, zum Anderen wird es auch beim Xappium Projekt Unterstützung für .NET MAUI geben.

15.5.2. Einrichten mehrerer Build Configurations

C# verfügt nach aktuellem Stand nicht über eine ähnlich gut integrierte Lösung wie iOS oder Android um verschiedene Buildvarianten zu konfigurieren. Eine einfache und effektive - aber eben nicht so elegante - Möglichkeit ist die Nutzung des Präprozessors. In den Buildkonfigurationen kann man Variablen setzen und dann durch #if, #elif und #endif Codebereiche abhängig von der Buildkonfiguration ausschließen.

15.5.3. Logging

Neben dem Debugger ist Logging das Hauptmittel um Fehler zu finden und Abläufe nachzuvollziehen. Logging sollte immer über eigene Klassen erfolgen, C# bietet hierfür System.Diagnostics.Debug.

15.5.4. Debuggen

Der Debugger von Visual Studio verfügt über die typischen Fähigkeiten eines Debuggers. Ein Beispiel ist in Abbildung 15.5 zu sehen.

15.5.5. Statische Analyse

Code ist grundsätzlich lauffähig, wenn er keine Compiler-Fehler aufweist. Das Mindeste was man aber zusätzlich tun sollte ist, keine Compiler-Warnungen mehr zu haben und Kommentare zu allen öffentlichen Properties und Methoden zu schreiben. Visual Studio bietet darüber hinaus die Möglichkeit als statische Analysemöglichkeit eine „Projektanalyse" auszuführen.

Abbildung 15.5.: Visual Studio Debugger

15.5.6. Continuous Integration

Microsoft unterstützt Continuous Integration über Azure DevOps. Wir vertiefen das hier nicht, nähere Informationen finden sich bei den „Azure Pipelines".

Auch Tools von Drittanbietern können Builds und Tests durchführen. Wir betrachten hier GitHub Actions. Eine GitHub Action könnte beispielsweise so aussehen:

```
name: CI
on:
  push:
  schedule:
    - cron: '0 1 * * *'
jobs:
  test:
    runs-on: ubuntu-latest
    steps:
      - uses: actions/checkout@v2
      - name: Setup .NET SDK
        uses: actions/setup-dotnet@v1.7.2
```

```
with:
    dotnet-version: '5.0.x'
  - run: cd Italbytz.Infrastructure.OpenMensa/Italbytz.Infrastructure.OpenMensa.Te
```

15.6. Asynchrone Aufrufe

Alle Operationen, die sichtbar Zeit benötigen, sollten asynchron ausgeführt werden. Seit Einführung des Microsoft .NET Framework 4.5 ist Asynchronität tief in die Sprachsyntax von C# integriert.

Einen guten Überblick über Best Practices gibt es im MSDN[13]. Letztlich wird bei der üblichen ereignisgesteuerten Programmierung nach Möglichkeit die komplette Aufrufkette von Methoden bis zur asynchronen Operation mit dem Schlüsselwort `async` versehen. Das Schlüsselwort `await` dient dazu das Ergebnis des asynchronen Aufrufs „abzuwarten".

Als Beispiel betrachten wir folgende Page:

```
<ContentPage xmlns="http://schemas.microsoft.com/dotnet/2021/maui"
             xmlns:x="http://schemas.microsoft.com/winfx/2009/xaml"
             x:Class="AsyncRecipe.MainPage"
             BackgroundColor="{DynamicResource SecondaryColor}">
    <StackLayout>
        <Button Text="UI Example" Clicked="Button_Clicked"/>
        <Label x:Name="ResultLabel" Text=""/>
    </StackLayout>
</ContentPage>
```

```
using System;
using AsyncRecipe.Core;
using Microsoft.Maui.Controls;
using Microsoft.Maui.Essentials;

namespace AsyncRecipe
{
    public partial class MainPage : ContentPage
    {

        public MainPage()
        {
            InitializeComponent();
        }
```

---

[13]https://msdn.microsoft.com/en-us/magazine/jj991977.aspx

```
async void Button_Clicked(System.Object sender, System.EventArgs e)
{
    var resultTask = new AsyncExample().UIExample();
    ResultLabel.Text = $"{resultTask.IsCompleted}";
    var result = await resultTask;
    ResultLabel.Text = $"{result}";
    }
}
}
```

Diese beinhaltet einen Button, mit dem ein einfaches Beispiel einer asynchronen Operation mit Auswirkungen auf das UI aufgerufen wird. In der Klasse AsyncExample ist das dann so umgesetzt:

```
using System;
using System.Threading.Tasks;

namespace AsyncRecipe.Core
{
    public class AsyncExample
    {
        public async Task<int> UIExample()
        {
            await Task.Delay(1000);
            return 42;
        }
    }
}
```

Wie funktionieren Unit Tests für asynchrone Funktionen? Dies geht recht einfach, da wir auch hier auf async und await zurückgreifen können:

```
using System.Threading.Tasks;
using AsyncRecipe.Core;
using NUnit.Framework;

namespace AsyncRecipe.Tests;

public class Tests
{
    [SetUp]
    public void Setup()
    {
    }
```

```
[Test]
public async Task TestUIExample()
{
    var example = new AsyncExample();
    var result = await example.UIExample();
    Assert.AreEqual(42, result);
}
}
```

Der Quellcode dieses Rezepts ist öffentlich zugänglich[14].

---

[14]https://github.com/RobinNunkesser/csharp-recipes/tree/master/AsyncRecipe   (Revision: 25d77ec)

16. Dart und Flutter

16.1. Grundlagen

Flutter ist ein vergleichsweise neues und aufstrebendes Framework für plattformübergreifende Entwicklung. Flutter wurde 2015 von Google vorgestellt und schließlich 2018 in Version 1.0 veröffentlicht. Es vereint viele Vorteile plattformübergreifender Entwicklungsframeworks wie beispielsweise gute Performance und Zugriff auf endemische APIs. Zudem wird es wohl eine gewichtige Rolle in Googles Zukunftsprojekten wie beispielsweise Fuchsia[1] spielen.

---

[1] https://fuchsia.dev

Grundsätzlich funktioniert die Entwicklung in Flutter dabei plattformüber-greifend in Dart, einer modernen Programmiersprache von Google.

Flutter setzt auf die Programmiersprache Dart und die IDEs Visual Studio Code, IntelliJ und Android Studio (mit entsprechendem Flutter-Plugin).

Dart wurde von den Google-Mitarbeitern Lars Bak und Kasper Lund 2011 vorgestellt. Sie ist seit Version 2 (die größere Änderungen gegenüber Version 1 aufweist) eine typsichere Allzweck-Programmiersprache. Neben der Aus-führung in der für viele Plattformen verfügbaren Dart VM kann Dart sowohl in JavaScript als auch Ahead-of-time in endemischen Code kompiliert wer-den. Flutter kompiliert während der Entwicklung Just-in-time, um schnelle Feedbackzyklen zu ermöglichen (hot reload), die finale App wird allerdings Ahead-of-time kompiliert um maximale Performance und kleineren Foot-print zu erreichen. Während der Entwicklung ist dabei die Dart VM in die App integriert. Damit werden die Nachteile einiger anderer Crossplatform-Tools sehr elegant umgangen. Dart ist objektorientiert, orientiert sich aber auch stark an Skriptsprachen und funktionalen Konzepten.

Der Einstieg in Dart kann über ein geeignetes Codelab wie z.B. „Intro to Dart for Java Developers"[2] geschehen, das Codelab beginnt mit folgender Klasse, die einige Sprachbesonderheiten von Dart zeigt:

```
class Bicycle {
  int cadence;
  int _speed = 0;
  int get speed => _speed;
  int gear;

  Bicycle(this.cadence, this.gear);

  void applyBrake(int decrement) {
    _speed -= decrement;
  }

  void speedUp(int increment) {
    _speed += increment;
  }

  @override
  String toString() => 'Bicycle: $_speed mph';
}

void main() {
```

---

[2]https://codelabs.developers.google.com/codelabs/from-java-to-dart/

```
var bike = Bicycle(2, 1);
bike.speedUp(42);
print(bike);
}
```

Für einen ausführlicheren Einstieg in Dart empfiehlt sich die Language Tour[3]. Grundsätzlich eignen sich alle IDEs, wobei viele Entwickler Visual Studio Code bevorzugen. Da in diesem Lehrbuch aber schon Android Studio für Android genutzt wird, empfiehlt sich dies hier (mit Flutter Plugin). Eine Einführung befindet sich in Kapitel 14.1.

16.2. Funktionsweise von Flutter

Apps können auf gemeinsamer Codebasis für verschiedene Plattformen geschrieben werden, es lässt sich aber auch endemischer Code einbinden (vorgeschlagen werden Swift für iOS und Kotlin für Android, möglich wären aber ebenso auch Objective-C und Java).

Das UI wird deklarativ in Code umgesetzt[4]. Das sehr gut umgesetzte *hot reload* von Flutter ermöglicht es hierbei, dass Änderungen im Layout bei Flutter im Normalfall sofort in der App zu sehen sind.

16.3. Hello World

Für das Erstellen von Apps stellt Flutter Templates bereit. Für unsere Zwecke benötigen wir eine „Flutter Application". Dort sind einige wenige Einstellungen zu treffen.

Ein Projekt nach dem Standard-Template hat aktuell folgenden Aufbau:

```
.
├── README.md
├── hello_world.iml
├── lib
│   └── main.dart
├── pubspec.lock
├── pubspec.yaml
```

---

[3]https://www.dartlang.org/guides/language/language-tour
[4]Gut erklärt z.B. in https://hackernoon.com/why-flutter-uses-dart-dd635a054ebf

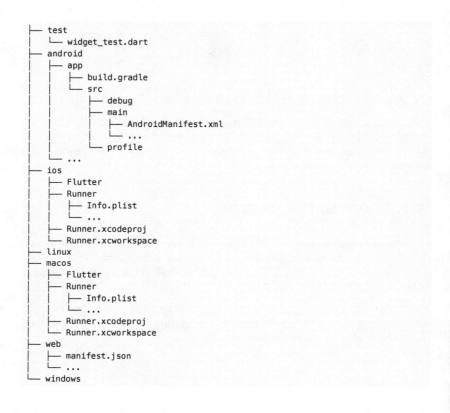

```
├── test
│   └── widget_test.dart
├── android
│   ├── app
│   │   ├── build.gradle
│   │   └── src
│   │       ├── debug
│   │       ├── main
│   │       │   ├── AndroidManifest.xml
│   │       │   └── ...
│   │       └── profile
│   └── ...
├── ios
│   ├── Flutter
│   ├── Runner
│   │   ├── Info.plist
│   │   └── ...
│   ├── Runner.xcodeproj
│   └── Runner.xcworkspace
├── linux
├── macos
│   ├── Flutter
│   ├── Runner
│   │   ├── Info.plist
│   │   └── ...
│   ├── Runner.xcodeproj
│   └── Runner.xcworkspace
├── web
│   ├── manifest.json
│   └── ...
└── windows
```

Das Projekt besitzt für jede Zielplattform einen spezifischen Unterordner.

Projektdateien und Metadaten

Die Dateien mit den Endungen iml, xcodeproj und xcworkspace beinhalten Projektdateien. Die Metadaten der Android-Applikation sind der XML-Dateien mit dem Namen AndroidManifest.xml zu finden, Info.plist beinhaltet Konfigurationsmöglichkeiten der iOS- und der macOS-Applikation, die Datei manifest.json wiederum Metadaten der Webapplikation.

Die pubspec-Dateien dienen dem Paketmanagement des Flutter-Projekts.

264

Ressourcen

Flutter bietet die Möglichkeit plattformübergreifende Assets zu nutzen[5]. In der Datei pubspec.yaml müssen die Ressourcen angegeben werden, die nachher mit der App ausgeliefert werden sollen. Die Klasse AssetImage bietet dann beispielsweise Zugriff auf Bild-Assets.

Dateien zur Internationalisierung und Lokalisierung

Im Standardtemplate sind noch keine Dateien zur Internationalisierung und Lokalisierung enthalten. Das Konzept von Flutter ist in der Dokumentation[6] erklärt.

Dart Dateien

Es befinden sich einige Dateien mit Code im Projekt, die zielplattformspezifischen Unterprojekte haben Anfangs allerdings nur die Aufgabe die Flutter-Engine zu starten. Die relevanteste Klasse am Anfang ist MyApp in main.dart.

Bei Flutter gibt es explizit eine main-Methode als Startpunkt. Über diese kann ein Widget als Startpunkt der App gestartet werden:

```
import 'package:flutter/material.dart';
import 'package:empty_app/empty_app.dart';

void main() => runApp(MyApp());
```

Bei Flutter sind Dateien im gleichen Verzeichnis zwar im gleichen Package, diese werden aber nicht automatisch importiert. Bei Flutter definiert man dafür typischerweise eine eigene Datei, die genauso wie das Package heißt (hier z.B. empty_app.dart) und exportiert dort alle Dateien, die über den Import dieser Datei sichtbar werden sollen. In diesem einfachen Beispiel also beispielsweise:

```
export 'package:empty_app/my_app.dart';
```

---

[5]https://flutter.io/docs/development/ui/assets-and-images
[6]https://flutter.io/docs/development/accessibility-and-localization/internationalization

Es wird zwischen *stateful* und *stateless* Widgets unterschieden. Beide haben die Methode build, die den Aufbau des Views übernimmt. Widgets mit Zustand haben die Methode setState mit der Zustandsänderungen durchgeführt und erneut build aufgerufen wird. Flutter sorgt dafür, dass nur Viewelemente neu aufgebaut werden, die sich auch wirklich geändert haben.

16.4. Grundlagen der Appentwicklung

Eine gute Quelle für die UI-Grundlagen von Apps ist https://flutter.io/docs/development/ui.

16.4.1. Grundlagen Oberflächengestaltung

Wie bereits erwähnt werden Oberflächen in Flutter als Widgets programmatisch gestaltet. Die Philosophie der Oberflächengestaltung von Flutter unterscheidet sich dabei von .NET MAUI. Flutter geht zunächst eher davon aus, dass eine grundsätzlich sehr ähnliche UI auf allen Plattformen gewünscht ist. Für die UI stehen Material (vergleichbar endemisch Android) und Cupertino (vergleichbar endemisch iOS) Widgets für die Plattformen zur Verfügung. Es ist mit Bordmitteln zunächst nicht möglich - wie bei .NET MAUI - aus einer Codebasis stark unterschiedliche UIs für die Plattformen zu erhalten. Dies lässt sich jedoch beispielsweise über Factories einfach bewerkstelligen[7]. Andererseits sind die Individualisierungsmöglichkeiten bei Flutter deutlich höher und wenn anfangs etwas mehr Zeit in die Individualisierung gesteckt wird, amortisiert sich der Aufwand bei der Realisierung mehrerer Projekte schnell. Zusammengefasst gibt es also folgende Umsetzungsmöglichkeiten:

- Ein auf Material basierendes Design für alle Plattformen
- Ein unterschiedliches Design auf den Plattformen für einzelne oder alle Widgets (z.B. mit Unterstützung durch Factories)
- Unterschiedliche Material-Themes für die Plattformen
- Ein komplett eigenes Design

Im Folgenden werden wir uns auf die übliche Möglichkeit Material-Design zu nutzen konzentrieren.

---

[7] https://github.com/swavkulinski/flutter-platform-specific-widgets und für eine entsprechende Bibliothek https://pub.dartlang.org/packages/flutter_platform_widgets

Bei Flutter wird meist lineares Layout geschickt um sogenannte Container ergänzt. Container umfassen andere Widgets und ergänzen diese z.B. um Ränder, Padding, Hintergrundfarbe. Insgesamt gibt es für das Layout vor allem die speziellen Widgets Column, Row, Container, GridView, ListView und Stack[8].

16.4.2. Grundlegende Standardelemente

Ein einfaches Appbeispiel mit ersten Standardelementen könnte so aussehen:

```
import 'package:flutter/material.dart';

class MyHomePage extends StatefulWidget {
  MyHomePage({Key? key}) : super(key: key);

  @override
  _MyHomePageState createState() => _MyHomePageState();
}

class _MyHomePageState extends State<MyHomePage> {
  var _textEditingController = TextEditingController();
  var output = "";

  @override
  Widget build(BuildContext context) {
    return Scaffold(
      appBar: AppBar(
        title: Text("Basic Interaction"),
      ),
      body: Center(
        child: Column(
          mainAxisAlignment: MainAxisAlignment.center,
          children: <Widget>[
            TextField(
              controller: _textEditingController,
              decoration: InputDecoration(
                hintText: "Enter text",
                hintStyle: TextStyle(color: Colors.grey[300]),
              ),
              textAlign: TextAlign.center,
            ),
            MaterialButton(child: Text("Process"), onPressed: _process),
```

---

[8]https://flutter.io/docs/development/ui/layout#common-layout-widgets und https://flutter.io/docs/development/ui/widgets/layout

```
          Text(output),
        ],
      ),
    ),
  );
}

void _process() {
  setState(() {
    output = _textEditingController.text.toUpperCase();
  });
}
}
```

Der Quellcode dieses Beispiels ist öffentlich zugänglich[9].

16.4.3. Standardarchitektur für Models und Views

Standardmäßig verfügt Flutter über ein Statekonzept, nach dem Stateänderungen über setState ein neues Rendering auslösen können. Dies ermöglicht ähnliche Konzepte wie bei den anderen Plattformen, allerdings neigt diese Lösung dazu bei komplexeren Apps unübersichtlich zu werden. Um dies zu lösen gibt es eine ganze Reihe von Technologien, die schnell unübersichtlich werden können[10]. Die offizielle Empfehlung ist aktuell provider[11].

Betrachten wir dazu folgendes Model für den State:

```
import 'package:flutter/foundation.dart';

class User with ChangeNotifier {

  String _forename = '';

  String get forename => _forename;

  set forename(String newValue) {
    _forename = newValue;
    notifyListeners();
  }
```

---

[9]https://github.com/RobinNunkesser/dart-recipes/tree/master/basic_interaction (Revision: 17248f9)

[10]https://docs.flutter.dev/development/data-and-backend/state-mgmt/options

[11]https://docs.flutter.dev/development/data-and-backend/state-mgmt/simple

```
String _surname = '';

String get surname => _surname;

set surname(String newValue) {
  _surname = newValue;
  notifyListeners();
}


String get greeting => 'Hello $forename!';

}
```

Über ChangeNotifier können wir notifyListeners() aufrufen, wannnimmer es eine Stateänderung gibt, die Auswirkungen auf das UI hat.

In einem Widget können wir ChangeNotifierProvider nutzen, um das State-Model für darunter liegende Widgets zur Verfügung zu stellen. Der Provider sollte über allen Widgets liegen, die das Model benötigen, aber auch nicht zu hoch in der Widgethierarchie. Unterhalb des Providers können wir dann wo nötig ein Consumer-Widget nutzen, das das konkrete Model mit Statemanagement bereitstellt. Als Beispiel nutzen wir folgendes Widget:

```
import 'package:flutter/material.dart';
import 'package:mvx/user.dart';
import 'package:provider/provider.dart';

class MyHomePage extends StatelessWidget {
  const MyHomePage({Key? key, required this.title}) : super(key: key);

  final String title;

  @override
  Widget build(BuildContext context) {
    return ChangeNotifierProvider(
      create: (context) => User(),
      child: Scaffold(
        appBar: AppBar(
          title: Text(title),
        ),
        body: Center(
          child: Consumer<User>(
            builder: (context, user, _) => Column(
              mainAxisAlignment: MainAxisAlignment.center,
              children: <Widget>[
                TextField(
```

```
      onChanged: (text) {
        user.forename = text;
      },
      decoration: InputDecoration(
        hintText: "forename",
        hintStyle: TextStyle(color: Colors.grey[300]),
      ),
      textAlign: TextAlign.center,
    ),
    TextField(
      onChanged: (text) {
        user.surname = text;
      },
      decoration: InputDecoration(
        hintText: "surname",
        hintStyle: TextStyle(color: Colors.grey[300]),
      ),
      textAlign: TextAlign.center,
    ),
    Text(user.forename),
    Text(user.surname),
    Text(user.greeting),
  ],
        ),
       ),
      ),
     ),
    );
  }
}
```

Der Quellcode ist öffentlich zugänglich[12].

16.4.4. Standardnavigation

Grundsätzlich ist eine „Standardnavigation" unter Flutter für die einzelnen Plattformen einfach umsetzbar. Für das Material-Design geschieht dies mit einem Standard Scaffold und entweder einer BottomNavigationBar oder alternativ einem Drawer. Bei Cupertino ist das CupertinoTabScaffold mit einer CupertinoTabBar relevant. Die bereits erwähnte externe Bibliothek „flutter_platform_widgets" ermöglicht auch plattformübergreifende Navigationskonzepte, die in plattformspezifischem Aussehen resultieren.

---

[12]https://github.com/RobinNunkesser/dart-recipes/tree/master/mvx (Revision: 17248f9)

Der Einfachheit halber betrachten wir hier einen Drawer. Dieser kann direkt über das Scaffold konfiguriert werden:

```dart
import 'package:drawer_navigation/drawer_navigation.dart';
import 'package:flutter/material.dart';

enum Screen { messages, profile, settings }

class MyHomePage extends StatefulWidget {
  MyHomePage({Key? key}) : super(key: key);
  @override
  _MyHomePageState createState() => _MyHomePageState();
}

class _MyHomePageState extends State<MyHomePage> {
  var _currentScreen = Screen.messages;

  @override
  Widget build(BuildContext context) {
    return Scaffold(
        appBar: AppBar(
          title: const Text('Drawer Demo'),
        ),
        drawer: Drawer(
          child: ListView(
            padding: EdgeInsets.zero,
            children: <Widget>[
              DrawerHeader(
                decoration: BoxDecoration(
                  color: Colors.blue,
                ),
                child: Text(
                  'Drawer Header',
                  style: TextStyle(
                    color: Colors.white,
                    fontSize: 24,
                  ),
                ),
              ),
              ListTile(
                leading: Icon(Icons.message),
                title: Text('Messages'),
                onTap: () {
                  setState(() {
                    _currentScreen = Screen.messages;
                  });
                  Navigator.pop(context);
                },
              ),
```

```
              ListTile(
                leading: Icon(Icons.account_circle),
                title: Text('Profile'),
                onTap: () {
                  setState(() {
                    _currentScreen = Screen.profile;
                  });
                  Navigator.pop(context);
                },
              ),
              ListTile(
                leading: Icon(Icons.settings),
                title: Text('Settings'),
                onTap: () {
                  setState(() {
                    _currentScreen = Screen.settings;
                  });
                  Navigator.pop(context);
                },
              ),
            ],
          ),
        ),
        body: body());
  }

  Widget body() {
    switch (_currentScreen) {
      case Screen.messages:
        return MessagesPage();
      case Screen.profile:
        return ProfilePage();
      case Screen.settings:
        return SettingsPage();
    }
  }
}
```

Die einzelnen Seiten können frei gestaltet werden. Hier exemplarisch eine der Seiten mit einer Navigation in die Tiefe:

```
import 'package:drawer_navigation/drawer_navigation.dart';
import 'package:flutter/material.dart';

class MessagesPage extends StatelessWidget {
  @override
  Widget build(BuildContext context) {
    return MaterialButton(
```

```
      child: Text('Push to subpage'),
      onPressed: () => Navigator.push(
        context,
        MaterialPageRoute(
          builder: (context) => SecondLevelPage(value: "Hello!"),
      )));
  }
}
```

Die Übergabe von Werten kann einfach über den Konstruktor erfolgen.

```
import 'package:flutter/material.dart';

class SecondLevelPage extends StatelessWidget {
  SecondLevelPage({Key? key, required this.value}) : super(key: key);

  final String value;
  @override
  Widget build(BuildContext context) {
    return Scaffold(
      appBar: AppBar(
        title: Text("Second level"),
      ),
      body: Text('$value'),
    );
  }
}
```

Der Quellcode dieses Beispiels ist öffentlich zugänglich[13].

16.5. Nutzung von Bibliotheken

Beim Programmieren einer App ist schnell der Punkt erreicht, wo fertige Funktionalitäten benötigt werden, die nicht in den Standardbibliotheken enthalten ist.

---

[13]https://github.com/RobinNunkesser/dart-recipes/tree/master/drawer_navigation (Revision: 17248f9)

16.5.1. Einbinden von externen Bibliotheken

Flutter nutzt einen eigenen Paketmanager[14]. Ein neues Paket muss als Abhängigkeit in pubspec.yaml integriert werden. Die genaue Installation ist jeweils auf der Seite des jeweiligen Pakets beschrieben.

16.5.2. Darstellen von Lizenzinformationen

Die Nutzung von externen Bibliotheken erfordert normalerweise die korrekte Integration der Lizenzinformationen. Für alle über den Paketmanager eingebundenen Bibliotheken übernimmt Flutter dies automatisch mit dem Befehl showLicensePage. Dieser nutzt ggfs. den plattformspezifischen WebView. Zu Sicherheit sollten wir diesen über die externe Bibliothek „webview_flutter" bereitstellen.

Die Anzeige von Lizenzinformationen ist dann beispielsweise so möglich:

```
import 'package:flutter/material.dart';

class MyHomePage extends StatelessWidget {
  MyHomePage({Key? key, required this.title}) : super(key: key);

  final String title;

  @override
  Widget build(BuildContext context) {
    return Scaffold(
        appBar: AppBar(
          title: Text(title),
        ),
        body: Center(
          child: IconButton(
            icon: Icon(Icons.info),
            onPressed: () => showAboutDialog(context: context, children: [
              Text('This is an About Dialog in Flutter'),
            ]),
          ),
        ));
  }
}
```

Der Quellcode dieses Rezepts ist öffentlich zugänglich[15].

---

[14]https://pub.dartlang.org
[15]https://github.com/RobinNunkesser/dart-recipes/tree/master/license (Revision: 17248f9)

16.6. Grundlagen der Qualitätssicherung

Neben dem Wissen zur Entwicklung an sich ist es essentiell gute Werkzeuge zur Qualitätssicherung auf der Zielplattform zu beherrschen. Zentraler Bestandteil der Qualitätssicherung sollten automatisierte Tests sein.

16.6.1. Automatisierte Tests

In Flutter ist sowohl eine Möglichkeit für Unit-Tests, als auch für Oberflächentests integriert.

Unit Tests

Unit Tests werden mit einer *headless* Flutter Engine ausgeführt, so dass diese lokal laufen können. Es muss lediglich das Package `test/test.dart` importiert werden. Unit-Tests funktionieren analog zu vielen anderen Programmiersprachen. Ein Ausschnitt an Unit-Tests beispielsweise aus dem klassischen „Money"-Beispiel von Beck (2002) könnte bei Dart so aussehen:

```dart
import 'package:money/bank.dart';
import 'package:money/money.dart';
import 'package:test/test.dart';

void main() {
  group('Money', () {
    test('currency', () {
      expect(Money.dollar(1).currency, "USD");
      expect(Money.franc(1).currency, "CHF");
    });

    test('dollar multiplication', () {
      final five = Money.dollar(5);
      expect(five * 2, Money.dollar(10));
    });

    test('equality', () {
      expect(Money.dollar(5), Money.dollar(5));
      expect(Money.dollar(5), isNot(Money.dollar(6)));
      expect(Money.dollar(5), isNot(Money.franc(5)));
    });
  });
}
```

```
group('Bank', () {
  test('reduce money', () {
    final bank = Bank();
    final result = bank.reduce(Money.dollar(1), "USD");
    expect(result, Money.dollar(1));
  });

  test('simple addition', () {
    final five = Money.dollar(5);
    final ten = five + five;
    final bank = Bank();
    final result = bank.reduce(ten, "USD");
    expect(result, Money.dollar(10));
  });

  test('reduce money different currency', () {
    final bank = Bank();
    bank.addRate("CHF", "USD", 2);
    final result = bank.reduce(Money.franc(2), "USD");
    expect(result, Money.dollar(1));
  });

  test('identity rate', () {
    expect(Bank().rate("USD", "USD"), 1);
  });
});
}
```

Der Quellcode dieses Beispiels ist öffentlich zugänglich[16].

UI Tests

UI Tests haben in der oberflächengetriebenen mobilen Entwicklung eine hohe Bedeutung. Flutter bringt ein eigenes Framework mit, das in der Dokumentation beschrieben ist [17]. Ein beispielhafter Test sieht dort folgendermaßen aus:

```
import 'package:flutter/material.dart';
import 'package:flutter_test/flutter_test.dart';
import 'package:ui_testing/main.dart';

void main() {
```

---

[16]https://github.com/RobinNunkesser/dart-recipes/tree/master/money (Revision: 17248f9)
[17]https://flutter.io/docs/testing

```
testWidgets('Counter increments smoke test', (WidgetTester tester) async {
  await tester.pumpWidget(MyApp());

  expect(find.text('0'), findsOneWidget);
  expect(find.text('1'), findsNothing);

  await tester.tap(find.byIcon(Icons.add));
  await tester.pump();

  expect(find.text('0'), findsNothing);
  expect(find.text('1'), findsOneWidget);
  });
}
```

Der Quellcode dieses Beispiels ist öffentlich zugänglich[18].

16.6.2. Einrichten mehrerer Build Configurations

Flutter verfügt nach aktuellem Stand nicht über eine ähnlich gut integrierte Lösung wie iOS oder Android um verschiedene Buildvarianten zu konfigurieren. Eine einfache und effektive - aber eben nicht so elegante - Möglichkeit ist die Nutzung verschiedener main.dart Varianten. In diesen werden dann jeweils die buildspezifischen Werte gesetzt und die in anderen Dateien implementierte Applikation gestartet.

Zur Unterscheidung des Builds wird dann beispielsweise über

```
flutter run -t lib/main_debug.dart
```

die entsprechende Main-Variante in den Build eingebaut. Eine erweiterte Beschreibung dieser Idee findet sich im Blog von Iiro Krankka[19].

16.6.3. Logging

Neben dem Debugger ist Logging das Hauptmittel um Fehler zu finden und Abläufe nachzuvollziehen. Logging sollte immer über eigene Klassen oder Methoden erfolgen, Flutter bietet hierfür debugPrint.

---

[18]https://github.com/RobinNunkesser/dart-recipes/tree/master/ui_testing (Revision: 17248f9)
[19]https://iirokrankka.com/2018/03/02/separating-build-environments/

16.6.4. Debuggen und Analysieren

Grundsätzlich sind das Debugging und die statische Analyse von Flutter über die IDE zugänglich. Damit funktioniert dies genauso wie für Android Studio in 14.5.4 und 14.5.5 beschrieben. Allerdings ist es für die Nutzung von lint nötig eine Datei namens analysis_options.yaml zu hinterlegen. Diese kann beispielsweise so aussehen:

```
analyzer:
  strong-mode:
    implicit-casts: false
  errors:
    todo: ignore
  exclude:
    - flutter/**
    - lib/api/*.dart

linter:
  rules:
    - avoid_empty_else
    - cancel_subscriptions
    - close_sinks
    - unnecessary_const
    - unnecessary_new
```

Zusätzlich bietet Flutter die Möglichkeit codeseitig Breakpoints zu definieren. Der Vorteil ist, dass so konditionale Breakpoints wie in folgendem Beispiel möglich werden:

```
void someFunction(double offset) {
  debugger(when: offset > 30.0);
  // ...
}
```

Auch für visuelles Debugging gibt es eine sehr gute Hilfe. Über das separate Paket flutter/rendering.dart kann debugPaintSizeEnabled=true gesetzt werden. Dann werden im Layout Hilfslinien angezeigt.

16.6.5. Continuous Integration

Continuous Integration ist über viele Drittanbietertools möglich. Wir betrachten hier GitHub Actions. Eine GitHub Action könnte beispielsweise so aussehen:

```
name: CI
on: [push]
jobs:
  test:
    runs-on: ubuntu-latest
    steps:
      - uses: actions/checkout@v2
      - uses: actions/setup-java@v1
        with:
          java-version: '12.x'
      - uses: subosito/flutter-action@v2
        with:
          channel: 'stable'
      - run: |
          flutter --version
          flutter pub get
          flutter test
```

16.7. Asynchrone Aufrufe

Alle Operationen, die sichtbar Zeit benötigen, sollten asynchron ausgeführt werden. Bei Dart ist Asynchronität in die Sprachsyntax integriert. Wie in einigen anderen Sprachen auch dienen dazu vor allem die Schlüsselwörter `async` und `await`, welches dazu dient das Ergebnis des asynchronen Aufrufs „abzuwarten". Ergänzend kommen die Klassen `Future` und `Stream` hinzu.

`Future` repräsentiert eine Berechnung, die nicht sofort abgeschlossen wird. Asynchrone Funktionen geben Futures zurück, die zukünftig das Resultat beinhalten wird.

Ein `Stream` ist ein Strom asynchroner Ereignisse. Es entspricht etwa der asynchronen Version eines `Iterable`, bei dem der Stream mitteilt wenn das nächste Element zur Verfügung steht.

Ein kleines Beispiel zu `async`, `await` und `Future`:

```
class AsyncExample {
  void asyncMethod() async {
    asyncMethodWithReturn()
        .then((value) => print('Asynchronous return $value'))
        .catchError((e) => print('Returned error $e'));
  }

  Future<int> asyncMethodWithReturn() async {
```

```
    await Future.delayed(Duration(seconds: 4), () {});
    //return Future.error(Exception("Error message"));
    return 42;
  }
}


import 'package:async_recipe/async_example.dart';
import 'package:flutter/material.dart';

class MyHomePage extends StatefulWidget {
  MyHomePage({Key? key, required this.title}) : super(key: key);
  final String title;

  @override
  _MyHomePageState createState() => _MyHomePageState();
}

class _MyHomePageState extends State<MyHomePage> {
  @override
  void initState() {
    super.initState();
  }

  void call() {
    print('Synchronous start');
    print('Asynchronous call');
    AsyncExample().asyncMethod();
    print('Synchronous end');
  }

  @override
  Widget build(BuildContext context) {
    return Scaffold(
      appBar: AppBar(
        title: Text(widget.title),
      ),
      body: Center(
        child: ElevatedButton(
          onPressed: () => call(),
          child: Text("Call"),
        ),
      ),
    );
  }
}
```

Wie funktionieren Unit Tests für asynchrone Funktionen? Meist reicht es aus await zu nutzen:

```
import 'package:async_recipe/async_example.dart';
import 'package:flutter_test/flutter_test.dart';

void main() {
  test('test async', () async {
    var result = await AsyncExample().asyncMethodWithReturn();
    expect(result, 42);
  });
}
```

Der Quellcode ist öffentlich zugänglich[20].

---

[20] https://github.com/RobinNunkesser/dart-recipes/tree/master/async_recipe   (Revision: 662ad4e)

17. Übung – Erstes Inkrement

Wenn eine Projektumsetzung gemäß der hier beschriebenen Konzeption erfolgt, liegt vor Implementierungsbeginn ein komplettes mit den Stakeholdern abgestimmtes visuelles Design vor (siehe Kapitel 7.7). Daher kann im Sinne einer horizontalen Aufteilung im ersten Inkrement beispielsweise das UI umgesetzt werden. Im Sinne einer kompakteren Übung und um die gelegten Grundlagen besser zu üben, wird das erste Inkrement hier vertikal erfolgen.

In diesem Sinne lässt sich das Quiz, konkret also SCR03 und SCR06 (siehe auch 11.7) gut als erste eigenständige App umsetzen. In dieser Form ist es dafür ausgelegt, mit grundlegenden Kenntnissen umgesetzt werden zu können.

Es bietet sich an, diese Übung mit dem Anlegen eines Projekts zu starten. Sollte der Einstieg schwer fallen, gibt es für SwiftUI[1], Jetpack Compose[2], .NET MAUI[3] und Flutter[4] auch ein vorbereitetes Projekt, bei dem zumindest schon Quizfragen zur Verfügung stehen.

Eine Musterlösung gibt es ebenfalls für SwiftUI[5], Jetpack Compose[6], .NET MAUI[7] und Flutter[8].

---

[1] https://github.com/RobinNunkesser/swiftui-quiz-assignment-1
[2] https://github.com/RobinNunkesser/compose-quiz-assignment-1
[3] https://github.com/RobinNunkesser/maui-quiz-assignment-1
[4] https://github.com/RobinNunkesser/flutter-quiz-assignment-1
[5] https://github.com/RobinNunkesser/swiftui-quiz
[6] https://github.com/RobinNunkesser/compose-quiz
[7] https://github.com/RobinNunkesser/maui-quiz
[8] https://github.com/RobinNunkesser/flutter-quiz

Teil V.

UI-Vertiefung und zweites Inkrement

18. Einführung

Ein erstes Inkrement der App konnten wir mit den erlernten Grundkenntnissen umsetzen. Komplexere Konzepte erfordern mehr Kenntnisse. Die Vermittlung dieser Kenntnisse geschieht im Folgenden in der Form von Rezepten. Ein Rezept versucht in diesem Sinne Antworten auf typische Entwicklungsfragen zu geben und zwar so, dass eine kleine eigenständige minimale Beispielapp jeweils nur für einen festen Zweck demonstriert wird. Ziel ist es, dass ein einfacher Transfer auf das zu lösende Problem möglich ist und ein guter Teil der Umsetzung letztlich auf dem Anwenden und Transferieren von Rezepten beruht.

Auch der in diesem Teil gezeigte Code kann ggfs. zum Zeitpunkt des Lesens in der abgedruckten Form in Einzelfällen nicht sofort funktionieren. Zu jedem Rezept ist aber auch hier das git-Repository und die Revisionsnummer angegeben.

Listen oder Tabellen gehören zu den insgesamt am häufigsten genutzten UI-Elementen. Wir unterscheiden statische Listen, bei denen die anzuzeigenden Elemente vor der Laufzeit bekannt sind und dynamische Listen, bei denen sich Listen zur Laufzeit verändern können. Daneben ist es in diesem Inkrement nötig, auf persistente Benutzereinstellungen zuzugreifen.

19. Swift und SwiftUI

SwiftUI bietet für Listen vor allem `List`.

19.1. Statische Listen

Eine statische Liste kann z.B. nützlich sein, wenn wir die Liste zur Navigation in die Tiefe nutzen:

```swift
import SwiftUI

struct ContentView: View {
    var body: some View {
        NavigationView {
            List {
                NavigationLink(destination: SimpleListView()) {
                    Text("MenuLabelSimpleList")
                }
                NavigationLink(destination: SectionListView()) {
                    Text("MenuLabelSectionList")
                }
                NavigationLink(destination: AddDeleteListView()
                    .environmentObject(AddDeleteListViewModel())) {
                    Text("MenuLabelAddDeleteList")
                }
                NavigationLink(destination: SearchListView()) {
                    Text("MenuLabelSearch")
                }
            }
            .navigationBarTitle("List Examples")
        }
    }
}

struct ContentView_Previews: PreviewProvider {
    static var previews: some View {
        ContentView()
    }
}
```

19.2. Dynamische Listen

Dynamische Listen können flexibel wachsen und schrumpfen. In mobilen Applikationen hat sich das „Recyclen" von Listenzeilen durchgesetzt. Da lange Listen u.U. Performanceprobleme machen, werden einmal instanziierte Zeilen jeweils neu befüllt. Wenn wir ein individuelles Aussehen für Zeilen umsetzen wollen, bietet es sich an, einen eigenen View zu schreiben:

```swift
import SwiftUI

struct SubtitleRow: View {
    var text : String
    var detailText: String

    var body: some View {
        VStack(alignment: .leading) {
            Text(verbatim: text)
                .font(.subheadline)
            Text(verbatim: detailText)
                .font(.caption)
        }
    }
}

struct SubtitleRow_Previews: PreviewProvider {
    static var previews: some View {
        List(0 ..< 5) { item in
            SubtitleRow(text: "Some Text", detailText: "Some Detail")
        }
    }
}
```

Dynamische Listen lassen sich am leichtesten umsetzen, wenn wir über ein explizites oder implizites for-each-Konstrukt passend viele Zeilen erzeugen:

```swift
import SwiftUI

struct SimpleListView: View {
    let items = [ItemViewModel(text: "Title 1", detailText: "Subtitle 1"),
                 ItemViewModel(text: "Title 2", detailText: "Subtitle 2")]

    var body: some View {
        List(items) {
            SubtitleRow(text: $0.text, detailText: $0.detailText)
        }
        .navigationBarTitle("Simple List View")
```

```
    }
}

struct SimpleListView_Previews: PreviewProvider {
    static var previews: some View {
        SimpleListView()
    }
}
```

Wichtig ist hierbei, dass die dahinterliegende Datenstruktur `Identifiable` implementiert. Dafür reicht es eine Property `id` zu integrieren. Darüber wird entschieden, ob zwei Zeilen den „gleichen" Inhalt darstellen sollen. Primitive Datentypen sind automatisch identifizierbar.

```
import Foundation

struct ItemViewModel : Identifiable {
    let id = UUID()
    var text: String
    var detailText: String
}
```

19.2.1. Verwenden von Sections

iOS erlaubt es, Listen in Sections aufzuteilen. Ein Model für die Sections könnte z.B. so aussehen:

```
import Foundation

struct SectionViewModel : Identifiable {
    var id : String {
        return header
    }
    var header: String
    var footer: String?
    var items: [ItemViewModel]
}
```

Die Umsetzung geschieht ebenfalls über ein (geschachteltes) for-each-Konstrukt. In der aktuellen Version von SwiftUI muss dieses allerdings explizit angegeben werden wie z.B. in folgendem Beispiel:

```
import SwiftUI

struct SectionListView: View {
    let sections = [SectionViewModel(header: "Section 1",
                                 items: [ItemViewModel(text: "S1, R1",
                                                   detailText: "D1")]),
                    SectionViewModel(header: "Section 2",
                                 items: [ItemViewModel(text: "S2, R2",
                                                   detailText: "D2")])]]

    var body: some View {
        List {
            ForEach(sections) { section in
                Section(header: Text(section.header)) {
                    ForEach(section.items) {
                        SubtitleRow(text: $0.text, detailText: $0.detailText)
                    }
                }
            }
        }
        .navigationBarTitle("List View with Sections")
    }
}

struct SectionListView_Previews: PreviewProvider {
    static var previews: some View {
        SectionListView()
    }
}
```

19.2.2. Hinzufügen und Löschen von Zeilen

Ein üblicher Platz, um das Hinzufügen von Einträgen zu ermöglichen ist rechts in der Navigation Bar. Um eine Navigation Bar zu haben, muss der View in eine Hierarchie mit NavigationView eingebettet sein.

Löschen und Verschieben von Inhalten ermöglicht man normalerweise links in der Navigation Bar über ein EditButton. Im vorliegenden Beispiel ist dort aber die Back-Navigation, so dass wir hier auch dieses Button rechts platzieren.

Im folgenden Code ist ein einfaches Beispiel umgesetzt:

```
import Foundation
```

```swift
final class AddDeleteListViewModel : ObservableObject {
    @Published var items : [ItemViewModel] = []

    func addItem() {
        let newItem = ItemViewModel(text: UUID().uuidString,
        detailText: UUID().uuidString)
        items.append(newItem)
    }

    func deleteItem(indexSet: IndexSet) {
        // Only one deletion at a time allowed in this example
        guard let index = indexSet.first else { return }
        items.remove(at: index)
    }

}


import SwiftUI

struct AddDeleteListView: View {
    @EnvironmentObject var viewModel: AddDeleteListViewModel

    var body: some View {
        List {
            ForEach(viewModel.items) {
                SubtitleRow(text: $0.text, detailText: $0.detailText)
            }
            .onDelete(perform: viewModel.deleteItem)
        }
        .navigationBarItems(trailing: HStack {
                EditButton()
                Button(action: viewModel.addItem) {
                    Label("Add Item", systemImage: "plus")
                        .labelStyle(IconOnlyLabelStyle())
                }
            }
        )
        .navigationBarTitle("Add / Delete List View")
    }

}

struct AddDeleteListView_Previews: PreviewProvider {
    static var previews: some View {
        AddDeleteListView().environmentObject(AddDeleteListViewModel())
    }
}
```

19.2.3. Suchen in Listen

Wir konzentrieren uns hier auf eine einfache Suche nach Teilausdrücken. Das Suchfeld einer Liste ist typischerweise im Header oder oberhalb der Liste untergebracht. SwiftUI bietet seit iOS 15 auch eine eigene Funktion `searchable`, die wir im Folgenden nutzen:

```swift
import SwiftUI

struct SearchListView: View {
    @State var searchText = ""

    let items = [ItemViewModel(text: "Title 1", detailText: "Subtitle 1"),
                 ItemViewModel(text: "Title 2", detailText: "Subtitle 2")]

    var body: some View {
        List {
            ForEach(searchText=="" ? items : items.filter {
                $0.text.localizedCaseInsensitiveContains(searchText) ||
                $0.detailText.localizedCaseInsensitiveContains(searchText) },
                    id: \.text) { item in
                SubtitleRow(text: item.text, detailText: item.detailText)
            }.searchable(text: $searchText)
        }
        .navigationBarTitle("Search List View")
    }
}

struct SearchListView_Previews: PreviewProvider {
    static var previews: some View {
        SearchListView()
    }
}
```

Der Quellcode dieses Rezepts ist öffentlich zugänglich[1].

19.3. Persistente Benutzereinstellungen

Falls noch nicht vorhanden, müssen zunächst Settings für die App angelegt werden (siehe Abbildung 19.1).

Beim Anlegen von Settings wird eine Standard-Property-List erzeugt:

---

[1]https://github.com/RobinNunkesser/swift-recipes/tree/master/ListRecipe (Revision: aafe004)

Abbildung 19.1.: Erzeugen von Settings.bundle

```xml
<?xml version="1.0" encoding="UTF-8"?>
<!DOCTYPE plist PUBLIC "-//Apple//DTD PLIST 1.0//EN" "http://www.apple.com/DTDs/PropertyList-1.0.
<plist version="1.0">
<dict>
        <key>StringsTable</key>
        <string>Root</string>
        <key>PreferenceSpecifiers</key>
        <array>
                <dict>
                        <key>Type</key>
                        <string>PSGroupSpecifier</string>
                        <key>Title</key>
                        <string>Group</string>
                </dict>
                <dict>
                        <key>Type</key>
                        <string>PSTextFieldSpecifier</string>
                        <key>Title</key>
                        <string>Name</string>
                        <key>Key</key>
                        <string>name_preference</string>
                        <key>DefaultValue</key>
                        <string></string>
                        <key>IsSecure</key>
                        <false/>
                        <key>KeyboardType</key>
```

```xml
                    <string>Alphabet</string>
                    <key>AutocapitalizationType</key>
                    <string>None</string>
                    <key>AutocorrectionType</key>
                    <string>No</string>
            </dict>
            <dict>
                    <key>Type</key>
                    <string>PSToggleSwitchSpecifier</string>
                    <key>Title</key>
                    <string>Enabled</string>
                    <key>Key</key>
                    <string>enabled_preference</string>
                    <key>DefaultValue</key>
                    <true/>
            </dict>
            <dict>
                    <key>Type</key>
                    <string>PSSliderSpecifier</string>
                    <key>Key</key>
                    <string>slider_preference</string>
                    <key>DefaultValue</key>
                    <real>0.5</real>
                    <key>MinimumValue</key>
                    <integer>0</integer>
                    <key>MaximumValue</key>
                    <integer>1</integer>
                    <key>MinimumValueImage</key>
                    <string></string>
                    <key>MaximumValueImage</key>
                    <string></string>
            </dict>
        </array>
</dict>
</plist>
```

Settings können in der systemeigenen Settings App eingestellt werden. Die Settings werden automatisch persistiert. Im Code ist der Zugriff auf und das Schreiben von Settings recht einfach. Manche Settings sind jedoch Optionals und können auch nil sein.

Die in der Propertylist hinterlegten Standardwerte werden nicht automatisch angewandt. Dies kann man beispielsweise über folgenden Code erledigen:

```swift
import SwiftUI

@main
```

```
struct SettingsRecipeApp: App {

    init() {
        registerDefaultsFromSettingsBundle()
    }

    func registerDefaultsFromSettingsBundle()
    {
        let plists = ["Root.plist"]
        for plist in plists {
            let settingsUrl = Bundle.main.url(forResource: "Settings",
                                              withExtension: "bundle")!
                .appendingPathComponent(plist)
            let settingsPlist = NSDictionary(contentsOf:settingsUrl)!
            let prefs = settingsPlist["PreferenceSpecifiers"] as! [NSDictionary]

            var defaultsToRegister = Dictionary<String, Any>()

            for preference in prefs {
                guard let key = preference["Key"] as? String else {
                    debugPrint("Key not found for \(preference["Title"] ?? "")")
                    continue
                }
                defaultsToRegister[key] = preference["DefaultValue"]
            }
            UserDefaults.standard.register(defaults: defaultsToRegister)
        }
    }

    var body: some Scene {
        WindowGroup {
            ContentView()
        }
    }
}
```

Der Zugriff auf die persistierten Settings kann dann beispielsweise so erfolgen:

```
import SwiftUI

struct ContentView: View {
    // MARK: - Types
    enum Keys : String {
        case name = "name_preference"
        case enabled = "enabled_preference"
        case slider = "slider_preference"
    }
```

```
// MARK: - Properties
let userDefaults = UserDefaults.standard

init() {
    // Reading settings
    if let name = userDefaults.string(forKey: Keys.name.rawValue) {
        debugPrint(name)
    }
    debugPrint(userDefaults.bool(forKey: Keys.enabled.rawValue))
    if let slider = userDefaults.object(forKey: Keys.slider.rawValue)
                    as? Double {
        debugPrint(slider)
    }

    // Writing settings
    self.userDefaults.set("Some name" ,
                    forKey: Keys.name.rawValue)
    self.userDefaults.set(false, forKey: Keys.enabled.rawValue)
    self.userDefaults.set(0.42, forKey: Keys.slider.rawValue)
    self.userDefaults.synchronize()
}

var body: some View {
    Text("Hello, world!")
        .padding()
}
}

struct ContentView_Previews: PreviewProvider {
    static var previews: some View {
        ContentView()
    }
}
```

Der Quellcode dieses Rezepts ist öffentlich zugänglich[2].

[2]https://github.com/RobinNunkesser/swift-recipes/tree/master/SettingsRecipe   (Revision: 9a80ffe)

20. Kotlin und Jetpack Compose

Mit Jetpack Compose ändert sich für Listen einiges, der grundlegende Umgang wird in jedem Fall einfacher und die Flexibilität höher.

20.1. Statische Listen

Die einfachste statische Liste besteht aus einer Column bzw. sinnvollerweise eher einer LazyColumn. Hier ein minimales Beispiel:

```
package de.hshl.isd.listcompose

import androidx.compose.foundation.lazy.LazyColumn
import androidx.compose.material.Text
import androidx.compose.runtime.Composable

@Composable
fun StaticList() {
    LazyColumn {
        item { Text("Item 1") }
        item { Text("Item 2") }
        item { Text("Item 3") }
    }
}
```

20.2. Dynamische Listen

Dynamische Listen können flexibel wachsen und schrumpfen. Wenn wir ein individuelles Aussehen für Zeilen umsetzen wollen, bietet es sich an, ein eigenes Composable mit entsprechendem ViewModel zu schreiben:

```
package de.hshl.isd.listcompose

import androidx.compose.foundation.layout.Column
import androidx.compose.foundation.layout.padding
import androidx.compose.material.Divider
```

```
import androidx.compose.material.MaterialTheme
import androidx.compose.material.Text
import androidx.compose.runtime.Composable
import androidx.compose.ui.Modifier
import androidx.compose.ui.unit.dp

@Composable
fun ItemRow(item: ItemViewModel) {
    Column(
        modifier = Modifier.padding(start = 16.dp, end = 16.dp)
    ) {
        Text(
            text = item.title,
            modifier = Modifier.padding(top = 4.dp),
            style = MaterialTheme.typography.body1
        )
        Text(
            text = item.subtitle,
            modifier = Modifier.padding(top = 4.dp),
            style = MaterialTheme.typography.caption
        )
        Divider(
            Modifier.padding(top = 8.dp, bottom = 4.dp)
        )
    }
}
```

```
package de.hshl.isd.listcompose

data class ItemViewModel(val title: String, val subtitle: String)
```

Dynamische Listen lassen sich am leichtesten umsetzen, wenn wir über ein entsprechendes Konstrukt passend viele Zeilen erzeugen:

```
package de.hshl.isd.listcompose

import androidx.compose.foundation.lazy.LazyColumn
import androidx.compose.foundation.lazy.items
import androidx.compose.runtime.Composable

@Composable
fun SimpleList(listitems: List<ItemViewModel>) {
    LazyColumn {
        items(listitems) {
            item -> ItemRow(item)}
    }
}
```

20.2.1. Verwenden von Sections

Oftmals ist es gewünscht, Listen in Sections aufzuteilen. Die Umsetzung geschieht ebenfalls über ein (geschachteltes) Aufzählungskonstrukt und ein eigenes Composable für den Header der Section.

```
package de.hshl.isd.listcompose

import androidx.compose.foundation.layout.padding
import androidx.compose.material.MaterialTheme
import androidx.compose.material.Text
import androidx.compose.runtime.Composable
import androidx.compose.ui.Modifier
import androidx.compose.ui.unit.dp

@Composable
fun SectionHeader(title: String) {
    Text(
        text = title,
        modifier = Modifier.padding(8.dp),
        style = MaterialTheme.typography.h6
    )
}
```

```
package de.hshl.isd.listcompose

import androidx.compose.foundation.lazy.LazyColumn
import androidx.compose.foundation.lazy.items
import androidx.compose.runtime.Composable

@Composable
fun SectionedList(sections: Map<String, List<ItemViewModel>>) {
    LazyColumn {
        items(sections.keys.toList()) { sectionTitle ->
            SectionHeader(title = sectionTitle)
            sections[sectionTitle]!!.forEach { item ->
                ItemRow(item = item)
            }
        }
    }
}
```

20.2.2. Suchen in Listen

Das Suchen in Listen wird durch das State-Konzept in Jetpack Compose ebenfalls einfach:

```
package de.hshl.isd.listcompose

import androidx.compose.runtime.getValue
import androidx.compose.runtime.mutableStateOf
import androidx.compose.runtime.setValue
import androidx.lifecycle.ViewModel

class SearchListViewModel : ViewModel() {
    var filter by mutableStateOf("")
    var items by mutableStateOf(listOf<ItemViewModel>())
        private set
    var filteredItems: List<ItemViewModel> = listOf()
        get() {
            if (filter.isNullOrBlank()) return items
            return items.filter {
                it.title.contains(
                    filter,
                    ignoreCase = true
                ) || it.subtitle.contains(filter, ignoreCase = true)
            }
        }

    fun replaceItems(newitems: List<ItemViewModel>) {
        items = newitems
    }

}
```

Dieses aktualisiert die Anzeige automatisch bei jeder Änderung des Filters. Wenn ein Suchfeld an den Filter gebunden wird, sind wir bereits fertig:

```
package de.hshl.isd.listcompose

import androidx.compose.foundation.layout.Column
import androidx.compose.foundation.layout.padding
import androidx.compose.foundation.lazy.LazyColumn
import androidx.compose.foundation.lazy.items
import androidx.compose.foundation.lazy.itemsIndexed
import androidx.compose.material.TextField
import androidx.compose.runtime.Composable
import androidx.compose.ui.Modifier
import androidx.compose.ui.unit.dp

@Composable
fun SearchList(
    viewModel: SearchListViewModel,
    listitems: List<ItemViewModel>
) {
```

```
viewModel.replaceItems(listitems)
Column {
    TextField(value = viewModel.filter,
        modifier = Modifier.padding(8.dp),
        onValueChange = {
            viewModel.filter = it
        })
    LazyColumn {
        items(viewModel.filteredItems) {
            ItemRow(it)
        }
    }
}
}
```

Der Quellcode dieses Rezepts ist öffentlich zugänglich[1].

20.3. Persistente Benutzereinstellungen

Die einfachste Möglichkeit Benutzereinstellungen zu persistieren ist die Nutzung des `PreferenceManager` aus `androidx.preference:preference-ktx`. Dieser bietet beispielsweise über `getDefaultSharedPreferences` Zugriff auf einen persistenten Key-Value-Speicher für die gesamte App.

Eine einfache Anwendung könnte folgendermaßen aussehen:

```
package de.hshl.isd.settings

import android.os.Bundle
import androidx.activity.ComponentActivity
import androidx.activity.compose.setContent
import androidx.compose.foundation.layout.Column
import androidx.compose.material.MaterialTheme
import androidx.compose.material.Surface
import androidx.compose.material.Text
import androidx.compose.material.TextField
import androidx.compose.runtime.*
import androidx.compose.ui.platform.LocalContext
import androidx.compose.ui.tooling.preview.Preview
import androidx.preference.PreferenceManager
import androidx.preference.PreferenceManager.getDefaultSharedPreferences
```

---

[1] https://github.com/RobinNunkesser/kotlin-recipes/tree/main/ListCompose (Revision: 9c53676)

```kotlin
import de.hshl.isd.settings.ui.theme.SettingsTheme

class MainActivity : ComponentActivity() {
    override fun onCreate(savedInstanceState: Bundle?) {
        super.onCreate(savedInstanceState)
        setContent {
            SettingsTheme {
                Surface(color = MaterialTheme.colors.background) {
                    MainContent()
                }
            }
        }
    }
}

@Composable
fun MainContent() {
    val prefs = getDefaultSharedPreferences(LocalContext.current)
    val key = "preference_key"
    val defaultValue = "Default Value"
    var test by remember { mutableStateOf(prefs.getString(key, defaultValue)!!) }
    Column() {
        TextField(value = test, onValueChange = {
            test = it
            prefs.edit().putString(key,it).apply()
        })
    }
}

@Preview(showBackground = true)
@Composable
fun DefaultPreview() {
    SettingsTheme {
        MainContent()
    }
}
```

Der Quellcode dieses Rezepts ist öffentlich zugänglich[2].

---

[2]https://github.com/RobinNunkesser/kotlin-recipes/tree/main/Settings (Revision: d0a0611)

21. C# und .NET MAUI

Bei .NET MAUI gibt es mehrere Konstrukte für Listen, Tabellen und Daten-
sammlungen. Aktuell sind dies vor allem TableView und CollectionView.

21.1. Statische Listen

Eine statische Liste oder Tabelle ist immer dann sinnvoll, wenn wir alle Einträge schon zur Kompilierzeit kennen. Ein einfaches Beispiel:

```
<ContentPage xmlns="http://schemas.microsoft.com/dotnet/2021/maui"
             xmlns:x="http://schemas.microsoft.com/winfx/2009/xaml"
    x:Class="TableRecipe.StaticTablePage">
    <TableView Intent="Form">
        <TableRoot>
            <TableSection Title="Presentation">
                <TextCell Text="The text" Detail="The detail text"/>
                <ImageCell ImageSource="tab_about.png" Text="Image cell text"/>
            </TableSection>
            <TableSection Title="Entry">
                <SwitchCell Text="A switch cell" On="True"/>
                <EntryCell Label="An entry cell" Placeholder="Enter text"/>
            </TableSection>
            <TableSection Title="Custom">
                <ViewCell>
                    <ViewCell.View>
                        <Label Text="Completely Custom" FontSize="Large"/>
                    </ViewCell.View>
                </ViewCell>
            </TableSection>
        </TableRoot>
    </TableView>
</ContentPage>
```

21.2. Dynamische Listen

Dynamische Listen werden durch den Code verwaltet. Bei .NET MAUI bzw. C# kommt hier typischerweise das Muster MVVM mit Data Binding zum Tragen (siehe auch Kapitel 15.3.3). Das über XAML definierte UI könnte beispielsweise eine CollectionView mit Binding zu einer ObservableCollection beinhalten.

```xml
<?xml version="1.0" encoding="UTF-8"?>
<ContentPage xmlns="http://schemas.microsoft.com/dotnet/2021/maui"
             xmlns:x="http://schemas.microsoft.com/winfx/2009/xaml"
             xmlns:local="clr-namespace:TableRecipe"
             x:DataType="local:VerticalListViewModel"
             x:Class="TableRecipe.VerticalListPage"
             Title="Vertical list">
    <CollectionView ItemsSource="{Binding Items}">
        <CollectionView.ItemTemplate>
            <DataTemplate>
                <StackLayout>
                    <Label Text="{Binding Text}" FontAttributes="Bold" />
                    <Label Text="{Binding Detail}" FontAttributes="Italic"
                           VerticalOptions="End" />
                </StackLayout>
            </DataTemplate>
        </CollectionView.ItemTemplate>
    </CollectionView>
</ContentPage>
```

Die Tabelle hat jetzt Templates, in denen die Properties Text und Detail der gebundenen Objekte angezeigt werden. Diese werden im BindingContext ViewModel aus der Property Items entnommen. Das Zusammenspiel wird klarer, wenn man das ViewModel der gesamten Seite und eines einzelnen Items betrachtet:

```csharp
using System.Collections.ObjectModel;

namespace TableRecipe
{
    public class VerticalListViewModel
    {
        public VerticalListViewModel()
        {
            Items = new ObservableCollection<ItemViewModel>
            {
                new ItemViewModel { Text = "Item 1", Detail = "Detail 1" },
```

```
            new ItemViewModel { Text = "Item 2", Detail = "Detail 2" }
        };
    }

    public ObservableCollection<ItemViewModel> Items { get; set; }
    }
}


namespace TableRecipe
{
    public struct ItemViewModel
    {
        public string Text { get; set; }
        public string Detail { get; set; }
    }
}
```

Im Codebehind kann man z.B. auf die Auswahl von Einträgen reagieren. Hier aber erstmal nur ein einfaches Beispiel:

```
namespace TableRecipe
{
    public partial class VerticalListPage : ContentPage
    {
        public VerticalListPage()
        {
            InitializeComponent();
            BindingContext = new VerticalListViewModel();
        }
    }
}
```

21.2.1. Suchen in Tabellen

Ein Suchfeld lässt sich einfach in UI und Code integrieren. In diesem Beispiel wird die Suche durch das ViewModel realisiert.

```
<?xml version="1.0" encoding="UTF-8"?>
<ContentPage xmlns="http://schemas.microsoft.com/dotnet/2021/maui"
             xmlns:x="http://schemas.microsoft.com/winfx/2009/xaml"
             xmlns:local="clr-namespace:TableRecipe"
             x:DataType="local:VerticalListSearchHeaderViewModel"
             x:Class="TableRecipe.VerticalListSearchHeaderPage"
             Title="Vertical list (Search Header)">
```

```xml
    <CollectionView ItemsSource="{Binding FilteredItems}">
        <CollectionView.Header>
            <SearchBar x:Name="MainSearchBar" Placeholder="Search term"
                         Text="{Binding SearchTerm}"/>
        </CollectionView.Header>
        <CollectionView.ItemTemplate>
            <DataTemplate>
                <StackLayout>
                    <Label Text="{Binding Text}" FontAttributes="Bold" />
                    <Label Text="{Binding Detail}" FontAttributes="Italic"
                             VerticalOptions="End" />
                </StackLayout>
            </DataTemplate>
        </CollectionView.ItemTemplate>
    </CollectionView>
</ContentPage>
```

```csharp
using System.ComponentModel;
using System.Runtime.CompilerServices;

namespace TableRecipe
{
    public class VerticalListSearchHeaderViewModel : INotifyPropertyChanged
    {
        public List<ItemViewModel> Items { get; set; } = new List<ItemViewModel>
            {
            new ItemViewModel { Text = "Sponge", Detail = "Detail 1" },
            new ItemViewModel { Text = "Banana", Detail = "Detail 2" },
            new ItemViewModel { Text = "Laptop", Detail = "Detail 3" },
            new ItemViewModel { Text = "Teddy Bear", Detail = "Detail 4" }
            };

        public List<ItemViewModel> FilteredItems
        {
            get
            {
                if (string.IsNullOrEmpty(searchTerm)) return Items;
                return Items.Where(
                    item => item.Text.ToLower().Contains(searchTerm.ToLower()) ||
                    item.Detail.ToLower().Contains(searchTerm.ToLower())).ToList();
            }
        }

        private string searchTerm = "";
        public string SearchTerm
        {
            get => searchTerm;
            set
            {
```

```
            if (searchTerm != value)
            {
                searchTerm = value;
                OnPropertyChanged("FilteredItems");
            }
        }
    }


    public VerticalListSearchHeaderViewModel()
    {
    }

    #region INotifyPropertyChanged implementation
    public event PropertyChangedEventHandler PropertyChanged;
    public void OnPropertyChanged([CallerMemberName] string name = "") =>
        PropertyChanged?.Invoke(this, new PropertyChangedEventArgs(name));
    #endregion

    }
}
```

21.2.2. Gruppen in Tabellen

Die Nutzung von Gruppen bzw. Sections ist grundsätzlich nicht schwierig, allerdings benötigen wir eine Klasse, die eine Gruppe abbildet. Diese kann generisch sein:

```
using System.Collections.ObjectModel;
using System.ComponentModel;

namespace TableRecipe
{
    /// <summary>
    ///     Convenience `ViewModel` for Group bindings in ListViews.
    /// </summary>
    public class SectionViewModel<T> : ObservableCollection<T>
    {
        private string _longName;
        private string _shortName;

        public string LongName
        {
            get => _longName;
            set
            {
```

```
                    if (_longName == value) return;
                    _longName = value;
                    OnPropertyChanged(new PropertyChangedEventArgs("LongName"));
            }
        }

        public string ShortName
        {
            get => _shortName;
            set
            {
                if (_shortName == value) return;
                _shortName = value;
                OnPropertyChanged(
                    new PropertyChangedEventArgs("ShortName"));
            }
        }
    }
}
```

Für Gruppen muss in der CollectionView ein leicht anderes Binding angegeben werden:

```xml
<?xml version="1.0" encoding="UTF-8"?>
<ContentPage xmlns="http://schemas.microsoft.com/dotnet/2021/maui"
             xmlns:x="http://schemas.microsoft.com/winfx/2009/xaml"
             xmlns:local="clr-namespace:TableRecipe"
             x:DataType="local:VerticalListGroupingPage"
             x:Class="TableRecipe.VerticalListGroupingPage"
             Title="Grouping">
    <CollectionView ItemsSource="{Binding Groups}" IsGrouped="true">
        <CollectionView.GroupHeaderTemplate>
            <DataTemplate>
                <Label Text="{Binding LongName}" BackgroundColor="LightGray"
                    FontSize="Large" FontAttributes="Bold"/>
            </DataTemplate>
        </CollectionView.GroupHeaderTemplate>
        <CollectionView.ItemTemplate>
            <DataTemplate>
                <StackLayout>
                    <Label Text="{Binding Text}" FontAttributes="Bold" />
                    <Label Text="{Binding Detail}" FontAttributes="Italic"
                        VerticalOptions="End" />
                </StackLayout>
            </DataTemplate>
        </CollectionView.ItemTemplate>
    </CollectionView>
</ContentPage>
```

Das entsprechende ViewModel sieht dann so aus:

```csharp
using System.Collections.ObjectModel;

namespace TableRecipe
{
    public class VerticalListGroupingViewModel
    {
        public VerticalListGroupingViewModel()
        {
            Groups =
                new ObservableCollection<SectionViewModel<ItemViewModel>>();
            var Group1 = new SectionViewModel<ItemViewModel>
            {
                LongName = "Section 1",
                ShortName = "1"
            };
            Group1.Add(new ItemViewModel
            {
                Text = "Section 1, Item 1",
                Detail = "Detail 1"
            });
            Group1.Add(new ItemViewModel
            {
                Text = "Section 1, Item 2",
                Detail = "Detail 2"
            });
            Groups.Add(Group1);
            var Group2 = new SectionViewModel<ItemViewModel>
            {
                LongName = "Section 2",
                ShortName = "2"
            };
            Group2.Add(new ItemViewModel
            {
                Text = "Section 2, Item 1",
                Detail = "Detail 1"
            });
            Groups.Add(Group2);
        }

        public ObservableCollection<SectionViewModel<ItemViewModel>> Groups
        {
            get;
            set;
        }
    }
}
```

Der Quellcode dieses Rezepts ist öffentlich zugänglich[1].

21.3. Persistente Benutzereinstellungen

.NET MAUI bietet über die Maui.Essentials verschiedene Möglichkeiten persistente Einstellungen zu nutzen.

Die Einstellungen an sich kann man über ein Singleton oder eine statische Klasse wie die folgende verwalten:

```csharp
using System;
namespace SettingsRecipe
{
    public static class Settings
    {
        private static readonly string TextSettingDefault = "Lorem ipsum";

        public static string TextSetting
        {
            get => Preferences.Get(nameof(TextSetting), TextSettingDefault);
            set
            {
                Preferences.Set(nameof(TextSetting), value);
            }
        }
    }
}
```

Eine Settings-Seite mit ViewModel könnte dann so aussehen:

```csharp
namespace SettingsRecipe;

public partial class MainPage : ContentPage
{

    public MainPage()
    {
        InitializeComponent();
        BindingContext = new MainViewModel();
    }

}
```

[1]https://github.com/RobinNunkesser/csharp-recipes/tree/master/TableRecipe (Revision: 4e9d785)

```
using System;
using System.ComponentModel;
using System.Runtime.CompilerServices;

namespace SettingsRecipe
{
    public class MainViewModel : INotifyPropertyChanged
    {
        public string TextSetting
        {
            get => Settings.TextSetting;
            set
            {
                Settings.TextSetting = value;
                OnPropertyChanged();
            }
        }

        public MainViewModel()
        {
        }

        #region INotifyPropertyChanged implementation
        public event PropertyChangedEventHandler PropertyChanged;
        public void OnPropertyChanged([CallerMemberName] string name = "") =>
            PropertyChanged?.Invoke(this, new PropertyChangedEventArgs(name));
        #endregion
    }
}
```

Der Quellcode dieses Rezepts ist öffentlich zugänglich[2].

---

[2]https://github.com/RobinNunkesser/csharp-recipes/tree/master/SettingsRecipe   (Revision: 44c29ab)

22. Dart und Flutter

Bei Flutter gibt es für Listen die ListView. Eine sehr einfache Möglichkeit Zeilen in Listen umzusetzen bietet das fertige Material-Widget ListTile. Dieses erfordert zur Nutzung allerdings, dass das Elternelement ebenfalls ein Material-Widget ist. Mit Hilfe des Containers Material lässt sich dies auch in Apps mit Cupertino-Design einbinden.

22.1. Statische Listen

Eine statische Liste oder Tabelle ist immer dann sinnvoll, wenn wir alle Einträge schon zur Kompilierzeit kennen. Ein einfaches Beispiel:

```dart
import 'package:flutter/material.dart';

class StaticListPage extends StatelessWidget {
  @override
  Widget build(BuildContext context) {
    return Scaffold(
      appBar: AppBar(
        title: Text('Static List Example'),
      ),
      body: ListView(
        children: [
          ListTile(title: Text('Title 1')),
          ListTile(title: Text('Title 2'), subtitle: Text('Subtitle 2')),
          ListTile(
              leading: Icon(Icons.info),
              title: Text('Title 3'),
              subtitle: Text('Subtitle 3')),
        ],
      ),
    );
  }
}
```

22.2. Dynamische Listen

Dynamische Listen werden meist an dynamische Datenstrukturen gebunden.

22.2.1. Einfache Listen

Wir nutzen für dieses Beispiel direkt ein passendes Model und ein angepasstes Widget für dieses Model:

```
class ListItem {
  String title;
  String? subtitle;
  String? image;

  ListItem({required this.title, this.subtitle, this.image});
}
```

```
import 'package:common_ui/common_ui.dart';
import 'package:flutter/material.dart';

class ListItemTile extends StatelessWidget {
  const ListItemTile({Key? key, required this.item}) : super(key: key);

  final ListItem item;

  @override
  Widget build(BuildContext context) {
    return ListTile(
      title: Text(item.title),
      subtitle: (item.subtitle == null) ? null : Text(item.subtitle!),
      leading: (item.image == null)
          ? null
          : Image.network(item.image!,
              errorBuilder: (context, error, stackTrace) {
                return const Text("No image");
              }),
    );
  }
}
```

Dann könnte die Logik für eine einfache Tabelle mit Logik zum Hinzufügen von Einträgen so aussehen:

```
import 'package:common_ui/common_ui.dart';
import 'package:flutter/material.dart';

class DynamicListPage extends StatefulWidget {
  DynamicListPage({Key? key, required this.title}) : super(key: key);
  final String title;

  @override
  _DynamicListPageState createState() => _DynamicListPageState();
}

class _DynamicListPageState extends State<DynamicListPage> {
  final items = [
    ListItem(title: "Title 1", subtitle: "Subtitle 1"),
  ];

  @override
  Widget build(BuildContext context) {
    return Scaffold(
      appBar: AppBar(
        title: Text(widget.title),
        actions: <Widget>[
          IconButton(
            onPressed: () {
              setState(() {
                items.add(ListItem(title: 'New item', subtitle: 'Subtitle'));
              });
            },
            icon: Icon(Icons.add),
          ),
        ],
      ),
      body: ListView.builder(
        itemCount: items.length,
        itemBuilder: (context, index) => ListItemTile(item: items[index])),
    );
  }
}
```

22.2.2. Suchen in Listen

Ein explizites Suchfeld gibt es nicht, wir können aber ein dekoriertes `TextField` nutzen. Für einen einfachen Filter reicht folgender Code:

```
import 'package:common_ui/common_ui.dart';
import 'package:flutter/material.dart';
```

```dart
class SearchListPage extends StatefulWidget {
  SearchListPage({Key? key, required this.title}) : super(key: key);
  final String title;

  @override
  _SearchListPageState createState() => _SearchListPageState();
}

final items = [
  ListItem(title: "Title 1", subtitle: "Subtitle 1"),
  ListItem(title: "Title 2", subtitle: "Subtitle 2"),
  ListItem(title: "Title 3", subtitle: "Subtitle 3")
];

class _SearchListPageState extends State<SearchListPage> {
  var _searchview = TextEditingController();
  List<ListItem> filteredItems = items;

  _SearchListPageState() {
    _searchview.addListener(() {
      setState(() {
        if (_searchview.text.isEmpty) {
          filteredItems = items;
        } else {
          var searchTerm = _searchview.text.toLowerCase();
          filteredItems = items
              .where((item) => item.title.toLowerCase().contains(searchTerm))
              .toList();
        }
      });
    });
  }

  @override
  Widget build(BuildContext context) {
    return Scaffold(
        appBar: AppBar(
          title: Text(widget.title),
        ),
        body: SafeArea(
            child: Column(children: <Widget>[
          Material(
            child: TextField(
              controller: _searchview,
              decoration: InputDecoration(
                hintText: "Search",
                hintStyle: TextStyle(color: Colors.grey[300]),
              ),
              textAlign: TextAlign.center,
```

```
          ),
        ),
      Flexible(
        child: ListView.builder(
          itemCount: filteredItems.length,
          itemBuilder: (context, index) => ListTile(
            title: Text(filteredItems[index].title),
            subtitle: Text(filteredItems[index].subtitle!),
          )),
      ),
    ])));
  }
}
```

22.2.3. Gruppen in Listen

Für Gruppen bietet Flutter das sehr komfortable ExpansionTile. Auch hier
nutzen wir direkt ein passendes Model und ein angepasstes Widget für dieses
Model:

```
import 'package:common_ui/common_ui.dart';

class ListSection {
  String title;
  List<ListItem> items;

  ListSection({required this.title, required this.items});
}
```

```
import 'package:common_ui/common_ui.dart';
import 'package:flutter/material.dart';

class SectionTile extends StatelessWidget {
  const SectionTile(
      {Key? key, required this.section, this.initiallyExpanded = true})
      : super(key: key);

  final ListSection section;
  final bool initiallyExpanded;

  @override
  Widget build(BuildContext context) {
    return ExpansionTile(
      title: Text(section.title),
      children: section.items.map((item) => ListItemTile(item: item)).toList(),
```

```
      initiallyExpanded: initiallyExpanded,
    );
  }
}
```

Eine einfache gruppierte Liste könnte dann so aussehen:

```
import 'package:common_ui/common_ui.dart';
import 'package:flutter/material.dart';

class GroupedListPage extends StatelessWidget {
  GroupedListPage({Key? key}) : super(key: key);

  final sections = [
    ListSection(title: "Section 1", items: [
      ListItem(title: "Section 1, Title 1", subtitle: "Subtitle 1"),
      ListItem(title: "Section 1, Title 2", subtitle: "Subtitle 2"),
    ]),
    ListSection(title: "Section 2", items: [
      ListItem(title: "Section 2, Title 1", subtitle: "Subtitle 1"),
    ])
  ];

  @override
  Widget build(BuildContext context) {
    return Scaffold(
      appBar: AppBar(
        title: Text('Grouped List'),
      ),
      body: ListView.builder(
          itemCount: sections.length,
          itemBuilder: (context, index) =>
              SectionTile(section: sections[index])),
    );
  }
}
```

Die hier genutzten Models und angepassten Widgets stehen auch in einer Bibliothek zur Verfügung[1].

Der Quellcode dieses Rezepts ist öffentlich zugänglich[2].

---

[1] https://pub.dev/packages/common_ui
[2] https://github.com/RobinNunkesser/dart-recipes/tree/master/list (Revision: d5d1026)

22.3. Persistente Benutzereinstellungen

Flutter bietet den Zugriff auf persistente Einstellungen über die externe Bibliothek „shared_preferences". Diese bietet asynchronen Zugriff auf die endemischen persistenten Einstellungen.

Die Bibliothek enthält ein interessantes Standardbeispiel, in dem auch das asynchrone Widget FutureBuilder verwendet wird:

```dart
import 'package:flutter/material.dart';
import 'package:shared_preferences/shared_preferences.dart';

class MyHomePage extends StatelessWidget {
  const MyHomePage({Key? key, required this.title}) : super(key: key);

  final String title;

  @override
  Widget build(BuildContext context) {
    return Scaffold(
      appBar: AppBar(
        title: Text(title),
      ),
      body: Center(
        child: ElevatedButton(
          onPressed: _incrementCounter,
          child: Text('Increment Counter'),
        ),
      ),
    );
  }

  void _incrementCounter() async {
    var prefs = await SharedPreferences.getInstance();
    var counter = (prefs.getInt('counter') ?? 0) + 1;
    print('Pressed $counter times.');
    await prefs.setInt('counter', counter);
  }
}
```

Der Quellcode dieses Rezepts ist öffentlich zugänglich[3].

---

[3] https://github.com/RobinNunkesser/dart-recipes/tree/master/settings (Revision: 349bf9a)

23. Übung – Zweites Inkrement

Mit den Kenntnissen zu Listen und den Grundkenntnissen lassen sich weitere Teile des Beispielkonzepts umsetzen. Es ist sowohl möglich, das erste Inkrement zu erweitern, als auch wieder mit einer leeren App zu starten. Beim zweiten Inkrement beginnen wir mit der Umsetzung von SCR02 und SCR05 (siehe auch 11.7). Diesmal teilen wir die Umsetzung dieses horizontalen Inkrements in zwei vertikale Inkremente, indem wir uns zunächst nur um das UI kümmern. Durch den Einsatz einer Architektur wie Hexagonal Architecture ist es möglich, das UI getrennt von der restlichen Applikation zu entwickeln. Um den Beweis anzutreten, dass dies sogar ohne Kenntnisse von Hexagonal Architecture möglich ist, soll in dieser Übung das UI mit Hilfe von Mockdaten aufgebaut werden. Im dritten Inkrement kann nach besserer Kenntnis von Hexagonal Architecture dann eine echte Datenquelle aufgebaut werden, die reibungslos die Mockdaten ersetzen kann. OpenMensa[1] bietet eine öffentlich verfügbare Datenquelle für Mensadaten. Leider bietet diese keine Bilder und auch uneinheitliche Informationen zu Allergenen und Zusatzstoffen an, so dass diese Punkte bei Bedarf aus der Übung gestrichen oder simuliert werden können.

Die Mockdaten für diese Übung lassen sich über öffentlich verfügbare Bibliotheken nutzen[2345].

Einen einfacheren Einstieg gibt es für SwiftUI[6], Jetpack Compose[7], .NET MAUI[8] und Flutter[9] mit einem vorbereiteten Projekt, bei dem die Mockdaten bereits eingebunden sind.

---

[1] https://openmensa.org
[2] https://github.com/Italbytz/spm-adapters-meal-mock
[3] https://search.maven.org/artifact/io.github.italbytz.adapters.meal/mock
[4] https://www.nuget.org/packages/Italbytz.Adapters.Meal.Mock
[5] https://pub.dev/packages/mock_meal_adapters
[6] https://github.com/RobinNunkesser/swiftui-mensa-assignment-1
[7] https://github.com/RobinNunkesser/compose-mensa-assignment-1
[8] https://github.com/RobinNunkesser/maui-mensa-assignment-1
[9] https://github.com/RobinNunkesser/flutter-mensa-assignment-1

Als Musterlösung kann man den Ausgangspunkt der nächsten Übung nutzen. Diesen gibt es ebenfalls für SwiftUI[10], Jetpack Compose[11], .NET MAUI[12] und Flutter[13].

---

[10]https://github.com/RobinNunkesser/swiftui-mensa-assignment-2
[11]https://github.com/RobinNunkesser/compose-mensa-assignment-2
[12]https://github.com/RobinNunkesser/maui-mensa-assignment-2
[13]https://github.com/RobinNunkesser/flutter-mensa-assignment-2

Teil VI.

Architektur-Vertiefung und drittes Inkrement

24. Einführung

Wir haben beim zweiten Inkrement gesehen, dass eine getrennte Entwicklung des UI gut möglich ist. Grundlage gelingender inkrementeller Entwicklung ist eine passende Architektur. Im Folgenden werden wir uns zum Einen mit der konkreten Umsetzung von Hexagonal Architecture mit den besprochenen Technologien befassen. Zum Anderen soll die Grundlage für die Umsetzung eines weiteren Inkrements gelegt werden. Konkret wird es um die Anbindung von REST/JSON-Schnittstellen gehen.

25. Swift und SwiftUI

In diesem Kapitel geht es um eine mögliche Umsetzung von Hexagonal Architecture mit Swift und die Anbindung von REST/JSON Schnittstellen.

25.1. Aufteilung des Projekts

Wie bereits in Kapitel 6.4 erwähnt sollte ein Projekt mindestens in UI, Infrastructure und Core aufgeteilt werden. Spätestens bei größeren Projekten lohnt es sich, diese Aufteilung tatsächlich über getrennte Module zu realisieren. Bei Xcode dienen dazu Workspaces. Ein Projekt muss dazu über „Save as Workspace…" im Menu „File" in einem Workspace gespeichert werden. Dann können diesem Workspace weitere Projekte hinzugefügt werden[1].

25.2. Bibliothek Common Ports

Für den Swift Package Manager habe ich ein paar hilfreiche Protocols zusammengestellt[2], die gerne genutzt werden können.

25.3. Minimales Beispiel

Für ein minimales Beispiel greifen wir das Beispiel aus Kapitel 6.5 auf. Es geht also darum, dass ein Supercomputer die Antwort auf die „Ultimate Question of Life, The Universe, and Everything" geben soll.

25.3.1. Core

Der Core der Applikation muss einen Supercomputer nutzen können, der Fragen beantwortet. Dieser Supercomputer gehört nicht zum Core selbst, daher wird er über ein Protocol beschrieben. Da die Antwort gegebenenfalls etwas länger dauern könnte, erlauben wir eine asynchrone Antwort.

```
import Foundation

public protocol SuperComputer {
    func answer(question: String) async throws -> String
}
```

Als Schnittstelle nach außen (Port) können wir verschiedene Konzepte nutzen. Hier nutzen wir ein Command. Es bietet sich an, dafür ein Protocol zu definieren, dass für viele Commands passt. Auf dieses Protocol könnte im konkreten Fall aber auch verzichtet werden:

---

[1]https://medium.com/kinandcartacreated/modular-ios-splitting-a-workspace-into-modules-33129
 bietet eine detaillierte Beschreibung
[2]https://github.com/Italbytz/spm-ports-common

```
import Foundation

public protocol CommandHandler {
    associatedtype inDTOType
    associatedtype outDTOType

    /// Executes the UseCase.
    ///
    /// - parameter inDTO: Encapsulated inDTO parameters.
    /// - returns: Result with outDTOType or Error
    func execute(inDTO : inDTOType) async throws -> outDTOType
}
```

Die Ausführung beinhaltet damit letztenendes das Weitergeben der Frage an den Supercomputer und das Weitergeben der Antwort:

```
import Foundation
import UltimateAnswerCommon

public class GetAnswerCommand : CommandHandler {
    public typealias inDTOType = String
    public typealias outDTOType = String

    var superComputer : SuperComputer

    public init(superComputer: SuperComputer) {
        self.superComputer = superComputer
    }

    public func execute(inDTO: String) async throws -> String {
        return try await superComputer.answer(question: inDTO)
    }

}
```

25.3.2. Infrastructure

Als Supercomputer nutzen wir DeepThought:

```
import Foundation

class DeepThought {

    func provideAnswer() async throws -> Int {
        sleep(1)
```

```
        return 42
    }
}
```

Damit dieser vom Core genutzt werden kann, benötigen wir einen entsprechenden Adapter:

```
import Foundation
import UltimateAnswerCore

public class SuperComputerAdapter : SuperComputer {

    let deepThought = DeepThought()

    public init() {

    }

    public func answer(question: String) async throws -> String {
        return try await deepThought.provideAnswer().description
    }

}
```

25.3.3. UI

Das UI erlaubt das Eingeben einer Frage, das Anstoßen des Commands und die Präsentation der Antwort:

```
import SwiftUI
import UltimateAnswerCore
import UltimateAnswerInfrastructure

struct ContentView: View {
    let service = GetAnswerCommand(superComputer: SuperComputerAdapter())

    @State var question = ""
    @State var answer = ""

    var body: some View {
        VStack(alignment: .center) {
            TextField("Enter question", text: $question)
            Button(action: start) {
                Text("Start")
            }
```

```
            Text(answer)
        }
    }

    func start() {
        Task(priority: .medium) {
            do{
                try success(value: await service.execute(inDTO: question))
            } catch let error {
                failure(error: error)
            }
        }
    }

    func success(value: String) {
        answer = value
    }

    func failure(error: Error) {
        debugPrint(error.localizedDescription)
    }
}

struct ContentView_Previews: PreviewProvider {
    static var previews: some View {
        ContentView()
    }
}
```

Der Quellcode dieses Rezepts ist öffentlich zugänglich[3].

25.4. Kommunikation über HTTP insbesondere für REST

HTTP-Kommunikation kann sowohl über Bordmittel, als auch mit externen Bibliotheken realisiert werden. Eine beliebte externe Bibliothek ist „Alamofire". Da die Vorteile gegenüber der Nutzung der Bordmittel für viele Einsatzzwecke inzwischen nicht mehr so groß sind, konzentrieren wir uns hier auf die Bordmittel. Reine HTTP-Verbindungen werden bei iOS standardmäßig zunächst nicht zugelassen. Wie man dazu Ausnahmen definiert steht am Beginn von Kapitel 30.

---

[3]https://github.com/RobinNunkesser/swift-recipes/tree/main/UltimateAnswer (Revision: 9fc2f5c)

25.4.1. Komplettes Beispiel

Wir benutzen hier die Test-API JSONPlaceholder[4]. Diese bietet unter Anderem eine Schnittstelle um gepostete Nachrichten über REST/JSON abzufragen und Posts zu erstellen. Damit stellt sie ein gutes Beispiel für ein Repository dar. Allgemein könnte ein Repository in Swift folgendermaßen aufgebaut sein:

```
import Foundation

/// A `Repository` represents a data storage.
public protocol Repository {

}
```

```
import Foundation

/// A `CrudRepository` represents a data storage with CRUD operations.
public protocol CrudRepository : Repository, DataSink, DataSource {

}
```

```
import Foundation

/// A `DataSource` represents a data source (the R of CRUD).
public protocol DataSource {
    associatedtype idType
    associatedtype entityType

    /// Retrieves an entity.
    ///
    /// - parameter id: ID of the entity to retrieve.
    /// - returns: An entity.
    func retrieve(id: idType) async throws -> entityType

    /// Retrieves all entities.
    ///
    /// - returns: All entities.
    func retrieveAll() async throws -> [entityType]

}
```

---

[4]https://jsonplaceholder.typicode.com

```
import Foundation

/// A `DataSink` represents a data sink (the CUD of CRUD).
public protocol DataSink {
    associatedtype idType
    associatedtype entityType

    /// Create an entity.
    ///
    /// - parameter entity: The entity to create.
    /// - returns: ID of the created entity.
    func create(entity: entityType) async throws -> idType

    /// Updates an entity.
    ///
    /// - parameter id: ID of the entity to update.
    /// - parameter entity: Updated entity.
    /// - returns: Boolean indicating success or failure.
    func update(id: idType, entity: entityType) async throws -> Bool

    /// Deletes an entity.
    ///
    /// - parameter id: ID of the entity to delete.
    /// - returns: Boolean indicating success or failure.
    func delete(id: idType) async throws -> Bool
}
```

25.4.2. Core

Der Core der Applikation soll sich in diesem einfachen Beispiel darauf beschränken einen Post abzurufen. Ein Post besteht aus folgenden Elementen:

```
import Foundation

public protocol Post : CustomStringConvertible {
    var userID: Int {get set}
    var id: Int {get set}
    var title: String {get set}
    var body: String {get set}
}
```

Das Abrufen eines Posts soll wieder über ein Command erfolgen. Dieses benötigt in einem DTO die ID des abzurufenden Posts:

337

```
import Foundation

public protocol ID {
    var id: Int {get set}
}
```

Insgesamt ist das Command damit folgendermaßen aufgebaut:

```
import Foundation
import CommonPorts

public protocol GetPostCommand : Command where outDTOType == Post,
                                               inDTOType == ID
{
}
```

Die Ausführung beinhaltet damit letztenendes das Weitergeben der ID an das Repository und das Weitergeben der Antwort:

```
import Foundation
import CommonPorts

public class ConcreteGetPostCommand<repoType : CrudRepository> : GetPostCommand {
    let repository : repoType

    public init(repository: repoType) {
        self.repository = repository
    }

    public func execute(inDTO: ID) async throws -> Post {
        return try await
            repository.retrieve(id: inDTO.id as! repoType.idType) as! Post
    }
}
```

25.4.3. Infrastructure

Beginnen wir in der konkreten Umsetzung der Infrastruktur nun mit dem spezifischen Model für einen Post. Mit den aktuellen Versionen von Swift kann JSON über das Interface Codable automatisch umgewandelt werden. Das Tool quicktype[5] kann passenden Code aus JSON erzeugen. Hier ergibt sich:

---

[5]https://app.quicktype.io/

```
// This file was generated from JSON Schema using quicktype, do not modify it directly.
// To parse the JSON, add this file to your project and do:
//
//   let post = try? newJSONDecoder().decode(PostEntity.self, from: jsonData)

import Foundation

// MARK: - PostEntity
public class PostEntity: Codable {
    public var userID, id: Int
    public var title, body: String

    enum CodingKeys: String, CodingKey {
        case userID = "userId"
        case id, title, body
    }

    public init(userID: Int, id: Int, title: String, body: String) {
        self.userID = userID
        self.id = id
        self.title = title
        self.body = body
    }
}
```

Die konkrete Umsetzung sieht dann so aus:

```
import Foundation

enum FetchError: Error {
    case statusCodeMissing
    case statusCodeNotOk
}

class JSONPlaceholderFoundationAPI {
    let url = URL(string: "https://jsonplaceholder.typicode.com")!
    let session = URLSession(configuration: .default)

    func readAllPosts() async throws -> [PostEntity] {
        let request = URLRequest(url: url.appendingPathComponent("posts"))
        let (data, response) = try await session.data(for: request)
        return try self.processResponse(data: data, response: response)
    }

    func readPost(id: Int) async throws -> PostEntity {
        let request = URLRequest(url: url.appendingPathComponent("posts")
                                .appendingPathComponent("\(id)"))
        let (data, response) = try await session.data(for: request)
```

```
            return try self.processResponse(data: data, response: response)
    }

    func createPost(post: PostEntity) async throws -> PostEntity {
        var request = URLRequest(url: url.appendingPathComponent("posts"))
        request.httpMethod = "POST"
        request.addValue("application/json",
                         forHTTPHeaderField: "Content-Type")
        let payload = try! JSONEncoder().encode(post)
        let (data, response) =
        try await session.upload(for: request, from: payload)
        return try self.processResponse(data: data, response: response)
    }

    func processResponse<Value : Decodable>(data: Data, response: URLResponse)
    throws -> Value {
        guard let statusCode = (response as? HTTPURLResponse)?.statusCode else {
            throw FetchError.statusCodeMissing
        }
        guard statusCode >= 200 && statusCode < 300 else {
            throw FetchError.statusCodeNotOk

        }
        let decoder = JSONDecoder()
        return try decoder.decode(Value.self, from: data)
    }

}
```

Damit diese vom Core genutzt werden kann, benötigen wir einen entsprechenden Adapter:

```
import Foundation
import CommonPorts
import PlaceholderPostsCore

public class PostRepositoryAdapter : CrudRepository {
    public typealias idType = Int
    public typealias entityType = Post

    var adaptee = JSONPlaceholderFoundationAPI()

    public init() {
    }

    public func create(entity: Post) async throws -> Int {
        let post = PostEntity(userID: entity.userID, id: entity.id,
                              title: entity.title, body: entity.body)
```

```
        let response = try await adaptee.createPost(post: post)
        return response.id
    }

    public func retrieve(id: Int) async throws -> Post {
        let post = try await adaptee.readPost(id: id)
        return post as Post
    }

    public func retrieveAll() async throws -> [Post] {
        let posts = try await adaptee.readAllPosts()
        return posts.map({$0 as Post})
    }

    public func update(id: Int, entity: Post) async throws -> Bool {
        debugPrint("Not implemented")
        abort()
    }

    public func delete(id: Int) async throws -> Bool {
        debugPrint("Not implemented")
        abort()
    }

}

extension PostEntity : Post {
    public var description: String {
        return "UserId: \(userID)\nId: \(id)\nTitle: \(title)\nBody: \(body)\n"
    }
}
```

Dieser macht über eine Extension `PostEntity` zu `Post` kompatibel.

25.4.4. UI

Das UI erlaubt das Eingeben einer ID, das Anstoßen des Commands und die Präsentation der Antwort. Für die Übertragung der ID ist noch ein DTO nötig:

```
import Foundation
import PlaceholderPostsCore

public class GetPostCommandDTO : ID {
    public var id : Int
```

```
        internal init(id: Int) {
            self.id = id
        }
}


import SwiftUI
import PlaceholderPostsInfrastructure
import PlaceholderPostsCore

struct ContentView: View {
    @State var id = ""
    @State var result = ""
    @State private var showError = false
    @State private var errorText = ""

    var body: some View {
        VStack(alignment: .center) {
            TextField("Enter id", text: $id)
                .keyboardType(.numberPad)
            Button(action: start) {
                Text("Start")
            }
            Text(result)
        }.alert(isPresented: $showError) { () -> Alert in
            Alert(title: Text("Error"), message: Text(errorText),
                dismissButton: .cancel(Text("OK")))
        }
    }

    func start() {
        let service = ConcreteGetPostCommand(repository: PostRepositoryAdapter())
        Task(priority: .medium) {
            do {
                try success(value:
                    await service.execute(inDTO: GetPostCommandDTO(id: Int(id)!)))
            } catch let error {
                failure(error: error)
            }
        }
    }

    func success(value: PlaceholderPostsCore.Post) {
        result = value.description
    }

    func failure(error: Error) {
        result = ""
        errorText = error.localizedDescription
```

```
        showError.toggle()
    }}

struct ContentView_Previews: PreviewProvider {
    static var previews: some View {
        ContentView()
    }
}
```

Tests

Durch den Aufbau des Rezepts gemäß Hexagonal Architecture lässt sich ein hoher Anteil des Codes recht gut testen. Im Sinne einer kompakten Darstellung decken wir hier aber nur ein Teil aller möglichen Fälle ab. Die Infrastruktur ließe sich beispielsweise folgendermaßen testen:

```
import XCTest
@testable import PlaceholderPostsInfrastructure

final class PlaceholderPostsInfrastructureTests: XCTestCase {

    var api = JSONPlaceholderFoundationAPI()

    func testReadAllPosts() async throws {
        let response = try await api.readAllPosts()
        XCTAssertEqual(response.count, 100)
    }

    func testReadPost() async throws {
        let response = try await api.readPost(id: 1)
        XCTAssertEqual(response.id, 1)
        XCTAssertEqual(response.userID, 1)
        XCTAssertEqual(response.title.prefix(15), "sunt aut facere")
        XCTAssertEqual(response.body.prefix(15), "quia et suscipi")
    }

    func testCreatePost() async throws {
        let post = PostEntity(userID: 1, id: 2, title: "foo", body: "bar")
        let response = try await api.createPost(post: post)
        XCTAssertEqual(response.id, 101)
        XCTAssertEqual(response.userID, 1)
        XCTAssertEqual(response.title, "foo")
        XCTAssertEqual(response.body, "bar")
    }

    static var allTests = [
```

```
        ("testReadAllPosts", testReadAllPosts),
        ("testReadPost", testReadPost),
        ("testCreatePost", testCreatePost),
    ]
}
```

Der Quellcode dieses Rezepts ist öffentlich zugänglich[6].

---

[6]https://github.com/RobinNunkesser/swift-recipes/tree/main/PlaceholderPosts   (Revision: 3a878fb)

26. Kotlin und Jetpack Compose

In diesem Kapitel geht es um eine mögliche Umsetzung von Hexagonal Architecture mit Kotlin und die Anbindung von REST/JSON Schnittstellen.

26.1. Aufteilung des Projekts

Wie bereits in Kapitel 6.4 erwähnt sollte ein Projekt mindestens in UI, Infrastructure und Core aufgeteilt werden. Spätestens bei größeren Projekten lohnt es sich, diese Aufteilung tatsächlich über getrennte Module zu realisieren. Bei Android Studio gibt es dazu die Möglichkeit über „New Module.." im Menu „File" Module hinzuzufügen. Es bietet sich an, vor allem mit Kotlin Libraries zu arbeiten, weil sich diese lokal testen und plattformübergreifend nutzen lassen. Für den Zugriff auf ein Modul reicht es eine lokale Dependency in build.gradle hinzuzufügen:

```
dependencies {
    ...
    implementation(project(":core"))
}
```

Bei Kotlin Libraries muss man aktuell noch Unit Tests von Hand hinzufügen, dafür reicht es aber, das Verzeichnis src/test/java hinzuzufügen und die Dependencies um JUnit zu ergänzen:

```
dependencies {
    ...
    testImplementation 'junit:junit:4.+'
}
```

26.2. Bibliothek Common Ports

Über Maven Central habe ich ein paar hilfreiche Interfaces bereitgestellt[1], die gerne genutzt werden können.

26.3. Minimales Beispiel

Für ein minimales Beispiel greifen wir das Beispiel aus Kapitel 6.5 auf. Es geht also darum, dass ein Supercomputer die Antwort auf die „Ultimate Question of Life, The Universe, and Everything" geben soll.

26.3.1. Core

Der Core der Applikation muss einen Supercomputer nutzen können, der Fragen beantwortet. Dieser Supercomputer gehört nicht zum Core selbst, daher wird er über ein Interface beschrieben. Da die Antwort gegebenenfalls etwas länger dauern könnte, erlauben wir eine asynchrone Antwort.

```
package de.hshl.isd.core.ports

interface SuperComputer {
    suspend fun answer(question: String): String
}
```

---

[1] https://search.maven.org/artifact/io.github.italbytz.ports/common

Als Schnittstelle nach außen (Port) können wir verschiedene Konzepte nutzen. Hier nutzen wir ein Command. Es bietet sich an, dafür ein Interface zu definieren, das für viele Commands passt. Auf dieses Interface könnte im konkreten Fall aber auch verzichtet werden:

```
package io.github.italbytz.ports.common

interface Command<InDTOType, OutDTOType> {

    /**
     * Executes the UseCase asynchronously.
     *
     * @param inDTO encapsulated inDTO parameters.
     * @return A return value of type OutDTOType.
     */
    suspend fun execute(inDTO: InDTOType) : OutDTOType
}
```

Die Ausführung beinhaltet damit letztenendes das Weitergeben der Frage an den Supercomputer und das Weitergeben der Antwort:

```
package de.hshl.isd.core.ports

import io.github.italbytz.ports.common.Command

interface GetAnswerCommand : Command<String, String>


package de.hshl.isd.core

import de.hshl.isd.core.ports.GetAnswerCommand
import de.hshl.isd.core.ports.SuperComputer
import kotlinx.coroutines.Dispatchers
import kotlinx.coroutines.GlobalScope
import kotlinx.coroutines.launch
import kotlinx.coroutines.withContext

class ConcreteGetAnswerCommand(val superComputer: SuperComputer)
    : GetAnswerCommand{
    override suspend fun execute(inDTO: String): String {
        return superComputer.answer(inDTO)
    }

}
```

runCatching ist ein schönes Konzept zur Fehlerbehandlung, was erfolgreiche Antworten oder etwaig auftretende Fehler in ein Result kapselt, auf das beispielsweise mit onSuccess und onFailure Funktionen für die jeweiligen Fälle definiert werden können.

26.3.2. Infrastructure

Als Supercomputer nutzen wir DeepThought:

```
package de.hshl.isd.infrastructure

import kotlinx.coroutines.delay

class DeepThought {
    suspend fun provideAnswer(): Int {
        delay(1000L)
        return 42
    }
}
```

Damit dieser vom Core genutzt werden kann, benötigen wir einen entsprechenden Adapter:

```
package de.hshl.isd.infrastructure.adapters

import de.hshl.isd.core.ports.SuperComputer
import de.hshl.isd.infrastructure.DeepThought

class SuperComputerAdapter(var adaptee: DeepThought = DeepThought()) :
    SuperComputer {

    override suspend fun answer(question: String): String {
        return adaptee.provideAnswer().toString()
    }
}
```

26.3.3. UI

Das UI erlaubt das Eingeben einer Frage, das Anstoßen des Commands und die Präsentation der Antwort:

```
package de.hshl.isd.ultimateanswer

import android.os.Bundle
import android.util.Log
import androidx.activity.ComponentActivity
import androidx.activity.compose.setContent
import androidx.compose.foundation.layout.Column
import androidx.compose.material.*
import androidx.compose.runtime.*
import androidx.compose.ui.tooling.preview.Preview
import de.hshl.isd.core.ConcreteGetAnswerCommand
import de.hshl.isd.infrastructure.adapters.SuperComputerAdapter
import de.hshl.isd.ultimateanswer.ui.theme.UltimateAnswerTheme
import kotlinx.coroutines.GlobalScope
import kotlinx.coroutines.MainScope
import kotlinx.coroutines.launch

class MainActivity : ComponentActivity() {
    override fun onCreate(savedInstanceState: Bundle?) {
        super.onCreate(savedInstanceState)
        setContent {
            UltimateAnswerTheme {
                Surface(color = MaterialTheme.colors.background) {
                    MainContent()
                }
            }
        }
    }
}

@Composable
fun MainContent() {
    val tag = "MainContent"
    var question by remember { mutableStateOf("") }
    var resultText by remember { mutableStateOf("") }
    val service = ConcreteGetAnswerCommand(SuperComputerAdapter())
    val scope = rememberCoroutineScope()

    fun success(value: String) {
        resultText = value
    }

    fun failure(error: Throwable) {
        Log.e(tag, error.localizedMessage!!)
    }

    Column {
        TextField(
            value = question,
```

```
                onValueChange = {
                    question = it
                }
            )
        Button(onClick = {
            scope.launch {
                runCatching { service.execute(question) }
                    .onSuccess(::success)
                    .onFailure(::failure)
            }
        }) {
            Text("Start")
        }
        Text(resultText)
    }
}
@Preview(showBackground = true)
@Composable
fun DefaultPreview() {
    UltimateAnswerTheme {
        MainContent()
    }
}
```

Der Quellcode dieses Rezepts ist öffentlich zugänglich[2].

26.4. Kommunikation über HTTP insbesondere für REST

Für diesen Fall bieten sich meist externe Bibliotheken an. Die externe Bibliothek, die wir hier nutzen ist Retrofit[3] von Square, die auf OkHttp aufsetzt. Die Einbindung über gradle erfolgt mit

- `com.squareup.retrofit2:retrofit` (Kern)
- `com.squareup.retrofit2:converter-gson` (eine Option zum konvertieren von JSON)

Wir benutzen hier die Test-API JSONPlaceholder[4]. Diese bietet unter Anderem eine Schnittstelle um gepostete Nachrichten über REST/JSON abzufragen und Posts zu erstellen. Damit stellt sie ein gutes Beispiel für ein Reposito-

---

[2]https://github.com/RobinNunkesser/kotlin-recipes/tree/main/UltimateAnswer   (Revision: 0347ccc)

[3]https://square.github.io/retrofit/

[4]https://jsonplaceholder.typicode.com

ry dar. Allgemein könnte ein Repository in Kotlin folgendermaßen aufgebaut sein:

```kotlin
package io.github.italbytz.ports.common

/**
 * A `Repository` represents a data storage.
 */
interface Repository {
}
```

```kotlin
package io.github.italbytz.ports.common

/**
 * A `CrudRepository` represents a data storage.
 */
interface CrudRepository<IdType, EntityType> : Repository,
    DataSource<IdType, EntityType>, DataSink<IdType, EntityType> {
}
```

```kotlin
package io.github.italbytz.ports.common

/**
 * A `DataSource` represents a data source.
 */
interface DataSource<IdType, EntityType> {
    /**
     * Retrieves an entity.
     *
     * @param id ID of the entity to retrieve.
     * @return An entity.
     */
    suspend fun retrieve(id: IdType): EntityType

    /**
     * Retrieves all entities.
     *
     * @return All entities.
     */
    suspend fun retrieveAll(): List<EntityType>
}
```

```kotlin
package io.github.italbytz.ports.common

/**
 * A `DataSink` represents a data sink.
 */
```

```
interface DataSink<IdType, EntityType> {
    /**
     * Create an entity.
     *
     * @param entity The entity to create.
     * @return ID of the created entity.
     */
    suspend fun create(entity: EntityType): IdType

    /**
     * Updates an entity.
     *
     * @param id ID of the entity to update.
     * @param entity Updated entity.
     * @return Boolean indicating success or failure.
     */
    suspend fun update(id: IdType, entity: EntityType): Boolean

    /**
     * Deletes an entity.
     *
     * @param id ID of the entity to delete.
     * @return Boolean indicating success or failure.
     */
    suspend fun delete(id: IdType): Boolean
}
```

26.4.1. Core

Der Core der Applikation soll sich in diesem einfachen Beispiel darauf beschränken einen Post abzurufen. Ein Post besteht aus folgenden Elementen:

```
package de.hshl.isd.placeholderposts.core.ports

interface Post {
    val userID: Long
    val id: Long
    val title: String
    val body: String
}
```

Das Abrufen eines Posts soll wieder über ein Command erfolgen. Dieses benötigt in einem DTO die ID des abzurufenden Posts:

```
package de.hshl.isd.placeholderposts.core.ports

interface PostIDDTO {
    val id: Long
}
```

Die Ausführung beinhaltet damit letztenendes das Weitergeben der ID an das Repository und das Weitergeben der Antwort:

```
package de.hshl.isd.placeholderposts.core.ports

import io.github.italbytz.ports.common.Command

interface GetPostCommand : Command<PostIDDTO, String>
```

```
package de.hshl.isd.placeholderposts.core

import de.hshl.isd.placeholderposts.core.ports.GetPostCommand
import de.hshl.isd.placeholderposts.core.ports.PostIDDTO
import de.hshl.isd.placeholderposts.core.ports.Post
import io.github.italbytz.ports.common.CrudRepository
import kotlinx.coroutines.*

class ConcreteGetPostCommand(private val repository: CrudRepository<Long, Post>) :
    GetPostCommand {

    override suspend fun execute(inDTO: PostIDDTO): String {
        return withContext(Dispatchers.IO) {
            (repository.retrieve(inDTO.id)).toString()
        }
    }

}
```

26.4.2. Infrastructure

Beginnen wir in der konkreten Umsetzung der Infrastruktur nun mit dem spezifischen Model für einen Post. Da Retrofit für dieses Beispiel den Konverter Gson[5] nutzt, kann die Antwort bei gleicher Namensgebung automatisch umgewandelt werden. Das Tool quicktype[6] kann passenden Code aus JSON erzeugen. Hier ergibt sich:

---

[5]https://github.com/google/gson
[6]https://app.quicktype.io/

```
package io.github.italbytz.infrastructure.jsonplaceholder

/*
 * Represents a post from https://jsonplaceholder.typicode.com/posts/1
 */
data class PlaceholderPost(
    val userId: Long,
    val id: Long,
    val title: String,
    val body: String
)
```

Retrofit erfordert die Modellierung der REST API selbst in einer eigenen Schnittstelle:

```
package io.github.italbytz.infrastructure.jsonplaceholder

import retrofit2.Call
import retrofit2.http.*

/*
 * REST API of https://jsonplaceholder.typicode.com/posts
 */
interface JSONPlaceholderAPI {

    /**
     * Retrieves a post.
     *
     * @param id ID of the post to retrieve.
     * @return A post.
     */
    @GET("posts/{id}")
    fun readPost(@Path("id") id: Long): Call<PlaceholderPost>

    /**
     * Retrieves all posts.
     *
     * @return All posts.
     */
    @GET("posts")
    fun readAllPosts(): Call<List<PlaceholderPost>>

    /**
     * Create a post.
     *
     * @param post The post to create.
     * @return The created post.
     */
```

```kotlin
@POST("posts")
fun createPost(@Body post: PlaceholderPost): Call<PlaceholderPost>

/**
 * Updates a post.
 *
 * @param id ID of the post to update.
 * @param post Updated post.
 * @return The updated post.
 */
@PUT("posts/{id}")
fun updatePost(@Path("id") id: Long, @Body post: PlaceholderPost):
        Call<PlaceholderPost>

/**
 * Deletes a post.
 *
 * @param id ID of the post to delete.
 * @return Boolean indicating success or failure.
 */
@DELETE("posts/{id}")
fun deletePost(@Path("id") id: Long): Call<Void>
}


package io.github.italbytz.infrastructure.jsonplaceholder

import retrofit2.Call
import retrofit2.Retrofit
import retrofit2.converter.gson.GsonConverterFactory

class JSONPlaceholderService : JSONPlaceholderAPI {

    val retrofit =
        Retrofit.Builder().baseUrl("https://jsonplaceholder.typicode.com")
            .addConverterFactory(GsonConverterFactory.create())
            .build()

    var service: JSONPlaceholderAPI =
        retrofit.create(JSONPlaceholderAPI::class.java)

    override fun readPost(id: Long): Call<PlaceholderPost> =
        service.readPost(id)

    override fun readAllPosts(): Call<List<PlaceholderPost>> =
        service.readAllPosts()

    override fun createPost(post: PlaceholderPost): Call<PlaceholderPost> =
        service.createPost(post)
```

```
override fun updatePost(id: Long, post: PlaceholderPost): Call<PlaceholderPost> =
    service.updatePost(id, post)

override fun deletePost(id: Long): Call<Void> =
    service.deletePost(id)
}
```

Damit diese vom Core genutzt werden kann, benötigen wir einen entsprechenden Adapter:

```
package de.hshl.isd.placeholderposts.infrastructure.adapters

import de.hshl.isd.placeholderposts.core.ports.Post

data class PostEntity(
    override val userID: Long,
    override val id: Long,
    override val title: String,
    override val body: String
) : Post


package de.hshl.isd.placeholderposts.infrastructure.adapters

import de.hshl.isd.placeholderposts.core.ports.Post
import io.github.italbytz.infrastructure.jsonplaceholder.JSONPlaceholderService
import io.github.italbytz.ports.common.CrudRepository

class PostRepositoryAdapter : CrudRepository<Long, Post> {

    var service = JSONPlaceholderService()

    override suspend fun create(entity: Post): Long {
        val response = service.createPost(entity.toPlaceholderPost()).execute()
        return response.body()!!.id
    }

    override suspend fun retrieve(id: Long): Post {
        val response = service.readPost(id).execute()
        return response.body()!!.toPost()
    }

    override suspend fun retrieveAll(): List<Post> {
        val response = service.readAllPosts().execute()
        return response.body()!!.map { it.toPost() }
    }

    override suspend fun update(id: Long, entity: Post): Boolean {
```

```
val response = service.updatePost(id, entity.toPlaceholderPost()).execute()
return response.body()!!.id == id
}

override suspend fun delete(id: Long): Boolean {
    service.deletePost(id).execute()
    return true
}
}
```

Dieser nutzt noch einfache Umwandlungen zwischen `PlaceholderPost` und Post:

```
package de.hshl.isd.placeholderposts.infrastructure.adapters

import de.hshl.isd.placeholderposts.core.ports.Post
import io.github.italbytz.infrastructure.jsonplaceholder.PlaceholderPost

fun PlaceholderPost.toPost(): Post {
    return PostEntity(this.userId, this.id, this.title, this.body)
}

fun Post.toPlaceholderPost(): PlaceholderPost {
    return PlaceholderPost(this.userID, this.id, this.title, this.body)
}
```

26.4.3. UI

Das UI erlaubt das Eingeben einer ID, das Anstoßen des Commands und die Präsentation der Antwort:

```
package de.hshl.isd.posts

import android.os.Bundle
import android.util.Log
import androidx.activity.ComponentActivity
import androidx.activity.compose.setContent
import androidx.compose.foundation.layout.Column
import androidx.compose.material.*
import androidx.compose.runtime.*
import de.hshl.isd.placeholderposts.core.ConcreteGetPostCommand
import de.hshl.isd.placeholderposts.core.ports.PostIDDTO
import de.hshl.isd.placeholderposts.infrastructure.adapters.PostRepositoryAdapter
import de.hshl.isd.posts.ui.theme.PostsTheme
import kotlinx.coroutines.*
```

```kotlin
class MainActivity : ComponentActivity() {
    override fun onCreate(savedInstanceState: Bundle?) {
        super.onCreate(savedInstanceState)
        setContent {
            PostsTheme {
                Surface(color = MaterialTheme.colors.background) {
                    MainContent()
                }
            }
        }
    }
}

@Composable
fun MainContent() {
    val tag = "MainContent"
    var id by remember { mutableStateOf("1") }
    var resultText by remember { mutableStateOf("") }
    val service = ConcreteGetPostCommand(PostRepositoryAdapter())
    val scope = rememberCoroutineScope()

    fun success(value: String) {
        resultText = value
    }

    fun failure(error: Throwable) {
        Log.e(tag, error.localizedMessage!!)
    }

    Column {
        TextField(
            value = id,
            onValueChange = {
                id = it
            }
        )
        Button(onClick = {
            scope.launch {
                kotlin.runCatching {
                    service.execute(ConcretePostIDDTO(id.toLong()))
                }
                    .onSuccess(::success)
                    .onFailure(::failure)
            }
        }) {
            Text("Start")
        }
        Text(resultText)
    }
}
```

```
}
```

Tests

Durch den Aufbau des Rezepts gemäß Hexagonal Architecture lässt sich ein hoher Anteil des Codes recht gut testen. Im Sinne einer kompakten Darstellung decken wir hier aber nur ein Teil aller möglichen Fälle ab. Die Infrastruktur ließe sich beispielsweise folgendermaßen testen:

```kotlin
package de.hshl.isd.placeholderposts.infrastructure

import de.hshl.isd.placeholderposts.infrastructure.adapters.PostEntity
import de.hshl.isd.placeholderposts.infrastructure.adapters.PostRepositoryAdapter
import kotlinx.coroutines.runBlocking
import org.junit.Assert
import org.junit.Test
import org.junit.internal.runners.statements.Fail

class InfrastructureTests {
    @Test
    fun readAllPosts() {
        val adapter = PostRepositoryAdapter()
        runBlocking {
            kotlin.runCatching {
                adapter.retrieveAll()
            }
                .onFailure { Fail(it) }
                .onSuccess {
                    Assert.assertEquals(100, it.count())
                }
        }
    }

    @Test
    fun readPost() {
        val adapter = PostRepositoryAdapter()
        runBlocking {
            kotlin.runCatching {
                adapter.retrieve(1)
            }
                .onFailure { Fail(it) }
                .onSuccess {
                    Assert.assertEquals(1, it.userID)
                    Assert.assertEquals(1, it.id)
                    Assert.assertTrue(it.title.startsWith("sunt aut facere"))
                    Assert.assertTrue(it.body.startsWith("quia et suscipit"))
```

```kotlin
                }
            }
        }

    @Test
    fun createPost() {
        val adapter = PostRepositoryAdapter()
        runBlocking {
            kotlin.runCatching {
                adapter.create(PostEntity(1, 1, "foo", "bar"))
            }
                .onFailure { Fail(it) }
                .onSuccess {
                    Assert.assertEquals(101, it)
                }
        }
    }

    @Test
    fun deletePost() {
        val adapter = PostRepositoryAdapter()
        runBlocking {
            kotlin.runCatching {
                adapter.delete(1)
            }
                .onFailure { Fail(it) }
                .onSuccess {
                    Assert.assertTrue(it)
                }
        }
    }

    @Test
    fun updatePost() {
        val adapter = PostRepositoryAdapter()
        runBlocking {
            kotlin.runCatching {
                adapter.update(1, PostEntity(1, 1, "foo", "bar"))
            }
                .onFailure { Fail(it) }
                .onSuccess {
                    Assert.assertTrue(it)
                }
        }
    }
}
```

Der Quellcode dieses Rezepts ist öffentlich zugänglich[7].

---

[7] https://github.com/RobinNunkesser/kotlin-recipes/tree/main/Posts (Revision: 8e3b6d4)

27. C# und .NET MAUI

In diesem Kapitel geht es um eine mögliche Umsetzung von Hexagonal Architecture mit C# und die Anbindung von REST/JSON Schnittstellen.

27.1. Aufteilung des Projekts

Wie bereits in Kapitel 6.4 erwähnt sollte ein Projekt mindestens in UI, Infrastructure und Core aufgeteilt werden. Spätestens bei größeren Projekten lohnt es sich, diese Aufteilung tatsächlich über getrennte Module zu realisieren. Bei C# ist diese Aufteilung in eine Solution mit Unterprojekten sowieso schon üblich.

27.2. Bibliothek Common Ports

Für nuget habe ich ein paar hilfreiche Interfaces und Klassen zusammengestellt[1], die gerne genutzt werden können.

27.3. Minimales Beispiel

Für ein minimales Beispiel greifen wir das Beispiel aus Kapitel 6.5 auf. Es geht also darum, dass ein Supercomputer die Antwort auf die „Ultimate Question of Life, The Universe, and Everything" geben soll.

27.3.1. Core

Der Core der Applikation muss einen Supercomputer nutzen können, der Fragen beantwortet. Dieser Supercomputer gehört nicht zum Core selbst, daher wird er über ein Interface beschrieben. Da die Antwort gegebenenfalls etwas länger dauern könnte, erlauben wir eine asynchrone Antwort.

```csharp
using System.Threading.Tasks;
using Italbytz.Ports.Common;

namespace UltimateAnswer.Core.Ports
{
    public interface ISuperComputer
    {
        Task<string> Answer(string question);
    }
}
```

Als Schnittstelle nach außen (Port) können wir verschiedene Konzepte nutzen. Hier nutzen wir einen Service. Es bietet sich an, dafür ein Interface zu definieren, das für viele Services passt. Auf dieses Interface könnte im konkreten Fall aber auch verzichtet werden:

---

[1]https://www.nuget.org/packages/Italbytz.Ports.Common/

```
using System;
using System.Threading.Tasks;

namespace Italbytz.Ports.Common
{
    /// <summary>
    /// A Service asynchronously executes business logic for a use case.
    /// </summary>
    public interface IService<in TInDTO, TOutDTO>
    {
        /// <summary>
        /// Executes the use case.
        /// </summary>
        /// <param name="inDTO">Encapsulated inDTO parameters.</param>
        Task<TOutDTO> Execute(TInDTO inDTO);
    }

    /// <summary>
    /// A Service asynchronously executes business logic for a use case.
    /// </summary>
    public interface IService<TOutDTO>
    {
        /// <summary>
        /// Executes the use case.
        /// </summary>
        Task<TOutDTO> Execute();
    }
}
```

Die Ausführung beinhaltet damit letztenendes das Weitergeben der Frage an
den Supercomputer und das Weitergeben der Antwort an einen passenden
Handler der aufrufenden Funktion:

```
using Italbytz.Ports.Common;

namespace UltimateAnswer.Core.Ports
{
    public interface IGetAnswerService : IService<string, string>
    {
    }
}
```

```
using System;
using System.Threading.Tasks;
using UltimateAnswer.Core.Ports;

namespace UltimateAnswer.Core
```

```
{
    public class GetAnswerService : IGetAnswerService
    {
        private readonly ISuperComputer _superComputer;

        public GetAnswerService(ISuperComputer superComputer)
        {
            _superComputer = superComputer;
        }

        public async Task<String> Execute(String inDTO) =>
            await _superComputer.Answer(inDTO);
    }
}
```

27.3.2. Infrastructure

Als Supercomputer nutzen wir DeepThought:

```
using System.Threading.Tasks;

namespace UltimateAnswer.Infrastructure
{
    public class DeepThought
    {
        public async Task<int> ProvideAnswer()
        {
            await Task.Delay(1000);
            return 42;
        }
    }
}
```

Damit dieser vom Core genutzt werden kann, benötigen wir einen entsprechenden Adapter:

```
using System.Threading.Tasks;
using UltimateAnswer.Core.Ports;

namespace UltimateAnswer.Infrastructure.Adapters
{
    public class SuperComputerAdapter : ISuperComputer
    {
        private readonly DeepThought _deepThought;
```

```
    public SuperComputerAdapter(DeepThought deepThought) =>
        _deepThought = deepThought;

    public SuperComputerAdapter() => _deepThought = new DeepThought();

    public async Task<string> Answer(string question) =>
        (await _deepThought.ProvideAnswer()).ToString();
    }
}
```

27.3.3. UI

Das UI erlaubt das Eingeben einer Frage, das Anstoßen des Commands und
die Präsentation der Antwort:

```
<ContentPage xmlns="http://schemas.microsoft.com/dotnet/2021/maui"
             xmlns:x="http://schemas.microsoft.com/winfx/2009/xaml"
             x:Class="UltimateAnswer.MainPage"
             BackgroundColor="{DynamicResource SecondaryColor}">

    <StackLayout HorizontalOptions="CenterAndExpand"
                 VerticalOptions="CenterAndExpand">
        <Entry x:Name="QuestionEntry" Placeholder="Enter question" />
        <Button Text="Process" Clicked="Button_Clicked" />
        <Label x:Name="AnswerLabel" Text="" />
    </StackLayout>
</ContentPage>
```

```
namespace UltimateAnswer;

using System.Diagnostics;
using Italbytz.Ports.Common;
using UltimateAnswer.Core;
using UltimateAnswer.Infrastructure.Adapters;

public partial class MainPage : ContentPage
{
    private readonly IService<String, String> _service =
        new GetAnswerService(new SuperComputerAdapter());

    public MainPage()
    {
        InitializeComponent();
    }

    private async void Button_Clicked(object sender, EventArgs e)
```

```
{
    try
    {
        Success(await _service.Execute(QuestionEntry.Text));
    }
    catch (Exception ex)
    {
        Failure(ex);
    }
}

private void Success(String value)
{
    AnswerLabel.Text = value;
}

private void Failure(Exception error)
{
    Debug.WriteLine(error);
}
}
```

Der Quellcode dieses Rezepts ist öffentlich zugänglich[2].

27.4. Kommunikation über HTTP insbesondere für REST

Für die Kommunikation mit REST/JSON diensten stehen offizielle Bibliotheken bereit. Die Bibliotheken, die wir hier nutzen sind:

- System.Net.Http
- System.Net.Http.Json
- System.Text.Json

Unter iOS werden HTTP-Verbindungen standardmäßig zunächst nicht zugelassen. Wie man dazu Ausnahmen definiert steht in Kapitel 30.

Wir benutzen hier die Test-API JSONPlaceholder[3]. Diese bietet unter Anderem eine Schnittstelle um gepostete Nachrichten über REST/JSON abzufragen und Posts zu erstellen. Damit stellt sie ein gutes Beispiel für ein Reposi-

---

[2]https://github.com/RobinNunkesser/csharp-recipes/tree/master/UltimateAnswer (Revision: db21940)
[3]https://jsonplaceholder.typicode.com

tory dar. Allgemein könnte ein Repository in C# folgendermaßen aufgebaut sein:

```csharp
using System;
using System.Collections.Generic;
using System.Threading.Tasks;

namespace Italbytz.Ports.Common
{
    /// <summary>
    /// A generic repository.
    /// </summary>
    public interface IRepository<TId, TEntity>
    {
    }
}
```

```csharp
using System;
using System.Collections.Generic;
using System.Threading.Tasks;

namespace Italbytz.Ports.Common
{
    /// <summary>
    /// Repository with CRUD operations.
    /// </summary>
    public interface ICrudRepository<TId, TEntity> : IRepository<TId, TEntity>,
        IDataSource<TId, TEntity>, IDataSink<TId, TEntity>
    {
    }
}
```

```csharp
using System;
using System.Collections.Generic;
using System.Threading.Tasks;

namespace Italbytz.Ports.Common
{
    /// <summary>
    /// A data source (the R of a CRUD Repository).
    /// </summary>
    public interface IDataSource<TId, TEntity>
    {
        /// <summary>
        /// Retrieves an entity.
        /// </summary>
        /// <param name="id">ID of the entity to retrieve.</param>
        /// <returns>An entity.</returns>
```

```
            Task<TEntity> Retrieve(TId id);

            /// <summary>
            /// Retrieves all entities.
            /// </summary>
            /// <returns>All entities.</returns>
            Task<List<TEntity>> RetrieveAll();
    }
}
```

```
using System;
using System.Threading.Tasks;

namespace Italbytz.Ports.Common
{
    /// <summary>
    /// A data sink (the CUD of a CRUD Repository).
    /// </summary>
    public interface IDataSink<TId, TEntity>
    {
        /// <summary>
        /// Create an entity.
        /// </summary>
        /// <param name="entity">The entity to create.</param>
        /// <returns>ID of the created entity.</returns>
        Task<TId> Create(TEntity entity);

        /// <summary>
        /// Updates an entity.
        /// </summary>
        /// <param name="id">ID of the entity to update.</param>
        /// <param name="entity">Updated entity.</param>
        /// <returns>Boolean indicating success or failure.</returns>
        Task<bool> Update(TId id, TEntity entity);

        /// <summary>
        /// Deletes an entity.
        /// </summary>
        /// <param name="id">ID of the entity to delete.</param>
        /// <returns>Boolean indicating success or failure.</returns>
        Task<bool> Delete(TId id);
    }
}
```

27.4.1. Core

Der Core der Applikation soll sich in diesem einfachen Beispiel darauf beschränken einen Post abzurufen. Ein Post besteht aus folgenden Elementen:

```
using System;
namespace PlaceholderPosts.Core.Ports
{
    public interface IPost
    {
        long UserId { get; set; }
        long Id { get; set; }
        string Title { get; set; }
        string Body { get; set; }
    }
}
```

Das Abrufen eines Posts soll wieder über einen Service erfolgen. Dieser benötigt in einem DTO die ID des abzurufenden Posts:

```
using System;
namespace PlaceholderPosts.Core.Ports
{
    public interface IPostID
    {
        long Id { get; set; }
    }
}
```

```
using System;
using Italbytz.Ports.Common;

namespace PlaceholderPosts.Core.Ports
{
    public interface IGetPostService : IService<IPostID, IPost>
    {
    }
}
```

Die Ausführung beinhaltet damit letztenendes das Weitergeben der ID an das
Repository und das Weitergeben der Antwort an einen passenden Handler
der aufrufenden Funktion:

```
using System;
using System.Threading.Tasks;
using Italbytz.Ports.Common;
using PlaceholderPosts.Core.Ports;

namespace PlaceholderPosts.Core
{
    public class GetPostService : IGetPostService
    {
        private readonly ICrudRepository<long, IPost> _repository;

        public GetPostService(ICrudRepository<long, IPost> repository)
        {
            _repository = repository;
        }

        public async Task<IPost> Execute(IPostID commandDto) =>
            await _repository.Retrieve(commandDto.Id);
    }
}
```

27.4.2. Infrastructure

Beginnen wir in der konkreten Umsetzung der Infrastruktur nun mit dem spezifischen Model für einen Post. Hier ergibt sich:

```
using System.Text.Json.Serialization;

namespace PlaceholderPosts.Infrastructure
{
    public partial class Post
    {
        [JsonPropertyName("userId")]
        public long UserId { get; set; }
        [JsonPropertyName("id")]
        public long Id { get; set; }
        [JsonPropertyName("title")]
        public string Title { get; set; }
        [JsonPropertyName("body")]
        public string Body { get; set; }
    }

}
```

Der Aufruf erfolgt durch:

```
using System;
using System.Collections.Generic;
using System.Net.Http;
using System.Net.Http.Headers;
using System.Net.Http.Json;
using System.Threading.Tasks;
using System.Text.Json;
using PlaceholderPosts.Infrastructure;

namespace HTTPbin.Infrastructure
{
    public class JSONPlaceholderAPI
    {
        private const string MediaTypeJSON = "application/json";

        private static readonly HttpClient HttpClient;

        static JSONPlaceholderAPI()
        {
            HttpClient = new HttpClient()
            {
                BaseAddress = new Uri("https://jsonplaceholder.typicode.com")
            };
            var media = new MediaTypeWithQualityHeaderValue(MediaTypeJSON);
            HttpClient.DefaultRequestHeaders.Accept.Add(media);
        }

        public async Task<List<Post>> ReadAllPosts() =>
            await HttpClient.GetFromJsonAsync<List<Post>>("posts");

        public async Task<Post> ReadPost(long id) =>
            await HttpClient.GetFromJsonAsync<Post>($"posts/{id}");

        public async Task<Post> CreatePost(Post post)
        {
            var response = await HttpClient.PostAsJsonAsync("posts", post);
            response.EnsureSuccessStatusCode();
            var content = await response.Content.ReadAsStringAsync();
            return JsonSerializer.Deserialize<Post>(content);
        }
    }
}
```

Damit die Infrastructure-Implementierung vom Core genutzt werden kann, benötigen wir einen entsprechenden Adapter:

```
using System.Collections.Generic;
using System.Linq;
using System.Threading.Tasks;
using HTTPbin.Infrastructure;
using Italbytz.Ports.Common;
using PlaceholderPosts.Core.Ports;

namespace PlaceholderPosts.Infrastructure
{
    public class PostRepositoryAdapter : ICrudRepository<long, IPost>
    {
        private readonly JSONPlaceholderAPI _api;

        public PostRepositoryAdapter(JSONPlaceholderAPI api) => _api = api;

        public PostRepositoryAdapter() => _api = new JSONPlaceholderAPI();

        public async Task<long> Create(IPost entity)
        {
            var post = await _api.CreatePost(
                new Post()
                {
                    Id = entity.Id,
                    UserId = entity.UserId,
                    Title = entity.Title,
                    Body = entity.Body
                });
            return (long)post.Id;
        }

        public async Task<IPost> Retrieve(long id)
        {
            var post = await _api.ReadPost(id);
            return (IPost)post;
        }

        public async Task<List<IPost>> RetrieveAll()
        {
            var posts = await _api.ReadAllPosts();
            return posts.Select(post => (IPost)post).ToList();
        }

        public Task<bool> Update(long id, IPost entity) =>
            throw new System.NotImplementedException();

        public Task<bool> Delete(long id) =>
            throw new System.NotImplementedException();

    }
```

```
}
```

Dieser nutzt noch kleine Ergänzungen von `Post`:

```csharp
using PlaceholderPosts.Core.Ports;

namespace PlaceholderPosts.Infrastructure
{
    public partial class Post : IPost
    {
        public override string ToString() =>
            $"UserId: {UserId}\nId: {Id}\nTitle: {Title}\nBody: {Body}\n";
    }
}
```

27.4.3. UI

Das UI erlaubt das Eingeben einer ID, das Anstoßen des Services und die Präsentation der Antwort:

```xml
<ContentPage xmlns="http://schemas.microsoft.com/dotnet/2021/maui"
             xmlns:x="http://schemas.microsoft.com/winfx/2009/xaml"
             x:Class="PlaceholderPosts.MainPage"
             BackgroundColor="{DynamicResource SecondaryColor}">

    <StackLayout>
        <Entry x:Name="IdEntry" Placeholder="Id" Keyboard="Numeric" />
        <Button Text="Test Retrieve Post" Clicked="Retrieve_Button_Clicked" />
        <Label x:Name="ResultLabel" HorizontalOptions="Center"
               VerticalOptions="CenterAndExpand" />
    </StackLayout>
</ContentPage>
```

```csharp
using Italbytz.Ports.Common;
using PlaceholderPosts.Core;
using PlaceholderPosts.Core.Ports;
using PlaceholderPosts.Infrastructure;

namespace PlaceholderPosts;

public partial class MainPage : ContentPage
{
    private readonly IService<IPostID, IPost>
        _service = new GetPostService(new PostRepositoryAdapter());
```

375

```
public MainPage()
{
    InitializeComponent();
}

private async void Retrieve_Button_Clicked(object sender, EventArgs e)
{
    try
    {
        ResultLabel.Text = (await _service.Execute(
            new GetPostServiceDTO() { Id = int.Parse(IdEntry.Text) })).ToString(
    }
    catch (Exception ex)
    {
        await DisplayAlert("Fehler", ex.Message, "OK");
    }
}

}
```

Tests

Durch den Aufbau des Rezepts gemäß Explicit Architecture lässt sich ein hoher Anteil des Codes recht gut testen. Im Sinne einer kompakten Darstellung decken wir hier aber nur ein Teil aller möglichen Fälle ab. Die Infrastruktur ließe sich beispielsweise folgendermaßen testen:

```
using System.Threading.Tasks;
using HTTPbin.Infrastructure;
using NUnit.Framework;

namespace PlaceholderPosts.Infrastructure.Tests
{
    public class JsonPlaceholderAPITests
    {
        [SetUp]
        public void Setup()
        {
        }

        [Test]
        public async Task TestReadAllPosts()
        {
            var api = new JSONPlaceholderAPI();
            var result = await api.ReadAllPosts();
```

```
        Assert.AreEqual(100, result.Count);
    }

    [Test]
    public async Task TestReadPost()
    {
        var api = new JSONPlaceholderAPI();
        var result = await api.ReadPost(1);

        Assert.AreEqual(1, result.UserId);
        Assert.AreEqual(1, result.Id);
        Assert.True(result.Title.StartsWith("sunt aut facere repella"));
        Assert.True(result.Body.StartsWith("quia et suscipit\nsuscip"));
    }

    [Test]
    public async Task TestCreatePost()
    {
        var api = new JSONPlaceholderAPI();
        var result = await api.CreatePost(new Post()
        {
            Title = "foo",
            Body = "bar",
            UserId = 1
        });

        Assert.AreEqual(1, result.UserId);
        Assert.AreEqual(101, result.Id);
        Assert.AreEqual("foo", result.Title);
        Assert.AreEqual("bar", result.Body);
    }
  }
}
```

Der Quellcode dieses Rezepts ist öffentlich zugänglich[4].

28. Dart und Flutter

In diesem Kapitel geht es um eine mögliche Umsetzung von Hexagonal Architecture mit Dart und die Anbindung von REST/JSON Schnittstellen.

28.1. Aufteilung des Projekts

Wie bereits in Kapitel 6.4 erwähnt sollte ein Projekt mindestens in UI, Infrastructure und Core aufgeteilt werden. Spätestens bei größeren Projekten lohnt es sich, diese Aufteilung tatsächlich über getrennte Module zu realisieren. Es bietet sich an, vor allem mit Libraries zu arbeiten, weil sich diese lokal testen und plattformübergreifend nutzen lassen. Für den Zugriff auf ein Modul reicht es eine lokale Abhängigkeit in pubspec.yaml hinzuzufügen:

```
dependencies:
  ...
  core:
    path: ./core/
```

28.2. Bibliothek Common Ports

Für pub ich ein paar hilfreiche abstrakte Klassen zusammengestellt[1], die gerne genutzt werden können.

28.3. Minimales Beispiel

Für ein minimales Beispiel greifen wir das Beispiel aus Kapitel 6.5 auf. Es geht also darum, dass ein Supercomputer die Antwort auf die „Ultimate Question of Life, The Universe, and Everything" geben soll.

28.3.1. Core

Der Core der Applikation muss einen Supercomputer nutzen können, der Fragen beantwortet. Dieser Supercomputer gehört nicht zum Core selbst, daher wird er über ein Interface beschrieben. Da die Antwort gegebenenfalls etwas länger dauern könnte, erlauben wir eine asynchrone Antwort.

```
abstract class SuperComputer {
  Future<String> answer(String question);
}
```

Um zwischen erfolgreichen Antworten und Fehlern unterscheiden zu können, nutzen wir die eingebauten Konstrukte von Future.

Als Schnittstelle nach außen (Port) können wir verschiedene Konzepte nutzen. Hier nutzen wir ein Command. Es bietet sich an, dafür ein Interface zu definieren, das für viele Commands passt. Auf dieses Interface könnte im konkreten Fall aber auch verzichtet werden:

---

[1] https://pub.dev/packages/common_ports

```
/// Executes business logic of a use case.
abstract class Command<InDTOType, OutDTOType> {
  /// Executes business logic with input [inDTO].
  Future<OutDTOType> execute(InDTOType inDTO);
}
```

Die Ausführung beinhaltet damit letztenendes das Weitergeben der Frage an den Supercomputer und das Weitergeben der Antwort:

```
import 'package:common_ports/common_ports.dart';

abstract class AbstractGetAnswerCommand implements Command<String, String> {}


import 'package:core/ports/super_computer.dart';
import 'package:core/ports/abstract_get_answer_command.dart';

class GetAnswerCommand implements AbstractGetAnswerCommand {
  SuperComputer superComputer;

  GetAnswerCommand(this.superComputer);

  @override
  Future<String> execute({String inDTO}) {
    return superComputer.answer(inDTO);
  }
}
```

28.3.2. Infrastructure

Als Supercomputer nutzen wir DeepThought:

```
class DeepThought {
  Future<int> provideAnswer() async {
    await Future.delayed(Duration(seconds: 1), () {});
    return 42;
  }
}
```

Damit dieser vom Core genutzt werden kann, benötigen wir einen entsprechenden Adapter:

```
import 'package:core/ports/super_computer.dart';
import 'package:infrastructure/deep_thought.dart';

class SuperComputerAdapter implements SuperComputer {
  DeepThought adaptee = DeepThought();

  @override
  Future<String> answer(String question) {
    return adaptee.provideAnswer().then((value) => value.toString());
  }
}
```

28.3.3. UI

Das UI erlaubt das Eingeben einer Frage, das Anstoßen des Commands und
die Präsentation der Antwort:

```
import 'dart:async';

import 'package:core/get_answer_command.dart';
import 'package:flutter/material.dart';
import 'package:infrastructure/adapters/super_computer_adapter.dart';

class MyHomePage extends StatefulWidget {
  MyHomePage({Key key}) : super(key: key);

  @override
  _MyHomePageState createState() => _MyHomePageState();
}

class _MyHomePageState extends State<MyHomePage> {
  var _questionTextEditingController = TextEditingController();
  var answer = "";

  var service = GetAnswerCommand(SuperComputerAdapter());

  @override
  Widget build(BuildContext context) {
    return Scaffold(
      appBar: AppBar(
        title: Text("Ultimate Answer"),
      ),
      body: Center(
        child: Column(
          mainAxisAlignment: MainAxisAlignment.center,
          children: <Widget>[
```

```
          TextField(
            controller: _questionTextEditingController,
            decoration: InputDecoration(
              hintText: "Enter question",
              hintStyle: TextStyle(color: Colors.grey[300]),
            ),
            textAlign: TextAlign.center,
          ),
          MaterialButton(child: Text("Start"), onPressed: _start),
          Text(answer),
        ],
      ),
    ),
  );
}

void _start() {
  service
      .execute(inDTO: _questionTextEditingController.text)
      .then(success)
      .catchError(handleError);
}

void success(String value) {
  setState(() => answer = value);
}

handleError(error) {
  setState(() => answer = error.toString());
}
}
```

Der Quellcode dieses Rezepts ist öffentlich zugänglich[2].

28.4. Kommunikation über HTTP insbesondere für REST

Für die HTTP-Kommunikation nutzen wir die externe Bibliothek „http".

Unter iOS werden HTTP-Verbindungen standardmäßig zunächst nicht zuge-lassen. Wie man dazu Ausnahmen definiert steht in Kapitel 30.

---

[2]https://github.com/RobinNunkesser/dart-recipes/tree/master/ultimate_answer   (Revision: 7588168)

Wir benutzen hier die Test-API JSONPlaceholder[3]. Diese bietet unter Anderem eine Schnittstelle um gepostete Nachrichten über REST/JSON abzufragen und Posts zu erstellen. Damit stellt sie ein gutes Beispiel für ein Repository dar. Allgemein könnte ein Repository in Dart folgendermaßen aufgebaut sein:

```
/// A [Repository] represents a data storage.
abstract class Repository {}


import 'package:common_ports/common_ports.dart';


/// A [CrudRepository] represents a data storage.
abstract class CrudRepository<IdType, EntityType>
    implements
        Repository,
        DataSink<IdType, EntityType>,
        DataSource<IdType, EntityType> {}


/// A [DataSource] represents a data source.
abstract class DataSource<IdType, EntityType> {
    /// Retrieves the entity with the given [id].
    Future<EntityType> retrieve(IdType id);

    /// Retrieves all entities.
    Future<List<EntityType>> retrieveAll();
}


/// A [DataSink] represents a data sink.
abstract class DataSink<IdType, EntityType> {
    /// Creates the [entity] and returns its ID.
    Future<int> create(EntityType entity);

    /// Updates the entity with the given [id] to the given [entity].
    Future<bool> update(IdType id, EntityType entity);

    /// Deletes the entity with the given [id].
    Future<bool> delete(IdType id);
}
```

28.4.1. Core

Der Core der Applikation soll sich in diesem einfachen Beispiel darauf beschränken einen Post abzurufen. Ein Post besteht aus folgenden Elementen:

---

[3]https://jsonplaceholder.typicode.com

```
abstract class AbstractPost {
  int userId;
  int id;
  String title;
  String body;

  AbstractPost(
    {required this.userId,
    required this.id,
    required this.title,
    required this.body});
}
```

Das Abrufen eines Posts soll wieder über ein Command erfolgen. Dieses benötigt in einem DTO die ID des abzurufenden Posts:

```
abstract class AbstractPostId {
  int id;

  AbstractPostId(this.id);
}
```

Die Ausführung beinhaltet damit letztenendes das Weitergeben der ID an das Repository und das Weitergeben der Antwort an einen passenden Handler der aufrufenden Funktion:

```
import 'package:common_ports/common_ports.dart';
import 'abstract_post_id.dart';

abstract class AbstractGetPostCommand
    implements Command<AbstractPostId, String> {}
```

```
import 'package:core/ports/abstract_post_id.dart';

class GetPostCommandDTO implements AbstractPostId {
  @override
  int id;

  GetPostCommandDTO(this.id);
}
```

28.4.2. Infrastructure

Beginnen wir in der konkreten Umsetzung der Infrastruktur nun mit dem spezifischen Model für einen Post. Die relevanten mobilen Plattformen haben im Normalfall inzwischen Bordmittel um mit JSON umzugehen. Das Tool quicktype[4] kann passenden Code aus JSON erzeugen, der direkt schon Funktionalität zur JSON-Verarbeitung bietet. Hier ergibt sich:

```dart
// To parse this JSON data, do
//
//     final post = postFromJson(jsonString);

import 'dart:convert';

Post postFromJson(String str) => Post.fromJson(json.decode(str));

List<Post> postsFromJson(String str) =>
    List<Post>.from(json.decode(str).map((x) => Post.fromJson(x)));

String postToJson(Post data) => json.encode(data.toJson());

class Post {
  Post({
    required this.userId,
    required this.id,
    required this.title,
    required this.body,
  });

  int userId;
  int id;
  String title;
  String body;

  factory Post.fromJson(Map<String, dynamic> json) => Post(
        userId: json["userId"],
        id: json["id"],
        title: json["title"],
        body: json["body"],
      );

  Map<String, dynamic> toJson() => {
        "userId": userId,
        "id": id,
        "title": title,
        "body": body,
```

---

[4]https://app.quicktype.io/

```
    };
}
```

Der Aufruf erfolgt durch:

```
import 'package:http/http.dart' as http;
import 'package:infrastructure/post.dart';

class JSONPlaceholderAPI {
  var baseUrl = "https://jsonplaceholder.typicode.com";

  Future<Post> readPost(int id) async => http
      .get(Uri.parse("$baseUrl/posts/$id"))
      .then((http.Response r) => postFromJson(r.body));

  Future<Post> createPost(Post post) async => http.Client()
      .post(Uri.parse("$baseUrl/posts"),
          headers: {'Content-type': 'application/json'}, body: postToJson(post))
      .then((http.Response r) => postFromJson(r.body));

  Future<List<Post>> readAllPosts() async => http
      .get(Uri.parse("$baseUrl/posts"))
      .then((http.Response r) => postsFromJson(r.body));
}
```

Damit dies vom Core genutzt werden kann, benötigen wir einen entsprechenden Adapter:

```
import 'package:core/ports/abstract_post.dart';

class PostEntity implements AbstractPost {
  @override
  String body;

  @override
  var id;

  @override
  String title;

  @override
  var userId;

  PostEntity(
      {required this.id,
      required this.userId,
```

```
      required this.title,
      required this.body});

  @override
  String toString() {
    return 'PostEntity{userId: $userId, id: $id, title: $title, body: $body}';
  }
}
```

```
import 'package:common_ports/common_ports.dart';
import 'package:infrastructure/adapters/post_mappings.dart';
import 'package:infrastructure/json_placeholder_api.dart';
import 'package:core/ports/abstract_post.dart';

class PostRepositoryAdapter implements CrudRepository<int, AbstractPost> {
  var adaptee = JSONPlaceholderAPI();

  @override
  Future<int> create(AbstractPost entity) =>
      adaptee.createPost(entity.toPost()).then((value) => value.id);

  @override
  Future<AbstractPost> retrieve(int id) =>
      adaptee.readPost(id).then((value) => value.toPostEntity());

  @override
  Future<List<AbstractPost>> retrieveAll() => adaptee
      .readAllPosts()
      .then((value) => value.map((e) => e.toPostEntity()).toList());

  @override
  Future<bool> delete(int id) {
    throw UnimplementedError();
  }

  @override
  Future<bool> update(int id, AbstractPost entity) {
    throw UnimplementedError();
  }
}
```

Dieser nutzt noch einfache Umwandlungen zwischen Post und PostEntity:

```
import 'post_entity.dart';
import 'package:infrastructure/post.dart';
import 'package:core/ports/abstract_post.dart';
```

```
extension PostMapping on Post {
  PostEntity toPostEntity() => PostEntity(
      id: this.id, userId: this.userId, title: this.title, body: this.body);
}

extension PostEntityMapping on AbstractPost {
  Post toPost() => Post(
      id: this.id, userId: this.userId, title: this.title, body: this.body);
}
```

28.4.3. UI

Das UI erlaubt das Eingeben einer ID, das Anstoßen des Commands und die
Präsentation der Antwort:

```
import 'package:core/get_post_command.dart';
import 'package:flutter/material.dart';
import 'package:infrastructure/adapters/post_repository_adapter.dart';
import 'get_post_command_dto.dart';

class MyHomePage extends StatefulWidget {
  MyHomePage({Key? key}) : super(key: key);

  @override
  _MyHomePageState createState() => _MyHomePageState();
}

class _MyHomePageState extends State<MyHomePage> {
  var _idTextEditingController = TextEditingController();
  var result = "";

  var service = GetPostCommand(PostRepositoryAdapter());

  @override
  Widget build(BuildContext context) {
    return Scaffold(
      appBar: AppBar(
        title: Text("Placeholder Posts"),
      ),
      body: Center(
        child: Column(
          mainAxisAlignment: MainAxisAlignment.center,
          children: <Widget>[
            TextField(
              controller: _idTextEditingController,
              decoration: InputDecoration(
```

```
                    hintText: "Enter id",
                    hintStyle: TextStyle(color: Colors.grey[300]),
                 ),
                 textAlign: TextAlign.center,
              ),
              MaterialButton(child: Text("Start"), onPressed: _start),
              Text(result),
           ],
        ),
      ),
   );
}

void _start() {
  service
      .execute(GetPostCommandDTO(int.parse(_idTextEditingController.text)))
      .then(success)
      .catchError((error) => failure(error));
}

void success(String value) {
  setState(() => result = value);
}

void failure(Exception error) {
  showError(context, error);
}

Future<void> showError(BuildContext context, Exception e) async {
  return showDialog<void>(
    context: context,
    barrierDismissible: false, // user must tap button!
    builder: (BuildContext context) {
      return AlertDialog(
        title: Text('Fehler'),
        content: SingleChildScrollView(
          child: ListBody(
            children: <Widget>[
              Text(e.toString()),
            ],
          ),
        ),
        actions: <Widget>[
          ElevatedButton(
            child: Text('OK'),
            onPressed: () {
              Navigator.of(context).pop();
            },
          ),
```

```
      ],
    );
  },
  );
}
}
```

Tests

Durch den Aufbau des Rezepts gemäß Hexagonal Architecture lässt sich ein
hoher Anteil des Codes recht gut testen. Im Sinne einer kompakten Darstellung decken wir hier aber nur ein Teil aller möglichen Fälle ab. Die Infrastruktur ließe sich beispielsweise folgendermaßen testen:

```dart
import 'package:flutter_test/flutter_test.dart';
import 'package:infrastructure/json_placeholder_api.dart';
import 'package:infrastructure/post.dart';

void main() {
  test('read post', () async {
    final api = JSONPlaceholderAPI();
    var post = await api.readPost(1);
    expect(post.userId, 1);
    expect(post.id, 1);
    expect(
        post.title.startsWith("sunt aut facere repellat provident oc"), true);
    expect(
        post.body.startsWith("quia et suscipit\nsuscipit recusandae "), true);
  });

  test('read all posts', () async {
    final api = JSONPlaceholderAPI();
    var post = await api.readAllPosts();
    expect(post.length, 100);
  });

  test('create post', () async {
    final api = JSONPlaceholderAPI();
    var post = await api
        .createPost(Post(userId: 1, id: 101, title: "foo", body: "bar"));
    expect(post.userId, 1);
    expect(post.id, 101);
    expect(post.title, "foo");
    expect(post.body, "bar");
  });
}
```

Der Quellcode dieses Rezepts ist öffentlich zugänglich[5].

[5]https://github.com/RobinNunkesser/dart-recipes/tree/master/placeholder_posts (Revision: 66925f9)

29. Übung – Drittes Inkrement

Mit der Übung in Kapitel 23 wurde bereits die Umsetzung von SCR02 und SCR05 (siehe auch 11.7) begonnen. Mit den nun noch erlernten Rezepten kann das Konzept zuende umgesetzt werden.

Sollte der erste Teil der Übung nicht abgeschlossen worden sein, gibt es für SwiftUI[1], Jetpack Compose[2], .NET MAUI[3] und Flutter[4] ein vorbereitetes Projekt, bei dem das UI bereits umgesetzt ist.

Eine Musterlösung gibt es ebenfalls für SwiftUI[5], Jetpack Compose[6], .NET MAUI[7] und Flutter[8].

---

[1] https://github.com/RobinNunkesser/swiftui-mensa-assignment-2
[2] https://github.com/RobinNunkesser/compose-mensa-assignment-2
[3] https://github.com/RobinNunkesser/maui-mensa-assignment-2
[4] https://github.com/RobinNunkesser/flutter-mensa-assignment-2
[5] https://github.com/RobinNunkesser/swiftui-mensa
[6] https://github.com/RobinNunkesser/compose-mensa
[7] https://github.com/RobinNunkesser/maui-mensa
[8] https://github.com/RobinNunkesser/flutter-mensa

Teil VII.

Weitere vertikale Inkremente

30. Swift und SwiftUI

In den folgenden Rezepten geht es um die Kommunikation zwischen Applikationen und mit dem Web.

In neueren Versionen von iOS ist die Kommunikation über HTTP nicht mehr ohne Weiteres erlaubt.

Ausnahmen können in der Info.plist definiert werden:

```
<key>NSAppTransportSecurity</key>
<dict>
    <key>NSExceptionDomains</key>
    <dict>
        <key>cnn.com</key>
        <dict>
            <key>NSIncludesSubdomains</key>
            <true/>
            <key>NSTemporaryExceptionAllowsInsecureHTTPLoads</key>
            <true/>
            <key>NSTemporaryExceptionMinimumTLSVersion</key>
            <string>TLSv1.1</string>
        </dict>
    </dict>
</dict>
```

30.1. Inter-App Kommunikation

Die Kommunikation zu externen Applikationen läuft indirekt. Neben Dateiaustausch ist der wichtigste Kommunikationsweg das Öffnen von URLs. Applikationen können sich für URL Schemas registrieren und anbieten auf diese zu reagieren. Im Dokument „Apple URL Scheme Reference"sind die wichtigsten systemseitig bereitgestellten Schemas gelistet. Dort finden wir u.a. Informationen zu

- Mailversand (`mailto`)
- Anrufe (`tel` und `facetime`)
- Textnachrichten (`sms`)

- Kalender (webcal)
- Apple Maps
- iTunes
- YouTube Videos

Die einfachste Einbindung geschieht folgendermaßen:

```
UIApplication.shared.open(URL(string: "scheme://host.tld")!,
                          options: [:],
                          completionHandler: nil)
```

30.2. Darstellung von Webinhalten

WebViews bieten beinahe die kompletten Möglichkeiten des integrierten Webframeworks. Wir beschäftigen uns zunächst nur mit der einfachsten Form: ein vollflächiger WebView, der eine URL bekommt und diese Seite lädt. Dies wird durch WKWebView aus WebKit realisiert. Zur Einbindung in SwiftUI reicht folgender Code:

```
import SwiftUI
import WebKit

struct WebView: UIViewRepresentable {

    typealias UIViewType = WKWebView
    var url : URL

    func makeUIView(context: UIViewRepresentableContext<WebView>) -> WKWebView {
        WKWebView(frame: .zero)
    }

    func updateUIView(_ uiView: WKWebView,
                      context: UIViewRepresentableContext<WebView>) {
        let request = URLRequest(url: url)
        uiView.load(request)
    }

}

struct WebView_Previews: PreviewProvider {
    static var previews: some View {
        WebView(url: URL(string: "https://www.apple.com")!)
    }
}
```

Der Quellcode dieses Rezepts ist öffentlich zugänglich[1].

---

[1] https://github.com/RobinNunkesser/swift-recipes/tree/main/WebView (Revision: c4376b7)

31. Kotlin und Jetpack Compose

Sobald auf Daten im Web zugegriffen werden soll, müssen entsprechende Permissions im Manifest eingetragen werden. Typischerweise sind dies die folgenden:

```
<uses-permission android:name="android.permission.ACCESS_NETWORK_STATE" />
<uses-permission android:name="android.permission.INTERNET" />
```

31.1. Inter-App Kommunikation

Die Kommunikation zu externen Applikationen läuft indirekt über so genannte Intents. Intents nutzt man auch, um in der eigenen Applikation zu Activities zu wechseln. Dann ist der Name des Ziels bekannt und man spricht von einem expliziten Intent. Wenn man mit einer fremden App bzw. Activity kommunizieren möchte, nutzt man typischerweise einen impliziten Intent.

Neben Datenaustausch ist der wichtigste Kommunikationsweg das Öffnen von URLs. Die einfachste Einbindung geschieht folgendermaßen:

```
val browserIntent = Intent(Intent.ACTION_VIEW, Uri.parse("scheme://host.tld"))
startActivity(browserIntent)
```

31.2. Darstellung von Webinhalten

WebViews bieten beinahe die kompletten Möglichkeiten des integrierten Webframeworks. Wir beschäftigen uns zunächst nur mit der einfachsten Form: ein vollflächiger WebView. Dieser steht allerdings noch nicht in Jetpack Compose zur Verfügung und muss über AndroidView eingebunden werden[1]. Dazu reicht folgender Code:

---

[1] https://developer.android.com/jetpack/compose/interop

```
package de.hshl.isd.webviewrecipe

import android.os.Bundle
import android.view.ViewGroup
import android.webkit.WebView
import androidx.activity.ComponentActivity
import androidx.activity.compose.setContent
import androidx.compose.foundation.layout.Column
import androidx.compose.foundation.layout.fillMaxSize
import androidx.compose.material.MaterialTheme
import androidx.compose.material.Surface
import androidx.compose.runtime.Composable
import androidx.compose.ui.Modifier
import androidx.compose.ui.viewinterop.AndroidView
import de.hshl.isd.webviewrecipe.ui.theme.WebViewRecipeTheme

class MainActivity : ComponentActivity() {
    override fun onCreate(savedInstanceState: Bundle?) {
        super.onCreate(savedInstanceState)
        setContent {
            WebViewRecipeTheme {
                Surface(color = MaterialTheme.colors.background) {
                    CustomWebView(url = "https://www.hshl.de")
                }
            }
        }
    }
}

@Composable
fun CustomWebView(url: String) {
    Column(modifier = Modifier.fillMaxSize()) {
        AndroidView<WebView>(
            modifier = Modifier.fillMaxSize(),
            factory = { context ->
                val myWebView = WebView(context)
                myWebView.loadUrl(url)
                myWebView.apply {
                    layoutParams = ViewGroup.LayoutParams(
                        ViewGroup.LayoutParams.MATCH_PARENT,
                        ViewGroup.LayoutParams.MATCH_PARENT,
                    )
                }
            })
    }
}
```

Soll eine lokale HTML-Datei angezeigt werden, so wird diese üblicherweise im Ordner assets abgelegt. Dieser ist standardmäßig nicht vorhanden und kann in Android Studio beispielsweise über New → Folder → Assets Folder angelegt werden. Dort hinterlegte Dateien sind über die spezielle URL file:///android_asset/ erreichbar.

Der Quellcode dieses Rezepts ist öffentlich zugänglich[2].

[2]https://github.com/RobinNunkesser/kotlin-recipes/tree/main/WebViewRecipe (Revision: 1e706be)

32. C# und .NET MAUI

32.1. Öffnen von URIs

Das Öffnen von URIs bzw. URLs ist eine wichtige Aktion. Für iOS stellt dies sogar den Hauptweg für die Kommunikation zu externen Applikationen dar. Die einfachste Einbindung geschieht folgendermaßen:

```
Device.OpenUri(new Uri("scheme://host.tld"));
```

32.2. Darstellung von Webinhalten

WebViews bieten beinahe die kompletten Möglichkeiten des integrierten Webframeworks. Wir beschäftigen uns zunächst nur mit der einfachsten Form: ein vollflächiger WebView, der per Konstruktor eine URL bekommt und diese Seite lädt. Dazu reicht folgender Code:

```xml
<ContentPage xmlns="http://schemas.microsoft.com/dotnet/2021/maui"
             xmlns:x="http://schemas.microsoft.com/winfx/2009/xaml"
             x:Class="WebViewRecipe.MainPage"
             BackgroundColor="{DynamicResource SecondaryColor}">

    <WebView x:Name="Browser"/>
</ContentPage>
```

```csharp
namespace WebViewRecipe;

public partial class MainPage : ContentPage
{
    public MainPage()
    {
        InitializeComponent();
        Browser.Source = "https://www.hshl.de";
    }
}
```

Der Quellcode dieses Rezepts ist öffentlich zugänglich[1].

---

[1] https://github.com/RobinNunkesser/csharp-recipes/tree/master/WebViewRecipe (Revision: ef07f9e)

33. Dart und Flutter

33.1. Öffnen von URLs

Das Öffnen von URIs bzw. URLs ist eine wichtige Aktion. Für iOS stellt dies sogar den Hauptweg für die Kommunikation zu externen Applikationen dar. Bei Flutter gibt es für das endemische Öffnen von URLs die externe Bibliothek „url_launcher".

Die Bibliothek enthält ein gutes Standardbeispiel:

```dart
import 'package:flutter/material.dart';
import 'package:url_launcher/url_launcher.dart';

const _url = 'https://flutter.dev';

class MyHomePage extends StatelessWidget {
  final String title;

  MyHomePage({Key key, this.title}) : super(key: key);

  @override
  Widget build(BuildContext context) {
    return Scaffold(
      appBar: AppBar(
        title: Text(title),
      ),
      body: Center(
        child: ElevatedButton(
          onPressed: _launchURL,
          child: Text('Show Flutter homepage'),
        ),
      ),
    );
  }

  void _launchURL() async =>
      await canLaunch(_url) ? await launch(_url) : throw 'Could not launch $_url';
}
```

Der Quellcode ist öffentlich zugänglich[1].

33.2. Darstellung von Webinhalten

WebViews bieten beinahe die kompletten Möglichkeiten des integrierten Webframeworks. Wir beschäftigen uns zunächst nur mit der einfachsten Form: ein vollflächiger WebView. Bei Flutter gibt es dafür die externe Bibliothek „webview_flutter".

Für einen vollflächigen WebView reicht grundsätzlich folgendes Beispiel:

```dart
import 'package:flutter/material.dart';
import 'package:flutter/services.dart' show rootBundle;
import 'package:webview/web_view_page.dart';

class MyHomePage extends StatelessWidget {
  final Future<String> _localHTML = rootBundle.loadString('assets/local.html');

  void openWebViewPage(BuildContext context, String title, String initialUrl) {
    Navigator.push(
        context,
        MaterialPageRoute<void>(
            builder: (BuildContext context) => WebViewPage(
              title: title,
              initialUrl: initialUrl,
            )));
  }

  @override
  Widget build(BuildContext context) {
    return Scaffold(
      appBar: AppBar(
        title: Text('WebView Demo'),
      ),
      body: Center(
        child: Column(
          children: <Widget>[
            ElevatedButton(
              child: Text('Standard WebView'),
              onPressed: () => openWebViewPage(
                context, 'Standard WebView', "https://www.google.com"),
            ),
            FutureBuilder<String>(
```

---

[1] https://github.com/RobinNunkesser/dart-recipes/tree/master/launch_url (Revision: 254cb62)

```
            future: _localHTML,
            builder:
                (BuildContext context, AsyncSnapshot<String> snapshot) {
              switch (snapshot.connectionState) {
                case ConnectionState.waiting:
                  return const CircularProgressIndicator();
                default:
                  return ElevatedButton(
                    child: Text('Local WebView'),
                    onPressed: () => openWebViewPage(
                        context,
                        'Local WebView',
                        Uri.dataFromString(snapshot.data,
                            mimeType: 'text/html')
                          .toString()),
                  );
              }
            }),
      ],
    ),
  ),
);
  }
}
```

Der Quellcode ist öffentlich zugänglich[2].

---

[2]https://github.com/RobinNunkesser/dart-recipes/tree/master/webview (Revision: 254cb62)

Teil VIII.

Weitere horizontale Inkremente

34. Einführung

Kaum eine ernstzunehmende mobile Applikation kommt ohne Backend aus. Sei es die globale Highscoreliste in einem Spiel, das Ermöglichen von Push-Nachrichten, die Bereitstellung von Nutzeraccounts für verschiedene Zwecke oder die konsolidierte Bereitstellung von dynamischen Daten: ohne Backend geht es kaum. Für mobile Applikationen werden überwiegend Backends mit REST/JSON genutzt. Gerade der geringere Overhead und der geringere Datenbedarf im Vergleich zu XML-Formaten sind dafür ausschlaggebend.

Es gibt viele verschiedene Möglichkeiten solch ein Backend umzusetzen. Wir können dies z.b. mit einer der hier für die Appentwicklung genutzten Sprachen, also Swift, Kotlin, Java oder C# umsetzen. Genauso können wir aber auch über Backend-as-a-Service (BaaS)-Anbieter ein Backend erstellen.

Eine weitere einfache Möglichkeit ein Backend sowohl für schnelle Testbarkeit als auch für produktiven Einsatz umzusetzen bietet CouchDB.

34.1. CouchDB Backend

CouchDB ist eine Datenbank, die zum Einen direkt mit JSON umgehen kann, zum Anderen eine RESTful API mitbringt und mit der viele relevante Operationen umgesetzt werden können. Sie funktioniert beim Entwickeln auch offline und könnte im Betrieb problemlos z.B. über IBM Cloudant betrieben werden.

34.2. Backend as a Service

Für Apps sind in einem Backend as a Service typischerweise eine Nutzerverwaltung, eine Datenbank und die Unterstützung von Push-Nachrichten interessant. Microsoft Azure beispielsweise bietet aber noch viele darüber hinaus gehende Möglichkeiten. Weitere Beispiele für einen derart umfangreichen Clouddienst sind IBM Cloud[1] und aws[2].

Wenn solche weitreichenden Funktionen nicht benötigend werden und eine preisgünstigere oder sogar kostenfreie Variante interessant ist, kommen aktuell vor allem drei Anbieter mit verschiedenen Vor- und Nachteilen in Frage: Kinvey[3], Firebase[4] und ApiOmat[5]. Kinvey und Firebase bieten dabei auch kostenfreie Programme an. ApiOmat bietet ein sehr interessantes Portfolio, das insbesondere in Sachen Datensicherheit (Hosting in Deutschland) interessant ist. Für ein Lehrbuch ist es aber mangels kostenfreier Variante leider nicht sinnvoll nutzbar. Firebase bietet einen etwas dynamischeren und moderneren - wenn auch insgesamt noch kleineren - Funktionsumfang als Kinvey.

---

[1]https://console.bluemix.net
[2]https://aws.amazon.com
[3]https://www.progress.com/kinvey
[4]https://firebase.google.com
[5]https://apiomat.com

35. Swift

Zu den bekanntesten Vertretern gehören Kitura[1], Perfect[2] und Vapor[3]. Kitura wurde hauptsächlich von IBM entwickelt, 2019 aber der Open Source Community übergeben. Perfect und Vapor werden von aktuell unabhängigen kleinen Entwicklerteams entwickelt. Nach aktuellem Stand sind Kitura, Perfect und Vapor durchaus geeignet professionelle Backends zu erstellen. Dank gutem Tooling, hohem Funktionsumfang und sehr guter Dokumentation ist Perfect aktuell am einsteigerfreundlichsten.

---

[1] http://www.kitura.io
[2] https://perfect.org
[3] https://vapor.codes

36. Kotlin

Java hat eine langjährige Geschichte im Serverbereich und mit Java EE eine Sprachvariante, die dort allen Anforderungen gerecht wird und inzwischen gut mit Kotlin kombinierbar ist. Ein Backend für eine App soll jedoch häufig schlank gehalten werden und eine einfache Umsetzungsalternative zu Java EE ist attraktiv. Eine ebenfalls schon langjährig existierende Alternative zu Java EE ist Spring (https://spring.io), das sich auch schon in zahlreichen Enterprise-Projekten bewährt hat. Der Kompromiss aus Enterprisefähigkeiten und modernen und schlanken Lösungen der z.B. in Spring Boot umgesetzt wird ist gut geeignet, um auch Backends für den mobilen Bereich umzusetzen. Spring Boot unterstützt die Entwicklung mit Kotlin[1]. Für Kotlin gibt es inzwischen aber auch eigene Frameworks wie z.B. Ktor[2]. Auch bei Spring gibt es weitere Projekte, die noch ein bisschen besser zu Kotlin passen, wie z.B. Spring WebFlux und Spring FU.

---

[1] https://spring.io/guides/tutorials/spring-boot-kotlin/
[2] http://ktor.io

37. C#

Da .NET MAUI zu Microsoft gehört und Microsoft eine lange Tradition in Backendtechnologien hat, ist die Integration hier ein bisschen enger. Dennoch stehen auch aus dem Hause Microsoft verschiedene Technologien zur Auswahl. Unter anderem kann das Backend auch mit Microsofts Dienst Azure umgesetzt werden. Ansonsten stehen die Technologien von ASP.NET zur Verfügung wie z.B. ASP.NET MVC und ASP.NET Web API. Ein Tutorial existiert z.B. in der Microsoft Dokumentation [1].

---

[1] https://docs.microsoft.com/en-us/aspnet/core/tutorials/web-api-vsc

38. Dart

Dart wird bei Google schon länger auch für die Serverprogrammierung genutzt. Ein Einstieg in die Serverprogrammierung mit Dart kann z.B. über ein
passendes Tutorial[1] geschehen.

---

[1] https://www.dartlang.org/tutorials/dart-vm/httpserver

Literaturverzeichnis

[Balzert 2010] BALZERT, Helmut: *Lehrbuch der Softwaretechnik: Basiskonzepte und Requirements Engineering.* Heidelberg : Spektrum Akademischer Verlag, 2010

[Basili u. Perricone 1984] BASILI, Victor R. ; PERRICONE, Barry T.: Software Errors and Complexity: An Empirical Investigation. In: *Commun. ACM* 27 (1984), Nr. 1, S. 42–52. http://dx.doi.org/10.1145/69605.2085. – DOI 10.1145/69605.2085. – ISSN 0001–0782

[Beck 2002] BECK, Kent: *Test Driven Development: By Example.* Boston, MA : Addison-Wesley Professional, 2002

[Berz 2021] BERZ, Jan: *Vergleich verschiedener CI/CD-Systeme insbesondere in Bezug auf mobile Apps.* Hamm, Hochschule Hamm-Lippstadt : Projektarbeit, 2021

[Boone 1971] BOONE, Gary W.: The One-chip Calculator is Here, and it's Only the Beginning. In: *Electronic Design* (1971), Nr. February

[Brown u. Katz 2009] BROWN, Tim ; KATZ, Barry: *Change by Design.* New York, NY : HarperCollins Publishers, 2009

[Buxton 2007] BUXTON, Bill: *Sketching User Experiences.* San Francisco, CA : Morgan Kaufmann, 2007 (getting the design right and the right design)

[Cockburn 2005] COCKBURN, Alistair: Hexagonal architecture. In: *alistair.cockburn.us* (2005). http://alistair.cockburn.us/Hexagonal+architecture

[Cohn 2010] COHN, Mike: *Succeeding with Agile: Software Development Using Scrum.* Boston, MA : Addison-Wesley Professional, 2010

[Cooper u. a. 2014] COOPER, Alan ; REIMANN, Robert ; CRONIN, David ; NOESSEL, Christopher: *About Face: The Essentials of Interaction Design.* Hoboken, NJ : Wiley, 2014 (ITPro collection). – ISBN 9780470084113

[Cziharz u. a. 2014] Cziharz, Thorsten ; Hruschka, Peter ; Queins, Stefan ; Weyer, Thorsten: *Handbuch der Anforderungsmodellierung nach IREB Standard*. Karlsruhe : IREB International Requirements Engineering Board e.V., 2014

[Dijkstra 1968] Dijkstra, Edsger W.: The structure of the 'THE'-multiprogramming system. In: *Commun. ACM* 11 (1968), Nr. 5, S. 341–346

[Evans 2003] Evans, Eric: *Domain-Driven Design*. Boston, MA : Addison-Wesley Professional, 2003

[Fowler 2003] Fowler, Martin: *Patterns of Enterprise Application Architecture*. Addison-Wesley Professional, 2003

[Fowler 2004] Fowler, Martin: *Presentation Model*. https://www.martinfowler.com/eaaDev/PresentationModel.html, 2004. – Letzter Zugriff: 02.06.2020

[Fowler 2006] Fowler, Martin: *Supervising Controller*. https://www.martinfowler.com/eaaDev/SupervisingPresenter.html, 2006. – Letzter Zugriff: 02.06.2020

[Freeman 1976] In: Freeman, Peter: *The Central Role of Design in Software Engineering*. New York, NY : Springer New York, 1976, S. 116–119

[Freeman u. Hart 2004] Freeman, Peter ; Hart, David: A Science of Design for Software-intensive Systems. In: *Commun. ACM* 47 (2004), Nr. 8, S. 19–21. – ISSN 0001–0782

[Gamma u. a. 1995] Gamma, Erich ; Helm, Richard ; Johnson, Ralph ; Vlissides, John: *Design Patterns. Elements of Reusable Object-Oriented Software*. Boston, MA : Addison-Wesley, 1995

[Garrett 2010] Garrett, Jesse J.: *The Elements of User Experience: User-Centered Design for the Web and Beyond*. Berkeley, CA : New Riders Publishing, 2010

[Gossman 2005] Gossman, John: *Introduction to Model/View/ViewModel pattern for building WPF apps*. http://blogs.msdn.com/johngossman/archive/2005/10/08/478683.aspx, 2005. – Letzter Zugriff: 19.12.2009

[Graça 2017] Graça, Herberto: DDD, Hexagonal, Onion, Clean, CQRS, ... How I put it all together. In: *herberto-graca.com* (2017). https://herbertograca.com/2017/11/16/explicit-architecture-01-ddd-hexagonal-onion-clean-cqrs-how-i-put-it-all-tog

[Greenberg u. a. 2012] GREENBERG, Saul ; CARPENDALE, Sheelagh ; MARQUARDT, Nicolai ; BUXTON, Bill: *Sketching User Experiences: The Workbook.* Boston, MA : Morgan Kaufmann, 2012. http://dx.doi.org/https://doi.org/ 10.1016/B978-0-12-381959-8.50039-0. http://dx.doi.org/https://doi.org/ 10.1016/B978-0-12-381959-8.50039-0. – ISBN 978–0–12–381959–8

[Hansen 1971] HANSEN, Wilfred J.: User engineering principles for interactive systems. In: *Fall Joint Computer Conference*, 1971, S. 523–532

[Harel 1987] HAREL, David: Statecharts: A Visual Formalism for Complex Systems. In: *Science of Computer Programming* 8 (1987), S. 231–274

[Heinecke 2011] HEINECKE, Andreas M.: *Mensch-Computer-Interaktion.* Berlin, Heidelberg : Springer-Verlag, 2011 (Basiswissen für Entwickler und Gestalter)

[Hess u. a. 2012] HESS, Steffen ; KIEFER, Felix ; CARBON, Ralf: mConcAppt - Mobile Interaction Design Method / Fraunhofer IESE. 2012 (062.12/E). – Forschungsbericht

[Jacobson u. a. 1992] JACOBSON, Ivar ; CHRISTERSON, Magnus ; JONSSON, Patrik ; ÖVERGAARD, Gunnar: *Object-Oriented Software Engineering.* New York, NY, USA : ACM, 1992

[Jacobson u. a. 2011] JACOBSON, Ivar ; SPENCE, Ian ; BITTNER, Kurt: Use-Case 2.0 / Ivar Jacobson International. Sollentuna, 2011. – Forschungsbericht

[Knott 2015] KNOTT, Daniel: *Hands-On Mobile App Testing.* Boston, MA : Addison-Wesley Professional, 2015

[Laseau 2001] LASEAU, Paul: *Graphic Thinking for Architects and Designers.* New York City, NY : John Wiley & Sons, 2001. – ISBN 9780471352921

[Lippold 2013] LIPPOLD, Dirk: *Die Unternehmensberatung.* Wiesbaden : Springer Gabler, 2013 (Von der strategischen Konzeption zur praktischen Umsetzung)

[Mandel 1997] MANDEL, Theo: *The Elements of User Interface Design.* New York City, NY : John Wiley & Sons, 1997

[Martin 2017] MARTIN, Robert C.: *Clean Architecture - A Craftsman's Guide to Software Structure and Design.* Englewood Cliffs, NJ : Prentice Hall, 2017

[McConnell 2004] McCONNELL, Steve: *Code Complete.* 2nd. Redmond, WA : Microsoft Press, 2004

[Moggridge 2006] MOGGRIDGE, Bill: *Designing Interactions.* Cambridge, MA : The MIT Press, 2006

[Moran u. a. 2018] MORAN, Kevin ; LI, Boyang ; BERNAL-CÁRDENAS, Carlos ; JELF, Dan ; POSHYVANYK, Denys: Automated Reporting of GUI Design Violations for Mobile Apps. In: *Proceedings of the 40th International Conference on Software Engineering.* Piscataway, NJ : IEEE Press, 2018 (ICSE '18). – ISBN 978–1–4503–5638–1

[Mostek 1979] MOSTEK: Mostek Firsts. In: *BlueChipNews* (1979), Nr. June

[Nielsen 1993] NIELSEN, Jakob: *Usability Engineering.* San Francisco, CA : Morgan Kaufmann Publishers Inc, 1993

[Nunkesser 2018] NUNKESSER, Robin: Beyond Web/Native/Hybrid: A New Taxonomy for Mobile App Development. In: *Proceedings of the 5th International Conference on Mobile Software Engineering and Systems.* Piscataway, NJ : IEEE Press, 2018 (MOBILESoft '18). – ISBN 978–1–4503–5712–8

[Nunkesser 2021] NUNKESSER, Robin: *Choosing a Global Architecture for Mobile Applications.* http://dx.doi.org/10.36227/techrxiv.14212571.v1. Version: Mar 2021

[Palermo 2008] PALERMO, Jeffrey: Onion Architecture. In: *jeffreypalermo.com* (2008). https://jeffreypalermo.com/2008/07/the-onion-architecture-part-1/

[Potel 1996] POTEL, Mike: MVP: Model-View-Presenter The Taligent Programming Model for C++ and Java / Taligent, Inc. 1996. – Forschungsbericht

[Reenskaug 1979] REENSKAUG, Trygve: Models - Views - Controllers / Xerox PARC. 1979. – Forschungsbericht

[Shneiderman 1986] SHNEIDERMAN, Ben: *Designing the User Interface: Strategies for Effective Human-Computer Interaction.* Boston, MA : Addison Wesley, 1986

[Starke 2015] STARKE, Gernot: *Effektive Softwarearchitekturen.* München : Hanser, 2015

[Vollmer 2017] VOLLMER, Guy: *Mobile App Engineering: Von den Requirements zum Go Live.* Heidelberg : dpunkt.verlag, 2017

[Weiser 1991] WEISER, Mark: The Computer for the 21st Century. In: *Scientific American* (1991), Nr. 265, S. 94–104

Index

10 plus 10, 111

Ablaufdynamik, 76, 109
Activity, 173
Activity Indicator, 122
Activity View, 123
agil, 38
Agile at Scale, 39
Agile Essentials, 39
Alpha, 36
Analogietechnik, 53
Analyst, 40
Android Studio, 206, 262
Anforderung, 70
Anforderungsmanagement, 69
Anforderungsspezifikation, 72
AngularJS, 20
Application Layer, 103
Application Service, 103
Apprenticing, 53
Architecture Decision Record, 108
Architekt, 40
Artefakt, 45

Bausteinsicht, 109
BCE, 90
Black Box Test, 46
BlackBerry 5810, 9
Brainstorming, 53
Brainwriting, 53
Broadcast Receiver, 173
Busicom Handy-LE, 5

Button, 121

Checkbox, 120, 124
Checkliste, 79
Collection View, 122
Common Ownership, 41
Construction, 42
Content Provider, 173
Continuous Integration, 175
CouchDB, 413

Dart, 262
Data Binding, 88
Date Picker, 122
Design Thinking, 52
Designer, 40
Domain Layer, 103
Domain Model, 103
Domain Service, 103
Domain-Driven Design, 90
Domäne, 74
Driven Adapter, 103
Driving Adapter, 103
Dropdown Liste, 121

Eingabefeld, 120
Elaboration, 42
Endemic App, 18
Entwickler, 40
Ereignisgesteuerte Programmierung, 29
Ergänzende Persona, 56
Essence, 36

Essential Unified Process, 39
Evolving Architecture, 87

Feldbeobachtung, 53
Flutter, 261
Foreign Language App, 22
Fragmentierung, 173
Fuchsia, 261
Funktionale Anforderung, 71
Funktionale Programmierung, 28
Funktionsperspektive, 73

Goldene Regeln, 127
Grid, 122

Hexagonal Architecture, 90
Hot reload, 24
HTC Dream, 11
Hybrid Bridged App, 20
Hybrid Web App, 19
Hybride App, 15

Inception, 42
Informationsarchitektur, 109, 112
Infrastructure, 103
Inkrementelle Entwicklung, 38
Inspektion, 46, 78
IntelliJ, 262
Interaktionsdesign, 110
Interaktionsmodellierung, 113
Ionic, 20
iPad, 12
iPhone, 10

Komponente, 82
Kontext, 74
Kotlin, 205
Kotlin Multiplatform Mobile, 24
Kotlin/Native, 24

Label, 120

List box, 121

Map, 122
Methode 365, 53
mobil, 4
Model View Controller, 88
Model View Presenter, 88
Model View Update, 88
Model View ViewModel, 88
Modul, 82
Mostek MK6010, 6

Native App, 15
Navigation Bar, 170
Nokia 9000 Communicator, 9
Nokia Series 40, 9
Non-persona, 56

Objektorientierung, 28
Opportunity, 36
Osborne 1, 6
Osborne Effekt, 7

Page Control, 123
Page View, 171
Paket, 82
Paper Prototyping, 125
Persona, 54
Perspektivenbasiertes Lesen, 53, 78
Perspektivenwechsel, 53
Picker, 123
plangetrieben, 38
Popover, 171
Port, 103
Ports and Adapters, 90
Primary Adapter, 103
Primäre Persona, 56
Progress Bar, 122
Progressive Web App, *siehe* Web App
Projektmanager, 40

Prototyp, 78
Prozessingenieur, 41

Qualitätsanforderung, 71

Radio Button, 120, 124
Randbedingung, 72, 73
Rational Unified Process, 39
Refresh Control, 123
Requirements, 36
Review, 46

Schicht, 86
Scroll View, 171
Scrum, 39
Search Bar, 122
Secondary Adapter, 103
Segmented Control, 123
Seitenspezifikation, 125
Sekundäre Persona, 56
SEMAT, 36
Sequentielle Entwicklung, 38
Service, 173
Sharp QT-8B micro Compet, 4
Siri, 12
Skizzieren mit Büromaterial, 112
Skribble Sketching, 111
Slider, 122
Software Design, 31
Software Engineering, 30
Software System, 36
Spinner, 124
Split View, 171, 172
Stakeholder, 37, 71
State, 89
stationär, 4
Statische Analyse, 46
Status Bar, 170
Stellungnahme, 78
Stepper, 123

Story, 75
Storyboard, 110
Strukturperspektive, 73
Swift, 170
Switch, 122
Synektik, 53
System Language App, 21
Systemarchäologie, 53
Systembeschreibung, 108
Szenario, 54, 75

Tab Bar, 171
Table, 122
Team, 37
Test Driven Development, 174
Tester, 40
Time Picker, 122
Toggle Button, 122
Tool Bar, 171
Transition, 42

Usability Engineering, 30
Usability Engineering Lifecycle, 52
Use Case, 75
Use Case Slice, 75
User Interface, 103

Verhaltensperspektive, 73
ViewModel, 89
Visual Studio, 238
Visual Studio Code, 262
Visual Vocabulary, 113
Visuelles Design, 127

Walkthrough, 78
Way of Working, 37
Web App, 15, 17
WebView, 122
White Box Test, 46
Wireframe, 125

Work, 37

Xamarin, 237
Xcode, 170
Xerox PARC, 7